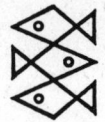

Über dieses Buch Absicht des Autors ist es, mit den hier zusammenfaßten Studien wesentliche Aspekte nationalsozialistischer Herrschaft zu verdeutlichen. Diese Studien sind in den letzten Jahren entstanden und basieren auf neuesten Erkenntnissen zur modernen Struktur- und Mentalitätsgeschichte des Nationalsozialismus, die der Autor als langjähriger wissenschaftlicher Mitarbeiter des Münchner Instituts für Zeitgeschichte zum Teil selbst erforscht, zum Teil aus der übergroßen Literatur der letzten Zeit herausdestilliert hat.

So gesehen, ist dieses Buch ein gelungenes Beispiel dafür, wie wissenschaftliche Ergebnisse einem (über die eigentliche historische »Zunft« hinausgehenden) breiten interessierten Publikum nahegebracht werden können – ein Beitrag zur historisch-politischen Aufklärung.

Die Mehrzahl der Beiträge wurden für diese Buchfassung überarbeitet, einige wurden stark erweitert, zwei eigens für diesen Band geschrieben. Allen ist die Art des Zugangs zu den Themenstellungen und zu den Darbietungen gemeinsam. Hierzu führt der Autor selber aus:

»Gleich entfernt von abstrakter Theoriebildung wie von Vorurteilen oder Verdrängungskomplexen inspirierter Spekulation, sollen in Fallstudien und Überblicken ganz konkrete Aspekte der NS-Herrschaft dargestellt werden, bewußt positivistisch vorgeführt und nur auf Quellen gestützt. Wenn diese Exempla beitragen könnten, das Besondere nationalsozialistischer Herrschaft anschaulich und begreiflich zu machen, wäre der Zweck des Buches erreicht.«

Der Autor Wolfgang Benz, geboren 1941, Dr. phil., ist Mitarbeiter am Institut für Zeitgeschichte in München, wo er u. a. als Herausgeber die Reihe »Biographische Quellen zur deutschen Geschichte nach 1945« betreut. Er ist Mitbegründer und -herausgeber der »Dachauer Hefte – Studien und Dokumente zur Geschichte der nationalsozialistischen Konzentrationslager«, Lehrbeauftragter an der TU München; Gastprofessor an der University of New South Wales in Sydney (1986).

Zahlreiche Veröffentlichungen zur Geschichte des Nationalsozialismus und der Bundesrepublik – zuletzt: Die Juden in Deutschland 1933–1945 (als Hrsg., 1988); Die Vertreibung der Deutschen aus dem Osten (als Hrsg., 1985, Fischer-Tb. 4329); Von der Besatzungsherrschaft zur Bundesrepublik (1987, Fischer-Tb. 4311); Die Geschichte der Bundesrepublik Deutschland, 4 Bände (Politik, Wirtschaft, Gesellschaft, Kultur) (als Hrsg., 1989, Fischer-Tb. 4420–23); Rechtsextremismus in der Bundesrepublik (als Hrsg., [5]1989, Fischer-Tb. 4446).

Wolfgang Benz

Herrschaft und Gesellschaft im nationalsozialistischen Staat

Studien zur Struktur- und
Mentalitätsgeschichte

Fischer
Taschenbuch
Verlag

Lektorat: Walter H. Pehle

Originalausgabe
Veröffentlicht im Fischer Taschenbuch Verlag GmbH,
Frankfurt am Main, Januar 1990

Umschlaggestaltung: Buchholz/Hinsch/Hensinger
Gesamtherstellung: Clausen & Bosse, Leck
Printed in Germany
ISBN 3-596-24435-8

Inhalt

Für Angelika und Benjamin

Vorwort

Absicht dieses Bandes ist es, wesentliche Aspekte nationalsozialistischer Herrschaft in exemplarischen Studien zu verdeutlichen. Im Mittelpunkt der elf Beiträge steht das Verhältnis von Herrschaftsausübenden und Beherrschten, ob es um Probleme der Struktur des Regimes geht (in der Frage Antagonie oder Symbiose von Partei und Staat), ob die Herrschaftstechnik untersucht wird (Inszenierung und Propaganda einerseits, Lockung und Zwang andererseits), ob es um die Ausgrenzung und Vernichtung der jüdischen Minderheit geht, wenn das Ausgreifen des Regimes auf andere Staaten und Völker thematisiert ist oder wenn schließlich die Frage von Möglichkeit und Grenze des Widerstands erörtert wird.

Wenn im Titel des Buches generalisierend von Herrschaft und Gesellschaft gesprochen wird, so ist damit die vielschichtige Wechselbeziehung gemeint, die das nationalsozialistische Deutschland charakterisiert: die typischen Mechanismen und Reaktionen von Akklamation und Unterwerfung, Ekstase und Terror, widerwilliger Loyalität und blindwütigem Gehorsam. Das Streben des Verfassers ging dahin, Probleme von Herrschaft und Gesellschaft im NS-Staat zu konkretisieren anhand einiger Forschungsarbeiten, die in den letzten Jahren zwar unabhängig voneinander, aber in zentralem Zusammenhang und vor dem Hintergrund langfristiger Projekte (wie der 1988 mit Kollegen publizierten Darstellung »Die Juden in Deutschland 1933–1945. Leben unter nationalsozialistischer Herrschaft« und dem vor dem Abschluß stehenden Band »Zur Zahl der jüdischen Opfer des Nationalsozialismus«) entstanden sind.

Gleich weit entfernt von abstrakter Theoriebildung wie von Vorurteilen oder Verdrängungskomplexen inspirierter Spekulation, sollen in Fallstudien und Überblicken ganz konkrete Aspekte der NS-Herrschaft dargestellt werden, bewußt positivistisch vorgeführt und nur auf die Quellen gestützt. Wenn diese Exempla beitragen könnten, das Besondere nationalsozialistischer Herrschaft anschaulich und begreiflich zu machen, wäre der Zweck des Buches erreicht.

Die einzelnen Beiträge sind als Aufsätze für Zeitschriften, für Festschriften bedeutender Gelehrter oder für das Feuilleton einer großen Tageszeitung entstanden, einige gingen aus Vorträgen hervor; sie sind also an teils entlegenem Ort, teils in großer Öffentlichkeit erstmals publiziert worden. Unabhängig vom akademischen oder publizistischen Anlaß des Entstehens blieb aber stets die Absicht, komplexe Zusammenhänge übersichtlich zu machen, den Weg zur Erkenntnis auch auf schwierigem Feld gangbar zu halten und durch die Präsentation der Früchte der Wissenschaft – Fakten, Beweise, Einsichten – der Aufklärung dienlich zu sein.

München, Juli 1989   Wolfgang Benz

Herrschaft und Gesellschaft
Die Inszenierung der Ekstase

Die nationalsozialistischeHerrschaft gründete sich auf der Ekstase der Beherrschten. Zur Eroberung der Macht, zu ihrer Durchsetzung und Befestigung wurden wie von keinem anderen Regime Institutionen ersonnen und Mechanismen installiert, die die Aufgabe hatten, das Volk in eine Art von permanentem Rauschzustand zu versetzen und ein Klima der Massenhysterie zu erzeugen und zu bewahren, ein Klima in dem ständige und bewußtlose Akklamation zum Regime gedieh.

Die Ideologie des Nationalsozialismus war dürftig genug, sie beschränkte sich im wesentlichen auf etliche Feindbilder – die bekanntesten waren Juden und Bolschewisten – auf die Propagierung von Sozialdarwinismus und abstrusen Rasse- und Vererbungstheorien, auf die Postulate des aggressiven alldeutschen Nationalismus, nämlich die Erweiterung des von Deutschen beherrschten Territoriums, die Gewinnung von Kolonialraum im Osten Europas und das Streben nach dem Status einer Weltmacht. Dazu kamen, als Ersatz für die Bausteine eines geschlossenen politischen, ökonomischen und sozialen Programms, die Glorifizierung bäuerlichen Lebens, Kriegerkult und Propagierung von Herrenmenschentum, die Mystifizierung germanischer Vergangenheit, von Vaterland und Heimaterde, Volkstum, Brauch und Sitte – was immer man darunter auch verstand. Die ideologischen Versatzstücke, die sich beliebig arrangieren ließen, wurden in Form von Schlagworten im politischen Tagesgeschäft ständig eingesetzt: »Blut und Boden«, »Volk ohne Raum«, »Fronterlebnis«, »Blutzeuge«, »Alte Kämpfer«, »Volksgemeinschaft« usw.

Die Essenz der nationalsozialistischen Ideologie bestand in der Identifizierung von Hitler, NS-Bewegung und deutschem Volk in einer Art mystischer Einheit, die durch Kult- und Weihehandlungen, Demonstrationen und Akklamationen ständig beschworen wurde. Die Herrschaftstechnik des Nationalsozialismus verfolgte als wichtigstes Ziel die Errichtung und Stabilisierung dieses Führerkults; solange die Massen an ihr Idol glaubten, war das Regime stabil, waren Mißerfolge, Exzesse und Krisen nicht bedrohlich für den Fortbestand der Herrschaft und die Zustimmung der Beherrschten. Daß Terror und Gewalt gegen Kritiker des Regimes, politische Gegner und zu Feinden erklärte Minoritäten im Staat Hitlers eine beträchtliche Rolle spielten, muß nicht betont werden; hier geht es um die Methoden, mit denen die positive Bindung der Mehrheit der Bevölkerung an den nationalsozialistischen Staat erreicht wurde.

Die fünf tragenden Elemente der Herrschaftstechnik, mit denen die Faszination der Menschen für den Nationalsozialismus erreicht wurde, waren erstens Propaganda, zweitens die Regie des öffentlichen Lebens, drittens die Selbstdarstellung des Regimes in Form einer eigenen Ästhetik, viertens Kulthandlungen als Religionsersatz und fünftens die Stilisierung des Volks als Kultverband. Das waren die Methoden, und als Ziel war die Einheit von Herrschaft und Gesellschaft propagiert.

1. Propaganda

Gelenkt von einer eigenen staatlichen Bürokratie, dem Reichsministerium für Volksaufklärung und Propaganda – das war ein Novum und Unikum zugleich, und die Nationalsozialisten waren stolz auf das einzige derartige Ministerium der Welt – mit einem Meister der Demagogie an der Spitze hatte die Propaganda die Aufgabe, gleichförmige Meinung und Zustimmung zu erzeugen und unerwünschte Informationen zu unterdrücken. Darin unterschied sich der Hitler-Staat nicht von anderen Diktaturen, allenfalls in der Konsequenz und in der Virtuosität, mit der Goebbels als Propagandaminister den Apparat bediente und Presse, Rundfunk, Film, Theater, Musik und alle übrigen Bereiche der Kultur auf eine einheitliche Linie brachte.

Im Selbstverständnis des Nationalsozialismus war Propaganda als »Verfassungselement« definiert und die Aufgabe von Propaganda beschrieben als Verbindungsgelenk zwischen »dem in der Partei Gestalt gewordenen politischen Willen und dem Volk«. Das ganze System des

NS-Staates wurde als neuartige und höhere Form von Demokratie bezeichnet, bei dem eine Einheit von Führer und Volk (dazwischen die Partei als Auslese der besten des Volkes) postuliert war:»Ohne das persönliche Verhältnis, das die Propaganda zwischen dem Führer und dem Volk schafft, ist das autoritäre demokratische Prinzip des neuen Deutschlands undenkbar. Diese Propaganda ist somit ein nicht wegzudenkender Bestandteil der ungeschriebenen Verfassung des Dritten Reiches.« So steht es in einem Artikel, der zu Goebbels' 39. Geburtstag verfaßt wurde und der einen der wenigen Versuche darstellt, das Spezifische der nationalsozialistischen Propaganda theoretisch zu fassen.[1]

Goebbels selbst, der alles andere als ein Theoretiker war, drückte sich deutlicher aus, als er im September 1935 in Nürnberg beim Reichsparteitag die Propagandaleiter der Partei versammelte und ihnen eine Rede über»Wesen, Methoden und Ziele der Propaganda« hielt. Sie sei in erster Linie ein Instrument zur Machterhaltung; der Propagandist müsse ein»Künstler der Volkspsychologie« und selbst ein»Teil der Volksseele« sein, um dem Volk auch die Notwendigkeit unangenehmer Maßnahmen klarmachen zu können. Goebbels bemühte sich bei der Gelegenheit auch, den Unterschied zwischen»Propaganda« und»Volksaufklärung« deutlich zu machen.»Anders als mit der Propaganda«, sagte er,»sei es... mit der Volksaufklärung, die auch ihren ihr zukommenden Platz in der Staatspolitik beanspruchen darf. Man darf nicht *immer* trommeln. Denn wenn man *immer* trommelt, dann gewöhnt das Publikum sich allmählich an den Trommelton und überhört ihn dann. Man muß die Trommel in Reserve haben... Wenn wir *immer* schreien und krakeelen wollten, dann würde sich die Öffentlichkeit allmählich an dieses Geschrei gewöhnen.«[2]

Goebbels verwendete in diesem Zusammenhang den Ausdruck »Volksbehandlung«, und das drückte exakt aus, was gemeint war. Dazu gehörte auch, daß dem Volk nach den Kraftanstrengungen politischer Großereignisse Ruhepausen gegönnt wurden: So gab es bis auf wenige wichtige Ausnahmen nach dem Parteitag wochenlang keine politischen Sendungen im Rundfunk. Die Sendezeiten wurden für unterhaltende Musikdarbietungen genutzt.

Unterhaltung spielte überhaupt eine ganz wichtige Rolle im Verlokkungs- und Verführungsapparat der nationalsozialistischen Propaganda. Die Unterhaltungsbranche florierte. Operette und Schlager waren – zumal sie kaum politisiert wurden – die beliebtesten Genres, man könnte sie ebenso wie die Serien harmloser Spielfilme als einen Teil der Sozialpolitik des Regimes verstehen, das mit Melodien von Nico Dostal, Paul Linke und Franz Lehár, mit Schlagern, die Zarah Leander, Evelyn Künneke, Marika Rökk, Hans Albers trällerten und schmetterten, und mit den Publikumslieblingen Heinz Rühmann, Johannes Heesters, Luise Ullrich, Victor de Kowa, Willy Birgel, Brigitte Horney und vielen anderen die »Volksgemeinschaft« bei Laune hielt. Reichsrundfunk und staatlich gelenkte Filmindustrie waren höchst populäre Medien der Massenunterhaltung. Die »Wunschkonzerte« des Großdeutschen Rundfunks wurden nach Kriegsausbruch an allen Fronten genauso begeistert aufgenommen wie in der Heimat, und mit der Produktion von Komödien und Klamotten blieb auch im Krieg ein Stück heiler Welt auf der Kinoleinwand erhalten. Filme wie »Quax der Bruchpilot« (1941), »Wiener Blut« (1942), »So ein Früchtchen« (1942), »Münchhausen« (1943) oder »Feuerzangenbowle« (1944) waren allemal erfolgreicher als die handwerklich ebenfalls gut gemachten Tendenzfilme und Propagandastreifen der Gattung »SA-Mann Brand« (1933), Leni Riefenstahls Parteitagsfilm »Triumph des Willens« (1935), die Kriegsfilme »Pour le Mérite« (1938) oder »Legion Condor« (1939), »Über alles in der Welt«, »Stukas«, »Kadetten« (alle 1941). Wirkung zeigten schließlich auch die Agitations- und dann die Durchhaltefilme wie Veit Harlans »Jud Süß« (1940), der antibritische Streifen »Ohm Krüger« mit Emil Jannings (1941), »Der große König« (Harlan 1942), der Euthanasiefilm »Ich klage an« (Liebeneiner 1941) und »Kolberg« (1945). Und beliebt war auch die »Deutsche Wochenschau«, die mit der Dokumentation politischen und dann vor allem kriegerischen Geschehens im Vorprogramm der Kinos allwöchentlich 20 Millionen Besucher mehr unterhielt als wirklich informierte.

2. Die Regie des öffentlichen Lebens

In Anwendung und Erweiterung der während der Kampfzeit entwickkelten Methoden wurde nach 1933 das öffentliche Leben durchstilisiert. Die Regie der Öffentlichkeit war das wichtigste und wirksamste politische Mittel, das die nationalsozialistische Führung einsetzte, und auf keinen anderen Bereich wurde soviel Mühe verwendet. Der Formenkatalog reichte vom Heimabend über die Mitgliederversammlung, den Dorfgemeinschaftsabend, den Gemeinschaftsempfang von Hitlerreden am Rundfunkempfänger über lokale Kundgebungen und Feiern zum Staatsfeiertag, zu Paraden und Aufmärschen bis hin zu den großen zentralen Gedenkveranstaltungen der Partei und zum jährlichen Reichsparteitag in Nürnberg.

Zweck jeder nationalsozialistischen Versammlung war, unabhängig von der Größenordnung des Ereignisses, die Suggestion des einzelnen Teilnehmers. Das wurde erreicht durch das einheitliche Grundmuster, das Argumentation vermied und darauf abzielte, die Sinne zu betören. Die Teilhabe am Ereignis wurde als eigentliches Erlebnis organisiert, die Einbettung und Auflösung des Individuums in die Volksgemeinschaft war kalkuliert, und nur zu diesem Zweck waren die Mittel eingesetzt: Rede, Staatshandlung, Massenbekenntnis, Weiheritual, Vorbeimarsch, Appell usw.

Gipfel nationalsozialistischer Inszenierungen waren die Massenspektakel zu besonderem Anlaß. Der Tag von Potsdam am 21. März 1933 sollte den neuen Herren Renommee verschaffen, die sich preußische Traditionen aneigneten und den alten Reichspräsidenten Hindenburg für ihre Sache vereinnahmten. Der Staatsakt zur Eröffnung des neugewählten Reichstags, inszeniert als Verbrüderung des deutschnationalen bürgerlichen Establishment mit den nationalsozialistischen Emporkömmlingen, fand in der Potsdamer Garnisonskirche statt, das Rahmenprogramm wurde in Berlin gegeben mit diversen Feldgottesdiensten im Lustgarten und vor dem Stadtschloß, mit einem Vorbeimarsch von Schutzpolizei, SS, SA und Stahlhelmverbänden beim Polizeipräsidenten, mit Paradenmärschen, Salutschüssen und wieder mit einem stundenlangen abendlichen Fackelzug.[3] Am 10. April 1933 hielt Hitler den größten Appell, den die Welt je sah – so stand es im Völkischen Beobachter. 600000 Mann SA und SS, die in Saal- und Straßenschlachten erprobten Radauverbände der NSDAP, waren im ganzen Deutschen Reich aufmarschiert, um eine Rede ihres obersten Führers aus dem Berliner Sportpalast zu hören. Goebbels führte Regie und handhabe dazu den Rundfunk als Sprachrohr beim Dirigieren der Massen.[4] Als quasi transzendentales Medium, mit dem Allgegenwart des »Führers« dargestellt werden konnte, wurde der Rundfunk vom NS-Propagandaapparat in Besitz genommen und bis zum Untergang des Regimes eingesetzt. Den Experimenten mit dem Fernsehen maß Goebbels nicht von ungefähr große Bedeutung zu.

Im Jahr 1936 präsentierte sich der Hitlerstaat der Weltöffentlichkeit erfolgreich von seiner schönsten Seite, wichtigster Schauplatz war Berlin. Den Anlaß zur Schaustellung nationalsozialistischen Glanzes, deutscher Tüchtigkeit und perfekter Organisation boten die XI. Olympischen Sommerspiele. Berlin versank in einem Meer von Fahnen, die antisemitischen Propagandaparolen hatte man vorübergehend abgenommen, und die erhoffte Wirkung stellte sich ein. Nicht nur die Ausländer staunten. Das Prestige des nationalsozialistischen Regimes erhöhte sich nach der geglückten Inszenierung der Olympiade auch im Inland beträchtlich.

Einer der Höhepunkte der Selbstdarstellung des NS-Regimes war das Sommerfest der Reichsregierung, zu dem Goebbels die Ehrengäste der Olympiade auf die Pfaueninsel in der Havel geladen hatte. Der Berichterstatter des Völkischen Beobachters geriet über die Prachtentfaltung ins Schwärmen:»Der Zauber, der von diesem ungewöhnlichen Rahmen ausging, war geschickt durch eine künstlerische Ausgestaltung verstärkt worden. Kein Wunder, daß die Teilnehmer, vor allem aus dem Ausland, die während ihres Besuches in Berlin manches Beispiel großzügigster deutscher Gastfreundschaft erlebt hatten, sehr bald von jener Stimmung festlicher Losgelöstheit erfüllt waren, die auch die fremdesten Menschen einander näherbringt...«[5] Wenn man aus der offiziellen Sprache und der Diktion Schlüsse ziehen darf, dann war die Gesellschaft des NS-Staats von monströser Spießigkeit geprägt, hatte sich willig der Diktatur der Superlative gebeugt. Es war aber auch allerhand geboten auf der Pfaueninsel: Eine Schiffsbrücke war errichtet, auf der Pioniere mit präsentiertem Ruder die Gäste empfingen. Weißgekleidete Pagen führten sie zum Festplatz auf der Insel, Goebbels gab sich als liebenswürdiger Gastgeber dieser italienischen Nacht mit Lampions und Feuerwerk. Das Opernballett bot Künstlerisches, und die Spitzen der Gesellschaft tafelten und tanzten bis zum Morgen.

Ein Jahr später fand die wohl gewaltigste politisch-militärische Ausstattungsrevue statt, die das Dritte Reich je inszenieren ließ. Zu Ehren

Mussolinis wurde sie im September 1937 in Berlin veranstaltet, ohne Rücksicht auf die Kosten. Fast eineinhalb Millionen Reichsmark – eine für damalige Verhältnisse horrende Summe – wurden für Dekorationen, Fahnenwälder, Lichtdome und anderes Brimborium verpulvert. Höhepunkt war die Massenkundgebung, bei der Goebbels den Duce und Hitler begrüßte, immer wieder von Heilrufen unterbrochen: »Ich melde: Auf dem Maifeld in Berlin, im Olympiastadion und auf den Vorplätzen des Reichssportfeldes eine Million Menschen, dazu auf den Anfahrtsstraßen von der Wilhelmstraße bis zum Reichssportfeld zwei Millionen Menschen, insgesamt also drei Millionen Menschen zur historischen Massenkundgebung der nationalsozialistischen Bewegung versammelt!«[6]

Die Menschen wurden bei solcher Gelegenheit als Kulisse benutzt, als Fassade des Potemkinschen Dorfes, das Berlin in jener Zeit in mancher Beziehung war. Der Umgestaltung der Preußenmetropole zur Megalopolis Hitlerscher Machtträume standen in der Realität Hindernisse im Weg, die vorerst durch die Scheinwelt der Masseninszenierungen ersetzt wurde. Marschtritte und Masseninszenierungen drückten nicht von ungefähr am sinnfälligsten Eigenart und Selbstempfinden des Nationalsozialismus aus, und seine Führer und Unterführer wetteiferten in martialischem Gepränge. Der von der Natur benachteiligte Goebbels tat sich auf diesem Gebiet schwer, vor allem schwerer als der beliebte und scheinbar so joviale Hermann Göring, der zweite Mann im Staat. Aber manchmal demonstrierten sie auch Innigkeit und Gefühl, und zwar mindestens zu Weihnachten, das die nationalsozialistischen Neuheiden lieber »Julfest« nannten. Die Potentaten des NS-Staats versammelten bedürftige Kinder um sich, bescherten sie und schlachteten das Ereignis propagandistisch aus. Göring hatte Weihnachten 1935 500 Kinder kommen lassen. Der Völkische Beobachter berichtete über die Veranstaltung, bei der das Musikkorps des »Regiments General Göring« spielte, ein Kinderchor sang, und das Kinderballett der preußischen Staatsoper tanzte: »Frau Göring, zwei Kinder an der Hand, geht von Tisch zu Tisch, führt Eltern und Kinder an ihre Plätze, wo die Gaben aufgehäuft sind. General Göring, gefolgt vom Weihnachtsmann und zwei Heinzelmännchen, geht durch die Tischreihen, greift hier ein Spielzeug heraus, zeigt einem kleinen Buben den Mechanismus eines Flugzeuges, eines Spieltanks, drückt dort einer Mutter, die wortlos und ergriffen auf ihn zukommt, stumm die Hand, nimmt da ein Mädelchen auf den Arm, schenkt ihm, vom paketbehangenen Mantel des Weihnachtsmannes abgelöst, eine Puppe, beginnt dort mit einem Vater zu sprechen, hier wieder eine Mutter nach ihrem Heim, ihren Kindern zu fragen.«[7] Einige Zeit später wurde den Kindern dann parteiamtlich empfohlen, die Kämpfe an der Ostfront in Schneebunkern nachzuspielen, und für das Julfest 1943 wurden»Lichtersprüche« als vorweihnachtliche Brauchtumshilfen angeboten, bei denen Kinder im Wechsel sprechen konnten:»Ich bringe ein Licht für alle Soldaten / Die tapfer die Pflicht für Deutschland taten« bis hin zu»Mein hellstes Licht sei dem Führer geschenkt / Der immer an uns und Deutschland denkt.«[8]

Die Regie des öffentlichen Lebens im NS-Staat erschöpfte sich aber nicht in der Ausgestaltung singulärer Anlässe. Sie entwickelte einen Formenkanon, der konsequent im Jahreslauf angewendet wurde und so den Alltag in eine Serie von nationalsozialistischen Ereignissen verwandelte, die gemeinschaftsbildend und gemeinschaftserhaltend wirkten. Das nationalsozialistische Feierjahr begann am 30. Januar mit einer morgendlichen Rede Goebbels' an die Schuljugend und einer Hitler-Rede vor dem Reichstag, abends wurde in Berlin der Fakkelzug zur»Machtergreifung« von 1933 wiederholt. Am 24. Februar gedachte man der NSDAP-Gründung, die»Alten Kämpfer« trafen sich in München. Der»Heldengedenktag« im März, zelebriert mit Wehrmachtsparaden in Berlin, hatte den Volkstrauertag der Weimarer Republik abgelöst. Am letzten Märzsonntag wurden die Vierzehn-jährigen feierlich in die HJ aufgenommen, am Vorabend von Hitlers Geburtstag gab es den Aufnahmeappell der Zehnjährigen fürs Jungvolk. Führers Geburtstag am 20. April wurde mit größtem Pomp, Militärparaden in allen Garnisonsstädten und einer Parteifeier – meist in München auf dem»Parteiforum« des Königsplatzes – begangen. Dabei wurden die neuen Funktionäre der NSDAP vereidigt. Der 1. Mai als»Tag der nationalen Arbeit« mit Brauchtums- und Volkstanzgruppen gefeiert, sollte den ursprünglichen Tag der internationalen Arbeitersolidarität verdrängen. Ihm folgte am zweiten Maisonntag der Muttertag – ebenfalls keine nationalsozialistische Erfindung –, offizielles Gepräge erhielt er ab 1939 durch die erstmalige Verleihung des»Mutterkreuzes« an drei Millionen Frauen. (Der Orden war 1938 gestiftet worden, es gab ihn in drei Stufen: Gold ab dem 8. Kind, in Silber für 6 oder 7 Kinder und in Bronze für 4 oder 5 Kinder.)

Die Sommersonnenwende (21./22. Juni) wurde 1937 bis 1939 als Massenveranstaltung im Berliner Olympiastadion begangen, daneben aber auch seit 1933 an zahllosen Orten im ganzen Land. Den Zenit erreichte das Feierjahr alljährlich im September mit dem Massenspektakel des Reichsparteitags in Nürnberg. Im Oktober folgte das von Hunderttausenden besuchte Erntedankfest auf dem Bückeberg bei Hameln. Am Abend des 8. November trafen sich im Münchner Bürgerbräukeller die »Alten Kämpfer«, um des Hitlerputsches 1923 zu gedenken. Am 9. November wurden die »Blutzeugen der Bewegung« mit makabrem Zeremoniell geehrt, am gleichen Tag wurden die Herangewachsenen der HJ in die NSDAP übernommen, den Abschluß bildeten die nächtlichen Treueschwüre des SS-Nachwuchses.

Weniger Resonanz fanden die beiden letzten Ereignisse des NS-Feierjahrs, die 1935 eingeführte Wintersonnenwende und die Germanisierung von Weihnachten als »Julfest«. Der Katalog der Feste und Rituale war damit aber noch lange nicht erschöpft, es gab Gauparteitage, Sänger- und Turnerfeste, die Eintopfsonntage des WHW und alle möglichen besonderen Anlässe, bei denen Uniformierte marschierten, die Parteiprominenz redete und Jubel verordnet war. Die SS versammelte sich am 1. Juni in Quedlinburg, um dem Idol Heinrich Himmlers, dem »Schöpfer des ersten Reiches« Heinrich I. zu huldigen. Und dann gab es die Feiern im Rahmen der »Betriebsgemeinschaft« oder Veranstaltungen der Gliederungen und Verbände der Partei, für die die Reichspropagandaleitung der NSDAP detaillierte »Vorschläge zur nationalsozialistischen Feiergestaltung« bereitstellte. Die Regie war ziemlich perfekt.

3. Selbstdarstellung des Regimes

Alle Anstrengungen des NS-Regimes, eine eigene Ästhetik zu entwickeln, dienten der Erhaltung der Macht und der Integration von Herrschaft und Gesellschaft; entsprechende Bemühungen mußten daher darauf gerichtet sein, Gemeinschaft zu stiften, einzuschüchtern, zu unterwerfen und zu beherrschen. Integration und Ausgrenzung zugleich war durch Märsche und gemeinsam in Formation gesungene Lieder (»die Reihen fest geschlossen«) darstellbar. Eine der wenigen genuin nationalsozialistischen Kunstformen, das »Thingspiel«, entstand in Anknüpfung an alte dramatische Gattungen von der griechischen Tragödie über das mittelalterliche Mysterienspiel und Passionsdarstellungen im wesentlichen als Fortentwicklung des Aufmarsches und der Kundgebung, als Interaktion massenhaft aufgebotener Darsteller und massenhaft aufgebotenen Publikums wie am 1. Oktober 1933 in Berlin, wo 60000 Zuschauer mit 17000 uniformierten Spielern im Stadion vereint waren.[9]

Thingspiele und Thingstätten blieben marginal und episodenhaft, wichtigste Ausdrucksform nationalsozialistischen Gestaltungsdrangs war die Architektur. Das Dritte Reich war bis in den Krieg hinein eine riesige Baustelle: Siedlungen im »Heimatschutzstil«, Jugendherbergen und Gemeinschaftsbauten, Kasernen und »Ordensburgen«, Stadien, Plätze und vor allem Herrschaftsanspruch und Ewigkeitsgeltung betonende Großprojekte. Dazu gehörten auch die Autobahnen, für die beim damaligen Motorisierungsgrad verkehrstechnisch kaum Bedarf bestand. Fritz Todt, seit 30. Juni 1933 Generalinspektor für das deutsche Straßenwesen, schließlich zuständig für alle Bauvorhaben des Regimes einschließlich des »Westwalls« und Herr über eine Armee von Bauarbeitern, der »Organisation Todt«, formulierte die politische Absicht der Autobahnen: »Die Erfüllung des reinen Verkehrszwecks ist nicht der letzte Sinn des deutschen Straßenbaus. Die deutsche Straße muß Ausdruck ihrer Landschaft und Ausdruck deutschen Wesens sein.«[10]

Darüber hinaus wurden die Autobahnen als »Straßen des Führers« mit Symbolwert als Verbindungslinien zu den Auslandsdeutschen zu Kunstwerken stilisiert und als Denkmale reklamiert: »Die neuen Straßen sollen nach dem Willen des Führers nicht nur den praktischen Sinn einer umfassenden und weiter Zukunft genügenden Verkehrserschließung haben, sondern darüber hinaus einen besonderen sinnbildlichen Wert besitzen. Das große, über ganz Deutschland gelegte Netz der Autostraßen sollte durch die besondere Einfügung in die Landschaft, vor allem aber durch die unserer Zeit gemäße Gestaltung aller Bauwerke – die Brücken – den Deutschen in allen Teilen des Reiches Symbol für die Zusammengehörigkeit der deutschen Stämme, für die

Einheit des Reiches sein.«[11] (Die militärische Bedeutung des im Dezember 1938 3000 Kilometer umfassenden Autobahnnetzes wurde und wird meist überschätzt: Truppen- und Materialtransport war und blieb überwiegend Aufgabe der Eisenbahn.)

Nationalsozialistischer Herrschaftsanspruch manifestierte sich in der auf Effekt berechneten Unterwerfungsarchitektur, die in eintöniger Monumentalität, durch endlose Reihung simpler Formen und Elemente einschüchternde Baukolosse erzeugte.[12] In den Formen eines brutalisierten und in maßlose Dimensionen gesteigerten Neoklassizismus wucherte die Repräsentationsarchitektur von Partei und Staat. Stilbildend waren Paul Ludwig Troost mit dem »Haus der Deutschen Kunst« in München (1937) und in seiner Nachfolge Albert Speer, der das Reichsparteitagsgelände in Nürnberg als den zentralen Appellplatz der Nation, als Kult- und Herrschaftsarchitektur konzipierte, als steinernen Rahmen uniformierter Menschenmassen. Die Bauten in Nürnberg bedurften »der Zehntausende in straffen Kolonnen aufmarschierter, von einem Willen bewegter deutscher Männer, um voll wirksam zu werden«, heißt es in einer zeitgenössischen Beschreibung. Obwohl die Gesamtanlage nicht fertiggestellt wurde, fanden bis 1938 die Reichsparteitage dort statt (nach Kriegsausbruch gab es keine mehr), in der Form stundenlanger Vorbeimärsche der Parteigliederungen, Verbände und auch der Wehrmacht, mit nächtlichen Kundgebungen unter dem »Lichtdom« aus Flakscheinwerfern, deren Schein man bis zu 200 Kilometer weit sah, als Schaustellung nationalsozialistischer Macht. Die nach Hunderttausenden zählende Statisterie der Hitlerreden wurde während des vier- bis achttägigen Ereignisses mehrmals ausgetauscht, und die Teilnehmer empfanden ihre Anwesenheit als Privileg.

Unterwerfungsarchitektur waren die NS-Bauten in mehrfachem Sinne. Der Despotismus der omnipotenten Führung äußerte sich nicht nur im Anachronismus der verwendeten Formen, des Materials und der riesenhaften Dimension, er war ohne den bedenkenlosen Zugriff auf Ressourcen, ohne Rücksicht auf den ökonomischen Nutzen und die Höhe der Kosten ebensowenig darstellbar wie ohne die Methoden der antiken Barbarei: Sklavenarbeit wurde in den Konzentrationslagern zugunsten der Regime-Architektur in größtem Ausmaß erzwungen. Die Bauten dienten aber auch direkt als Instrumente zur Ausübung politischen Zwangs, wie die in der Rekordzeit von weniger als einem Jahr errichtete Neue Reichskanzlei, das Bauwerk, unter dem Hitler im Frühjahr 1945 zugrunde ging. Ende Januar 1938 hatte Hitler seinen Leibarchitekten Speer kommen lassen, der in seinen Erinnerungen berichtet:»›Ich habe einen dringenden Auftrag für Sie‹, sagte er feierlich, mitten im Raum stehend. ›Ich muß in nächster Zeit wichtigste Besprechungen abhalten. Dazu brauche ich große Hallen und Säle, mit denen ich besonders kleineren Potentaten imponieren kann.‹«[13]

Am 9. Januar 1939 wurde der Neubau feierlich eingeweiht. Das Bauwerk bringe in hervorragender Weise Kultur und Gestaltungswillen des Nationalsozialismus zum Ausdruck, hieß es beim Festakt. In der Nacht zum 15. März 1939 wurde in einem dieser Säle der tschechoslowakische Staatspräsident Hacha dazu erpreßt, die Reste seines Staats kampflos an Hitler-Deutschland auszuliefern. Die Reichskanzlei-Architektur mit ihrer 145 Meter langen Galerie, die Hacha durchwandern mußte, bis er zu Hitler kam, war Teil der Inszenierung. Der Kabinettssaal, in dem nie eine Sitzung der Reichsregierung stattfand, war 600 Quadratmeter groß, in der alten Reichskanzlei hatte der entsprechende Raum knapp ein Zehntel davon gemessen. »Gebauter Nationalsozialismus« wurden die Ergebnisse des neuen »Bauwillens« genannt; »Gemeinschaftsbauten«, eine damals ebenfalls gängige offizielle Bezeichnung für die Architektur des Machtkults, waren sie nicht.

Der erstrebte Ewigkeitswert und die Absicht, mit den Bauten unvergängliche Reliquien zu schaffen, waren – ebenfalls an altorientalische Despotien erinnernde – Motive für den nationalsozialistischen Baustil. Speer hat solche Gedankengänge Hitlers überliefert: »Es ist kaum zu glauben, welche Macht es einem kleinen Geist über seine Mitwelt verleiht, wenn er in so großen Verhältnissen auftreten kann. Solche Räume mit einer großen geschichtlichen Vergangenheit erheben auch einen kleinen Nachfolger zu geschichtlichem Rang. Sehen Sie, deswegen müssen wir das noch zu meinen Lebzeiten bauen: damit ich darin noch gelebt habe und mein Geist diesem Bau Tradition verleiht. Wenn ich nur ein paar Jahre darin lebe, dann reicht das schon aus.«[14]

Die letzte Steigerung der Inszenierung nationalsozialistischer Herrschaft sollte die Umgestaltung Berlins zur Megalopolis »Germania«,

zur Welthauptstadt sein. Hitler hatte als Programm im November 1937 angekündigt, es solle dabei die Größe der Bauten »nicht gemessen werden nach den Bedürfnissen der Jahre 1937, 1938, 1939 oder 1940, sondern sie soll gegeben sein durch die Erkenntnis, daß es unsere Aufgabe ist, einem tausendjährigen Volk mit tausendjähriger geschichtlicher und kultureller Vergangenheit für die vor ihm liegende unabsehbare Zukunft eine ebenbürtige tausendjährige Stadt zu bauen.«[15]
Der Diktator steuerte eigene Ideen bei, die er längst skizziert hatte, fühlte er sich doch als begnadeter Architekt, den Speer und die anderen Architekten des Dritten Reiches als kongenialen Dilettanten akzeptierten. Gegenstand der Hitlerskizzen waren eine Kuppelhalle von nie dagewesenem Ausmaß, zehnmal so hoch wie das Brandenburger Tor, und ein Triumphbogen von ebenfalls betäubender Größe. Auf axialem Grundriß sollten diese Bauten den Kern einer künftigen Welthauptstadt bilden, mit denkmalartigen pompösen Verwaltungs- und Regierungsgebäuden.
Solche Programme stärkten das Bewußtsein von der besonderen Berufung der Deutschen und der Überlegenheit der Herrenrasse. Das zeigte sich in allen möglichen, ganz alltäglichen Situationen und durchsetzte das ganze Leben der Deutschen. Ein Indiz ist der Ratschlag für Polenreisende aus dem Baedeker für das Generalgouvernement von 1943: »In den Städten kommt man auch im Verkehr mit der nicht deutschen Bevölkerung überall mit der deutschen Sprache aus und wird als Deutscher nur dann Polnisch oder Ukrainisch sprechen, wenn es unbedingt erforderlich ist.«[16] Ein anderes, beliebig herausgegriffenes Indiz im privaten Kriegstagebuch eines 21jährigen, der vom Gymnasium weg eingezogen worden war und im Januar 1941 nach Verlegung von der Westfront nach Rumänien notierte: »Ich merke wieder einmal, wieviel allein das Vertrauen ausmacht, das wir auf alles Deutsche setzen, besonders auf die Führung. Wir haben aber auch oft genug vergleichen können, und das deutsche Gegenstück hat jedesmal standhalten können, mindestens wenn es das andere nicht himmelhoch überragte. Nicht nur Fortschritt und Organisation haben wir, auch Kultur, immer noch, auch wenn manches umstritten ist, bestimmt noch mehr als die Engländer und die Banausen, die Amerikaner.«[17]

4. Kulthandlungen als Religionsersatz

Wie kein anderes Regime suchte der NS-Staat Legitimation in der deutschen Geschichte. Die Beschwörung der germanischen Rasse, die Berufung auf Traditionen und der Ahnenkult dienten der Instrumentalisierung des Herrschaftsanspruchs. Entsprechend aufwendig waren Dramaturgie und Realisierung vieler einzelner Unternehmungen. Heinrich Himmler als Chef der SS stand in Konkurrenz zu anderen Machthabern, wenn es um seine historischen Obsessionen ging.[18] Sie dienten, wie sich am Beispiel der Wewelsburg in der Nähe Paderborns leicht zeigen läßt, der Festigung der Blut- und Boden-Ideologie ebenso wie dem Machtanspruch der SS als wichtigster Institution nationalsozialistischer Herrschaft. Nachdem Himmler die Wewelsburg im September 1934 feierlich in Besitz genommen hatte, wurde sie kultisches Zentrum der SS, in dem sich Himmler im Kreise seiner Gruppenführer – der SS-Generale – als einer Art Gralsgesellschaft empfand: Hier sollten die »Totenkopfringe« der SS-Führer (das waren die von Himmler verliehenen Kultzeichen des SS-»Ordens«) nach deren Tod in alle Ewigkeit aufbewahrt werden. Himmler erklärte 1938, damit solle allmählich eine Tradition wachsen: »Ich glaube, daß diese inneren Dinge vom Herz, von der Ehre, vom Gemüt wirklichster tiefster Weltanschauung doch letzten Endes die Dinge sind, die uns die Kraft geben, die Kraft für heute, und die uns die Kraft geben werden für jede Auseinandersetzung und jede Schicksalsstunde...«[19] Dem Ausbau der Wewelsburg diente ein eigenes Konzentrationslager, in dem zwischen 1939 und 1945 eintausenddreihundert Häftlinge ihr Leben verloren.

Eines der spektakulärsten historischen Projekte des Nationalsozialismus war der »Sachsenhain« bei Verden an der Aller. An der vermeintlichen Stelle, an der im Jahre 782 Karl der Große angeblich 4500 Sachsen hinrichten ließ, sollten zwei »Volksheiligtümer« errichtet werden, die Verden zum völkischen Wallfahrtsort gemacht hätten. Der Münchner Verleger F. Lehmann besichtigte im Mai 1934 im offiziellen Auftrag das Gelände, propagierte ein zwölf Meter hohes Denkmal für den Sachsenherzog Widukind sowie einen gewaltigen Gedenkstein für die Hingerichteten, geziert mit der Statue eines reinrassigen Niedersachsenpaares. Beides wurde nicht verwirklicht. Aber Alfred Rosenberg, als »Beauftragter für die Überwachung der gesamten weltanschaulichen und geistigen Erziehung der NSDAP« zuständig für die Historisierung der NS-Ideologie erweiterte die Idee und ließ 4500 Findlingsblöcke aus allen Orten Niedersachsens herbeischaffen. Die Ortsbauernführer waren verantwortlich für die Lieferung. Die tonnenschweren Brocken – jeder symbolisierte ein Opfer des »Verdener Blutbads« – wurden entlang eines zwei Kilometer langen Rundwegs im »Sachsenhain« aufgestellt. Zur Sommersonnenwende 1935 waren dann zehntausend Mann SS, SA, Freiwilliger Arbeitsdienst und Vertreter der Bauernschaft aufgeboten, um Rosenberg und Himmler bei der Einweihungsfeier die Kulisse abzugeben. Himmler übergab den Kultort der 88. SS-Standarte (»Bewahrt ihn gut als Heiligtum nicht nur dieser Gegend, sondern als heiligsten Boden deutschen Blutes für ganz Deutschland«).

Rosenberg, der eigentliche Spiritus rector der Stätte, hatte im Jahr zuvor den Sachsenherzog Widukind zum »Symbol des heldenhaften Widerstands gegen fremde Unterdrückung« erhoben, Adolf Hitler als den »Fortsetzer des Werks Widukinds« gepriesen und das ehrfürchtige Gedenken an das »nordisch-germanische Bauerntum« gefordert, »damit der Sieg Adolf Hitlers nicht nur für das nächste Jahrtausend der entscheidende Wendepunkt bleibt, sondern die ewige Grundlage des deutschen Lebens bildet«. Da schon in den 30er Jahren erhebliche Zweifel an der historischen Authentizität der Verdener Ereignisse laut wurden und auch wegen der Neubewertung Karls des Großen (im Zweiten Weltkrieg trug dann sogar eine Division der Waffen-SS seinen Namen), sank die Bedeutung der Verdener Kultstätte allerdings schon vor dem Ende des NS-Regimes.[20]

Nationalsozialistische Herrschaft gründete sich auf die irrationale Hingabe: »Gefolgschaft« und »Treue« gehörten zu den wichtigsten Schlagworten. Gemeint waren damit bedingungsloser Glaube und blinder Gehorsam. Die Unterwerfung unter die Omnipotenz der nationalsozialistischen Führung wurde auch erreicht mit Hilfe pseudoreligiöser Kultveranstaltungen, die dem Mythos der NS-Bewegung und ihrem Führer dienten. Bei manchem Szenario waren Grundmuster noch erkennbar, die in Inszenierungen der katholischen Kirche entwickelt worden waren, andere Details waren vom italienischen Faschismus adaptiert. Am deutlichsten sind beide Wurzeln in der Kombination des Rituals von Totenkult und Heldenverehrung, die alljährlich zur Wiederkehr des 9. November 1923 veranstaltet wurden. Die Idee der Reliquienverehrung (verbunden mit der spezifischen Blutmystik der NS-Ideologie) wurde im Kult um »Blutfahne« und »Blutzeugen« in makabrem Zeremoniell agiert. Die Wiederholung des zur Legende stilisierten Ereignisses von 1923 in teils realistischer, teils symbolischer Form hatte ebenfalls religiösen Ursprung. Die seit 1935 im gleichbleibenden Ritus gebotenen Weihehandlungen im November hatten sowohl den Charakter einer säkularisierten Prozession, bei der Märtyrer und Großpriester sich zur Schaustellung vereinigten, sie waren aber auch Darbietung äußerster Emotionalisierung – und dadurch Steigerung – des Nationalsozialismus zu einer Art Religion mit ewiger Geltung.[21]

Ein eigenes »Amt für den 8./9. November« verwaltet die Inszenierung (es gibt auch einen eigenen Kostümfundus mit Windjacken und Skimützen à la 1923), die Jahr für Jahr nach dem gleichen Schema abläuft: Wiederholung des Marsches vom Bürgerbräukeller zur Feldherrnhalle unter Teilnahme einer riesigen Komparserie und sämtlicher Fahnen, vorbei an Pylonen, die die Namen der »Gefallenen der Bewegung«, der Märtyrer des nationalsozialistischen Kultes, tragen und auf denen Feuer in Opferschalen lodert.

Das Horst-Wessel-Lied wird von Lautsprechern synchron und permanent übertragen, unterbrochen nur, wenn die Spitze des Zuges einen der »Altäre« erreicht, an dem der Name des Toten feierlich aufgerufen wird. Der Höhepunkt des pathetischen Rituals ist erreicht, als Hitler an der Feldherrnhalle ankommt und sechzehn Artilleriesalven den Beginn der Heldenehrung anzeigen. Nach diesem, durch eine Art Opferhandlung Tradition stiftenden Teil der Veranstaltung bewegt sich der Zug zum Königsplatz, wo seit 1935 der »Letzte Appell« stattfindet. Die sechzehn Toten des Hitlerputsches von 1923 sind hier in Ehrentempeln (sie wurden 1945 restlos beseitigt) beigesetzt. Im Zeremoniell des »Letzten Appells« mischen sich in typischer Weise nekromane, spirituale und religiöse Züge. Beim Namensaufruf jedes einzelnen der 16 Toten durch den Gauleiter von München ertönt jeweils das »Hier« aus dem Mund aller Angetretenen. Ehrenwachen der Hitlerjugend und die Vereidigung von SS-Männern am folgenden Tag auf diesem Platz beenden die Feierlichkeiten, bei denen seit 1936 die Fah-

nen nicht mehr halbmast gesetzt sind: Der Anlaß war zum Auferste-
hungsfest umgewidmet worden, bei dem die Einheit von Partei und
Vaterland, Staat und Gesellschaft demonstriert werden sollte. Die
konfessionellen Gedenktage des Monats November, Allerheiligen
und Totensonntag, gerieten ebenso in den Sog des 9. November wie
die Langemarck-Feiern, und daß der 9. November auch der Jahrestag
des als so schmählich empfundenen Endes des Ersten Weltkriegs war,
paßte der nationalsozialistischen Regie gut ins Konzept einer Aufer-
stehungs- oder Erlösungsdramaturgie.[22]

Der Erlöser mit charismatisch-absolutem Autoritätsanspruch stand an
der Spitze der Bewegung zur Verfügung, und der »Hitler-Mythos«
hatte ja tatsächlich religiöse Dimensionen. Wenn Baldur von Schirach
dichtete »Wir hörten oftmals deiner Stimme Klang und lauschten
stumm und falteten die Hände«[23], so stilisierte Göring den Chef der
NSDAP zum Heiland (und sich selbst zum Hohen Priester) als er im
September 1935 auf dem Reichsparteitag erklärte: »Ein ganzes Volk,
eine ganze Nation fühlt sich heute stark und glücklich, weil in Ihnen
diesem Volk nicht nur der Führer, weil in Ihnen dem Volke auch der
Retter entstanden ist.«[24]

Bei Robert Ley war es zwei Jahre später schon ein Glaubensbekennt-
nis: »Adolf Hitler! Wir sind Dir allein verbunden! Wir wollen in dieser
Stunde das Gelöbnis erneuern: Wir glauben auf dieser Erde allein an
Adolf Hitler. Wir glauben, daß der Nationalsozialismus der allein se-
ligmachende Glaube für unser Volk ist.«[25] Und Goebbels diktierte am
13. September 1937 seine Empfindungen nach dem großen SA-Appell
beim Reichsparteitag in Form der folgenden Apotheose ins Tagebuch:
»Eine fast religiöse Feier von fester gleichbleibender Tradition. Der
Führer redet den Leuten sehr zu Herzen gehend... Die Weihe der
neuen Standarten ist von einem unendlichen mystischen Zauber um-
hüllt. Als der Führer spricht, bricht für einige Minuten die Sonne heraus.«[26]

Jetzt sind alle Elemente der Ersatzreligion vereinigt: Tradition, Ritual, mystische Ergriffenheit der Teilnehmer der Kulthandlung und
ein gottähnliches Wesen, bei dessen Rede der Himmel aufbricht.

5. Das Volk als Kultverband

Es war nicht nur Byzantinismus und erzwungene Gefolgschaft, die dem Nationalsozialismus den Erfolg bei der Masse brachte. Die Gestalt des Erlösers setzte die Sehnsucht voraus, sich erlösen zu lassen, und diese Bereitschaft wurde mit allen Mitteln der Massensuggestion geweckt, verstärkt und am Leben gehalten. Die Funktion des Führermythos bestand letztlich darin, dem Bedürfnis nach religiöser Hingabe ein Objekt zu bieten. Diesem Zweck dienten die Masseninszenierungen und Rituale, der Blut- und Fahnenkult, die Idee des Ordens und der »verschworenen Gemeinschaft«, das Eindringen in religiös besetzte Räume und die Adaption religiöser Accessoires wie der eigenen Zeitrechnung, der Installierung von kirchenartigen Gemeinschaftsräumen, in denen Kulthandlungen gehalten wurden, der Abhaltung von Prozessionen und dem mystischen Dunkel, das an die Stelle rationaler Erwägung gesetzt wurde. Das Ergebnis der Anstrengungen von Propaganda, Selbstdarstellung, Regie war die vorübergehende Verwirklichung der Idee vom Volk als Schicksalsgemeinschaft.

Natürlich gab es – außer den Widerstandskämpfern – Außenseiter und Kritiker, die sich nicht einfügten. Soweit sie sich nicht anpaßten, gab es Zwangsmittel für sie, aber die Anpassung und schweigende Tolerierung des Regimes ging bekanntlich außerordentlich weit. Auch viele Feindbilder des Nationalsozialismus – Juden, Kommunisten, Pazifisten, zersetzende Intellektuelle – wurden von Menschen geteilt, die keine Anhänger Hitlers waren. Ein Beispiel, auch für die Wirkung der nationalsozialistischen Propaganda, war der Empfang, der einer Gruppe von polnischen Intellektuellen von deutschen Bürgern bereitet wurde, als sie nach tagelanger Fahrt im Viehwaggon unrasiert, verschmutzt und demoralisiert in Weimar ausgeladen wurden, um ins KZ Buchenwald zu marschieren. Es war ein Sonntag: »Wir kamen in Weimar an, das war am 15. Oktober 1939. Die Leute gingen aus der Kirche. Wir gingen dort über eine Eisenbahnbrücke, Straßenbrücke. Von der SS sind wir als die ›Bromberger Heckenschützen‹ verrufen worden. Und unser Aussehen bestätigte diese Meinung. Allerdings hatten wir mit den Bromberger Heckenschützen nichts gemeinsames und ich glaube auch an keine Bromberger Heckenschützen, die damals in der deutschen Propaganda notwendig waren. Aber die Propaganda hatte ihres gemacht. Der Haß der Leute war so groß, daß wir unter der Brücke gehend von oben beworfen wurden. Es war noch gut, daß dort keine Steine waren, denn sonst hätten wir Tote gehabt. Aber der Haß war so groß, daß Frauen Regenschirme nach uns warfen, ja sogar Handtaschen; die Männer ihre Hausschlüssel und Spazierstöcke.«[27]

Zur deutschen Schicksalsgemeinschaft fühlten sich auch die Regimegegner noch zugehörig, die Möglichkeiten zum aktiven Widerstand gehabt hätten. Der nationalsozialistischen Propaganda und Inszenierungskunst war es weitgehend gelungen, die »Volksgemeinschaft« als Realisierung eines der beliebtesten Schlagworte herzustellen. Die Kraft der Faszination blieb auch im Krieg nach den militärischen Katastrophen noch stark genug: Die Verbindung von Nationalsozialismus und Nation, von Hitlerbewegung und Patriotismus, von Herrschaft und Gesellschaft war geglückt, und sie erwies sich als erstaunlich dauerhaft. Hatte Goebbels bei der Sonnwendfeier im Juni 1933 das Erscheinen vieler Parteigenossen trotz schlechten Wetters als einen »Beweis unserer Unbesiegbarkeit«, als einen »Beweis blinden Glaubens und blinder Hingabebereitschaft« gefeiert[28], so bewährte sich die Opferbereitschaft des Volkes noch unter viel schrecklicheren Umständen, als der Hitler-Mythos selbst schon verblaßt war.[29]

Daß umgekehrt der Diktator sein Volk als Kultgemeinschaft verstand und in Anspruch nahm, war selbstverständlich, und er verabschiedete sich in seinem politischen Testament folgerichtig mit einer Verheißung, die künftiger Heilserwartung diente: »Aus dem Opfer unserer Soldaten und aus meiner eigenen Verbundenheit mit ihnen bis in den Tod wird in der deutschen Geschichte so oder so einmal wieder der Same aufgehen zur strahlenden Wiedergeburt der nationalsozialistischen Bewegung und damit Verwirklichung einer wahren Volksgemeinschaft.«[30] Und im letzten Bericht des Oberkommandos der Wehrmacht, der am 9. Mai 1945 die bedingungslose Kapitulation des Deutschen Reiches verkündete, hieß es »den Leistungen und Opfern der deutschen Soldaten... wird auch der Gegner die Achtung nicht versagen. Jeder Soldat kann deshalb die Waffe aufrecht und stolz aus der Hand legen und in den schwersten Stunden unserer Geschichte tapfer und zuversichtlich an die Arbeit gehen für das ewige Leben unseres Volkes.«[31]

Das war natürlich ein Irrtum, weil man sich aus der Geschichte nicht einfach verabschieden kann, und aus einem solchen Abschnitt schon gar nicht, aber der OKW-Bericht war auch ein letztes Indiz dafür, wie sehr sich die Herrschaft des Nationalsozialismus anfänglich auf die Ekstase und schließlich immer noch auf Zustimmung der Beherrschten gegründet hatte. Das war mindestens für die »guten«, die außenpolitisch und militärisch erfolgreichen Jahre des Dritten Reiches – im wesentlichen die Zeit zwischen Machtergreifung bzw. Durchsetzung 1933/34 und dem Sommer 1940, als Frankreich besiegt war und Hitler sich als den »größten Feldherrn aller Zeiten« feiern ließ – der Fall. In dieser Zeit herrschte breiter Konsens mit den Zielen des Regimes. Im Kriege und angesichts der militärischen Katastrophe, die sich nach Stalingrad Anfang 1943 abzeichnete, wurde die Ekstase ersetzt durch einen trotzigen Patriotismus, der nicht nach Ursachen fragte, sondern nur nach der Bedrohung des Vaterlandes, das auch mit einer bösen Regierung an der Spitze noch als unbedingt verteidigungswert galt.

Partei und Staat
Mechanismen nationalsozialistischer Herrschaft

I.

Einige Staatsrechtler, arrivierte Prominente wie opportunistische jüngere Vertreter des Fachs, beeilten sich ungemein, den eben zur Macht gekommenen Nationalsozialismus mit neuen Definitionen theoretisch zu unterfüttern, ihm zu einem Staatsbegriff zu verhelfen, der dem ideologischen Anspruch aus der Bewegungsphase ebenso wie der Situation nach der Machtübernahme entsprechen sollte. Carl Schmitt war einer der ersten, der den ganzen Normenkatalog der liberal-demokratischen Weimarer Verfassung hinwegfegte und eine neue Dreigliederung von Staat, Bewegung, Volk als Elemente des neuen Staatsgefüges, als Ordnungsreihen einer politischen Einheit postulierte.

Die Bewegung, als staat- und volktragendes Element dieser Trinität, durchdringe und führe die beiden anderen Elemente an, bewirke die Gesamtheit und bilde damit die »Verfassung der politischen Einheit«. Zwar könne jeder einzelne Begriff – Staat, Bewegung, Volk – als Bezeichnung für das Ganze der politischen Einheit gebraucht werden, meine außerdem aber auch etwas je Spezifisches: Staat im engeren Sinne sei »der politisch-statische Teil«, die Bewegung »das politisch-dynamische Element« und das Volk »die im Schutze und Schatten der politischen Entscheidungen unpolitische Seite«. Staat im engeren Sinn war nach Carl Schmitt die Befehls-, Verwaltungs- und Justizorganisation. Die »staat- und volktragende« NSDAP, als Elite, Orden, aber auch, da Mißverständnisse nicht mehr zu befürchten seien, weiterhin als Partei bezeichenbare Bewegung, sollte den Staat und das Volk durchdringen und führen. Dieses schließlich wurde definiert als eine der Selbstverwaltung überlassene Sphäre, die sowohl die berufsständische Wirtschafts- und Sozialordnung wie die kommunale Selbstverwaltung umfasse. Das Schmittsche Modell der »Dreigliederung der politischen Einheit« war zwar eindeutig in seiner frohlockenden Verdammung des liberal-demokratischen Systems, setzte an seine Stelle aber nur schwammige Nomenklaturen, die weder zur Interpretation der Realität des nationalsozialistischen Staats noch zu seiner staatsrechtlich-theoretischen Erklärung taugen.

Ernst Forsthoff unterschied in seiner ebenfalls 1933 erschienenen Schrift »Der totale Staat« eine »Herrschaftsordnung« von der »Volksordnung«. Die erstere beruhe auf der Unterscheidung von Führung und Geführtsein als staatlichem Ordnungsprinzip, die nur metaphysisch vollziehbar sei. Mit anderen Worten: Die Unterwerfung unter den persönlichen Führungsanspruch Adolf Hitlers war – nach Forsthoff – zwar für die Errichtung des totalen Staats, aber nicht für seine Bestandssicherung über Hitlers Tod hinaus ausreichend. Im autoritären Staat sollten sich Obrigkeits- und überpersönliches Führerprinzip verbinden. Eine möglichst umfassende Weltanschauung sollte Verbindungsstück und stabilisierendes Element sein. Die sogenannte Volksordnung ging von einer ständischen Gliederung auf der Grundlage »artgleicher« Gemeinschaft und gemeinsamer Gesinnung aus. Im Klartext bedeutete dies: Ausgrenzung der Feinde, expressis verbis auch der Juden als Angehörige einer sogenannten fremden Rasse, und die Alleinverbindlichkeit einer Ideologie. Forsthoffs Programmschrift über den totalen Staat ist letztlich nichts anderes als der opportunistische Versuch, die Ideologie und den Erfolg der NSDAP und ihres Führers aus der Kampfzeit mit den Herrschaftsmaßnahmen des Jahres 1933 in Einklang zu bringen. Im Grunde meinte Forsthoff nicht einen totalen, sondern einen autoritären Staat, der zweifach gegliedert sein müsse: einerseits berechenbar-bürokratisch, andererseits befehlsförmig, hierarchisch, organisiert in den Formen einer persönlichen Herrschaft. Diese frühen Versuche, den NS-Staat zu erklären, ihn Ordnungskategorien zu unterwerfen und dadurch gleichzeitig an seiner Ausgestaltung teilzuhaben, verfehlten die Realität der NS-Herrschaft schon deshalb, weil sie versuchten, eine Art nationalsozialistischer Regimelehre aus der NS-Ideologie herauszudestillieren.

In späteren Erklärungsmodellen, wie Ernst Fraenkels Theorie vom »Doppelstaat« – an der Jahreswende 1940/41 im amerikanischen Exil erschienen – oder Franz Neumanns »Behemoth« – ebenfalls in Amerika 1942 erstmals gedruckt –, wurden dagegen die tatsächlichen Strukturen des NS-Staates analysiert und systematisiert.

So stellte Fraenkel aufgrund schlüssiger Kriterien, die er vor allem aus den Bereichen Recht und Justiz gewann, als wesentliches Merkmal der NS-Herrschaft die Koexistenz der konkurrierenden Systeme eines Normen- und eines Maßnahmenstaates heraus. Franz Neumann diagnostizierte dagegen das grundsätzliche Problem in der Antinomie von Staat und NS-Bewegung mit ihrer Tendenz der Zersetzung jeder formal oder funktional einheitlichen politischen Gewalt. Im August 1944, als er die Vorrede zur zweiten Auflage seines Buches schrieb, sah Neumann die Entwicklung des NS-Regimes in eine Richtung laufen, in der der Dualismus von Staat und Partei aufgehoben, »die Relikte des rationalen Verwaltungsstaats« restlos beseitigt sein würden. An seiner Stelle stünde dann die »amorphe, formlose Bewegung«, und »das wesentliche, was vom Staat übriggeblieben ist«, würde in eine »mehr oder minder organisierte Anarchie« verwandelt. Neumann begriff das NS-System aber auch, vielleicht als erster, als einen ständigen Veränderungprozeß. Auch das unterscheidet seine Interpretation von vielen späteren Versuchen, auch und gerade von solchen, die im Zeichen einer politisch instrumentalisierten Totalitarismus-Theorie in den 50er Jahren und danach unternommen wurden. Solche Darstellungen gingen von verschiedenen falschen Voraussetzungen aus, entweder weil sie aufgrund der Effizienz, mit der der Nationalsozialismus Böses vollbrachte, ein monolithisches Herrschaftssystem und eine entsprechend durchdachte Herrschaftstechnik vermuteten, eine Ideologie des Nationalsozialismus überschätzten und demzufolge Staat und Partei als konsequent und rational arbeitende Maschinerie zur Durchsetzung programmatischer Ziele betrachteten. Und schließlich gibt es immer noch Interpretationsansätze, bei denen Adolf Hitler als alles bewegende Kraft oder als alleiniger Herrschaftsträger im Mittelpunkt steht.

II.

Ich möchte, im Sinn unserer Fragestellung nach der Struktur des NS-Regimes, den Blick zunächst auf konkrete Erscheinungsformen nationalsozialistischer Herrschaft richten, auf einige Veränderungen und Entwicklungen der Partei und des Staatsapparats in den einzelnen Phasen des Regimes.

Im Unterschied zur faschistischen Bewegung Italiens war die NSDAP eine wesentlich auf ihren Führer orientierte, von ihm integrierte Partei. Gerade wegen des erheblichen ideologischen Defizits erhielt die Hitlerpartei eine erstaunliche Geschlossenheit. Die meisten Versuche, im Namen des Programms gegen Hitlers Führung zu rebellieren, waren vor 1933 ausgestanden und ihre Protagonisten aus der Bewegung ausgeschieden. Im italienischen Faschismus gab es dagegen drei Grundrichtungen – Nationalisten, Agrarfaschisten und Syndikalisten – mit zahlreichen weiteren Differenzierungen. Der italienische Faschismus war, wie Wolfgang Schieder formulierte, ein »lockerer Verbund personenorientierter Machtgruppen, die miteinander um die Vorherrschaft in der Bewegung rangen«. Statt ideologischer Differenzen gab es in der NSDAP Rivalitäten und Machtkämpfe, als deren Schlichtungsinstanz Hitler aber bis zum Schluß unangefochten blieb. Sie trugen sogar zur Machterhaltung des Diktators bei.

Am 30. Januar 1933 hatte die NSDAP rund 850000 Mitglieder, die sich zu einem großen Teil – aber keineswegs ausschließlich – aus dem unteren Mittelstand, dem Kleinbürgertum, rekrutierten. Ein Drittel der NSDAP rechnete sich der Arbeiterschaft zu, etwa die Hälfte davon war arbeitslos. Es gab relativ wenige Frauen in der Partei, aber erheblich mehr jüngere Leute als in den Reihen der bürgerlichen Parteien oder der Sozialdemokratie. Nach dem 30. Januar 1933 erfolgte ein ungeheurer Zustrom, bis zum 1. Mai hatte sich die Zahl der Parteigenossen verdreifacht. Allein das Zahlenverhältnis von »Alten Kämpfern« und »Märzgefallenen« macht deutlich, daß es für die NSDAP schwierig sein würde, den Anspruch durchzuhalten, Eliteformation im nationalsozialistischen Staat zu sein. Eine am 1. Mai 1933 verfügte Aufnahmesperre galt im Prinzip bis 1939, wurde aber durch Ausnahmeregelungen für einzelne wie für ganze Gruppen bald ziemlich durchlässig.

Unter den Neuankömmlingen vom Frühjahr 1933 waren Beamte und Lehrer besonders zahlreich vertreten, die mißtrauische Aufmerksamkeit der Parteispitze war ihnen zwar sicher, sie förderten aber auch die Tendenz zur Staatspartei, die sich nach der Machtübernahme zwangsläufig bemerkbar machte. Seit Juli 1933 war die NSDAP konkurrenzlos. Am 1. Dezember 1933 wurde das »Gesetz zur Sicherung der Einheit von Partei und Staat« beschlossen. Von Belang war dieses Gesetz vor allem in drei Punkten: Die NSDAP bekam den Status einer Körperschaft des öffentlichen Rechts, der Stellvertreter des Führers und der Stabschef der SA wurden Mitglieder der Reichsregierung. Die Partei erhielt eigene Gerichtsbarkeit über ihre Mitglieder. Interessanter als der Gesetzestext sind die parteiamtlichen Definitionsversuche zum Verhältnis Partei und Staat, die in diesem Zusammenhang unternommen wurden: Es sei denkbar, hieß es im »Organisationsbuch der NSDAP« von 1936, »daß Partei und Staat ein und dasselbe sind«, und zwar dann, wenn alle Volksgenossen von der Weltanschauung der Partei überzeugt und die Gesetze des Staates der klare Willensausdruck der Weltanschauung seien. Der ideale Staat bestünde dann aus der Gemeinschaft gleichgesinnter Menschen.

Die Dynamik der Bewegung – ob sie nun tatsächlich noch existierte oder ob sie in der Erinnerung an die »Kampfzeit« nur beschworen wurde – sollte erhalten bleiben, dazu mußte sie wenigstens den Anschein einer elitären Minderheit behalten. Freilich mit dem Recht, »ihre geistigen und Willensströme immer wieder in den staatlichen Apparat hineinzupumpen. Diese Funktion muß sich die Partei erhalten und darüber wachen, daß sie nicht zu sehr mit der Staatsverwaltungsmaschinerie verbunden wird. Tut sie das nicht, läuft sie Gefahr, von der Bürokratie des Staates aufgezehrt zu werden und selbst zu einer Parteibürokratie zu erstarren.«

Der Kompromiß zwischen fernem Ideal und zunächst erwünschtem Zustand lautete in der parteiamtlichen Diktion (des Organisationsbuchs der NSDAP) wie folgt: »Ist das Volk noch nicht in allen seinen Gliedern durch die Partei und deren Weltanschauung erfaßt, müssen Partei und Staat getrennt bleiben. Die Partei wird dann ein Orden sein, in dem eine Führer- und Kämpferauslese stattfindet. Von diesen Kämpfern wird die Weltanschauung ins Volk getragen. Die Partei soll den gefühls- und willensmäßigen Zustand des Volkes für die Gesetzgebung vorbereiten, damit die seelische Verfassung des Volkes mit der tatsächlichen Gesetzgebung des Staates übereinstimmt.«

Mit anderen Worten: Der Partei war die Schulung und Erziehung der Nation und die Führerauslese für staatliche Machtpositionen zugewiesen. Die Funktion der NSDAP bestand darin, das Volk für die Maßnahmen der Regierung aufnahmefähig zu machen, durch Propaganda die Ziele der Staatsführung zu unterstützen. Und das war auch der tiefere Sinn des Gesetzes zur Sicherung der Einheit von Partei und Staat, nämlich die Trennung der beiden Machtsphären.

Die Nationalsozialistische Deutsche Arbeiterpartei war in dem Gesetz zur »Trägerin des deutschen Staatsgedankens« erklärt worden, und dekretiert war auch, daß sie »mit dem Staat unlöslich verbunden« sei. Aber was das bedeuten sollte, war nicht recht zu erkennen. Es gab die nie realisierte Absichtserklärung einer künftigen Verbindung der Spitzen von Partei und Staat in Gestalt eines Großen Senats, der einerseits reine Parteiinstitution, andererseits höchste Staatsstelle sein sollte, vage propagiert als nationalsozialistisches Kardinalkollegium zur Auswahl eines Hitlernachfolgers, wenn dies dereinst notwendig werden sollte.

Eine Art institutioneller Verklammerung von Partei und Staat fand auf der Gauleiterebene in der Form der Personalunion mit Staatsämtern statt. 1935 amtierten von den insgesamt 30 Gauleitern im Reichsgebiet sechs gleichzeitig als Oberpräsidenten preußischer Provinzen, zehn waren Reichsstatthalter, zwei (Goebbels und Bernhard Rust) waren Reichsminister. Von den sechs bayerischen Gauleitern leiteten zwei auch Regierungsbezirke, einer war Landesminister und einer übte das Amt des Reichskommissars im Saargebiet aus. Abgesehen von den Oberpräsidenten, die im preußischen Instanzenzug Macht und Einfluß hatten, waren die anderen Staatsämter aber nicht eben bedeutungsvoll: Die Reichsstatthalter standen, mit unklar definierten Kompetenzen, mehr neben als über den mediatisierten Länderregierungen und hatten vor allem dekorative Funktionen als Repräsentativ- und Aufsichtsorgane der Reichsregierung. Zu beaufsichtigen gab es nach der Gleichschaltung der Länder und spätestens nach der Ausschaltung der SA nicht mehr viel. Erst nach Kriegsausbruch, als für jeden Wehrkreis ein Reichsverteidigungskommissar bestellt wurde, erhielten eine Reihe von Gauleitern administrative und politische

Kompetenzen, mit denen reale Macht verbunden war: Sie konnten sowohl den einzelnen zu Dienst- und Sachleistungen heranziehen als auch in die Organisation und Personalpolitik der allgemeinen Verwaltung eingreifen.

Die NSDAP begnügte sich aber nicht damit, als Elite- und Kaderpartei Funktionäre für staatliche Positionen bereitzustellen und im übrigen durch ihr eigenes Führerkorps und ihren Apparat propagandistisch auf das Volk einzuwirken. In ihren Gliederungen – SA, SS, NS-Kraftfahrkorps, Hitlerjugend, NS-Deutscher Studentenbund und NS-Frauenschaft – waren über die engeren Parteimitglieder hinaus Millionen organisiert, und auch die »Angeschlossenen Verbände« waren Herrschafts-Instrumente mit existentieller Bedeutung für den einzelnen, ganz gleich, wie er dem Nationalsozialismus gegenüberstand.

Die Parteigliederung SS entwickelte sich nach der Entmachtung der SA zum eigenen Imperium innerhalb des nationalsozialistischen Staates; andererseits war sie als Sonder-Exekutive des NS-Staates dessen loyalstes Organ.

Die Angeschlossenen Verbände der NSDAP waren aus der Gleichschaltung und dem Zwangs-Zusammenschluß berufsständischer und anderer Organisationen hervorgegangen, zu ihnen gehörten der NS Deutsche Ärztebund, der Bund NS Deutscher Juristen, die NS-Volkswohlfahrt, der Reichsbund Deutscher Beamten und andere mehr. Der wichtigste Verband war die Deutsche Arbeitsfront (DAF) mit einer Mitgliedsstärke, die jene der NSDAP um das Fünffache übertraf. 1938 waren rund 23 Millionen, 1942 etwa 25 Millionen in der DAF erfaßt, befehligt wurde sie von einer eigenen Bürokratie von 40 000 Funktionären.

Die DAF war nach der Zerschlagung der Gewerkschaften die Einheitsorganisation für Arbeiter, Angestellte, Handwerker und Gewerbetreibende sowie für Arbeitgeber. Die DAF besaß aber weder das Recht zum Abschluß von Tarifverträgen noch die Möglichkeit, auf die Regelung von Arbeits- oder Urlaubszeiten einzuwirken. Aufgabe der Deutschen Arbeitsfront war die »Bildung einer wirklichen Volks- und Leistungsgemeinschaft aller Deutschen«, so stand es in der entsprechenden Verordnung des Führers. Das hieß: politische Schulung der Mitglieder. Diese Aufgabe war aber auch der NSDAP selbst zugewiesen, die Konkurrenz zwischen Partei und DAF war programmiert;

ebenso die Serie von Konflikten, die sich daraus ergaben, daß der Chef der Deutschen Arbeitsfront, Robert Ley, gleichzeitig Reichsorganisationsleiter der NSDAP war.

Typisch für Organisationsstrukturen und Kompetenzkämpfe waren auch die neuen Schultypen, mit denen das Regime experimentierte. Die »Nationalpolitischen Erziehungsanstalten (Napola)« waren staatliche Internatsschulen, die zur Hochschulreife führten, sie unterstanden dem Reichserziehungsminister Rust persönlich. Ab 1936 gewann die SS zunehmend Einfluß auf die Auslese der Schüler und die Richtlinien der Erziehung. In Konkurrenz zu den Napola standen ab 1937 die »Adolf-Hitler-Schulen«, die vom Reichsorganisationsleiter der NSDAP und vom Reichsjugendführer gemeinsam kontrolliert wurden. Ohne wesentlichen Unterschied im Aufbau und Erziehungsideal (körperliche Ertüchtigung und Weltanschauung standen im Vordergrund) sollten die »Adolf-Hitler-Schulen« Führernachwuchs für die NSDAP heranbilden. Eine Sonderstellung hatte die »Reichsschule der NSDAP Feldafing«, die als Privatschule der SA gegründet, ab 1936 dem Stellvertreter des Führers unterstand; sie blieb gegenüber den anderen NS-Ausleseschulen selbständig.

Die organisatorische Spitze der NSDAP war alles andere als eine homogene Parteibürokratie oder ein straffer Lenkungsmechanismus. Nicht nur die Kompetenzkämpfe und Rivalitäten der Reichsleiter der NSDAP, unter denen es mächtige und ohnmächtige gab – und das konnte sich jeweils rasch ändern –, verhinderten, daß gleichmäßige und wirkungsvolle Lenkungsimpulse von der Zentrale an die unteren Ränge gegeben wurden. Zu den wichtigsten Strukturmerkmalen der NSDAP gehörte die Machtentfaltung auf personaler Ebene: Die jeweilige Position wurde weniger durch das bekleidete Amt bestimmt als durch den Katalog persönlicher und systemimmanenter Qualitäten und Verdienste wie Unterordnung, Führerbindung, Härte, Durchsetzungskraft gegen Konkurrenten, Meriten aus der Kampfzeit usw.

Vergleiche zwischen der NSDAP und kommunistischen Parteiapparaten gehen auch deshalb fehl, weil die nationalsozialistische Parteizentrale institutionell schwach und nach unten oft nicht durchsetzungsfähig war. Die eigentlichen Machtzentren der Partei lagen auf der Gauleiterebene und darunter. Die selbstbewußten Männer der mittleren Hierarchie pochten auf alte Verdienste in der Bewegung, verfügten über persönliche Bindungen zu Hitler, und einige erhielten ab 1933 staatliche Sondervollmachten und Aufträge, vor allem bei der Verwaltung der neu eroberten Gebiete, die zumeist mit ausschließlicher Verantwortlichkeit gegenüber Hitler ausgeübt wurden. Das war aber im Grunde nur ein auf die Person bezogener Machtzuwachs als Lohn für Vasallentreue, der mit der strukturellen Schwäche der NSDAP-Spitze nur mittelbar zu tun hatte.

Festzuhalten bleibt jedenfalls, daß der Parteiapparat dazu tendierte, sich der Kontrolle und dem Zugriff der Parteispitze, dem Stellvertreter des Führers und den ressortmäßig amtierenden Reichsleitern der NSDAP zu entziehen. 1942 stellte der oldenburgische Gauleiter Röver fest, daß die Autorität der NSDAP-Zentrale namentlich durch die Auseinandersetzungen zwischen den Spitzenfunktionären erheblich gelitten habe, »von einem zusammengefaßten und einheitlich geführten höheren Parteiführerkorps« könne »keine Rede mehr sein«, jeder habe »sich mehr oder weniger auf eigene Füße gestellt«. Martin Bormann, der 1941 nach dem spektakulären Abgang des Stellvertreters des Führers als Leiter der Parteikanzlei die Funktionen von Rudolf Heß (in beträchtlich vermehrter Form) übernahm, strengte sich zwar an, um den Selbständigkeitsdrang der hohen Funktionäre zu bremsen, die institutionelle Homogenität der Partei herzustellen, die Immediatstellungen bei Hitler zu brechen – Erfolg war ihm jedoch nicht beschieden. Beträchtlichen Gewinn daraus zog er freilich, genau demselben Prinzip folgend, das er bekämpfte, für seine eigene Stellung. Ab 1943 führte er den zusätzlichen Titel »Sekretär des Führers« und blockierte damit die Tür Hitlers für die meisten anderen Würdenträger, die sich zunächst, und oft auch in letzter Instanz, mit ihm arrangieren mußten. Ob es sich dabei um Funktionäre des Staats- oder des Parteiapparats handelte, war nicht mehr von großer Bedeutung. Die institutionellen Unterschiede zwischen ihnen wurden im Laufe der Zeit zunehmend verwischt. Das Verhältnis von Staat und Partei war frühzeitig in einer Art Schwebezustand fixiert worden. Darin liegt auch ein weiterer Unterschied zum italienischen Faschismus. Nach der Machtentfaltungs- und Durchsetzungsphase des Nationalsozialismus war im Laufe des Jahres 1934 die Bewegung – zum Verdruß ihrer aktionistischen Exponenten – eingefroren worden. Zugunsten der Systemstabilisierung, die bis etwa 1938 vor allem in der Harmonisierung von Staatsführung und konservativen Eliten in der Bürokratie, in der Armee und in der Justiz gesucht wurde, war die NSDAP auf sekundäre Aktionsfelder verwiesen. Der Anspruch, »die Partei befiehlt dem Staat« wurde zwar deklamiert, aber allenfalls indirekt angewendet. Im Gegensatz zu Italien, wo die faschistische Bewegung nach der Machtübernahme dem Staat eindeutig *untergeordnet* wurde und deshalb bis zum Ende des Regimes auch nicht mehr vitalisiert werden konnte, ermöglichte die vage *Einordnung* der NSDAP unter dem Postulat der Einheit von Partei und Staat aber die Wiederbelebung und Radikalisierung der Partei ab 1939 und damit die ungeheure Energieentfaltung des Regimes in seiner Kriegs- und Endphase.

III.

Für die Organisation und Ausübung der NS-Herrschaft wie für deren Ergebnis typisch war die Erosion dessen, was herkömmlicherweise als Staat im Sinne von regelhaft und einheitlich organisierter Herrschaftsgewalt verstanden wird. Bei der Betrachtung des Staatsapparats, genauer gesagt der Veränderungen, die fast alle übernommenen Institutionen während des NS-Regimes erfuhren, ergeben sich eine Reihe von Merkmalen, die zusammengenommen den beträchtlichen Substanzverlust geregelter Staatsorganisation anzeigen.

Zur ersten und besonders ins Auge fallenden Kategorie von Veränderungen gehören die wuchernden Sonderverwaltungen auf fast allen Ebenen und Aktionsfeldern. Beispiele sind die dem »Führer und Reichs-Kanzler« unmittelbar unterstellten Behörden »Generalbauinspektor für die Reichshauptstadt« oder »Generalinspektor für das deutsche Straßenwesen«, aber auch der ab 1942 für die Deportation von mehr als fünf Millionen Fremdarbeitern verantwortliche »Generalbevollmächtigte für den Arbeitseinsatz«.

Zweitens sind zu nennen die Kommissariate und Pseudoministerien, von denen manche kompetenz- und wirkungslos waren wie das »Reichsministerium für die kirchlichen Angelegenheiten«. Andere aber waren Überbehörden, deren Machtfülle im Firmenschild kaum Ausdruck fand. So fungierte ab 1936 die Dienststelle des Beauftragten für den Vierjahresplan als eine Art Superministerium, von dem aus unter Görings Leitung quer zu anderen Instanzenzügen geschaltet und gewaltet wurde, mit dem Ziel, die deutsche Wirtschaft kriegsfähig zu machen, und mit erheblichen Konsequenzen z. B. für den Arbeitsmarkt oder den Außenhandel. Ein anderes Beispiel: Der im Oktober 1939 installierte »Reichskommissar für die Festigung deutschen Volkstums« war alles andere als ein harmloses nationalsozialistisches Kuriosum. Reichskommissar wurde Heinrich Himmler, und das Amt war Instrument der Germanisierungspolitik, die durch Umsiedlung von Millionen sogenannter Volksdeutscher ins Reich oder in die annektierten Ostgebiete einerseits und durch Deportation von Polen andererseits praktiziert wurde. Außer seinem eigenen Instanzenzug innerhalb der SS konnte Himmler als »Reichskommissar für die Festigung deutschen Volkstums« alle diesem Zweck dienlichen Dienststellen des Staates und der NSDAP heranziehen. Harmloser war das Reichsforstamt, dessen Chef – Hermann Göring – je nach Sachlage den Titel »Reichsforstmeister« oder »Reichsjägermeister« führte und der ausdrücklich in dieser Eigenschaft einem Reichsminister gleichgestellt war.

In wieder eine andere – die dritte – Kategorie gehören die Ämter und Behörden der NSDAP, die mit staatlichen Instanzen konkurrierten, wie das »Außenpolitische Amt« unter Alfred Rosenberg und die »Dienststelle Ribbentrop« oder die »Auslandsorganisation der NSDAP«. Sie waren zusammen und in gegenseitiger Rivalität beachtliche Störfaktoren für die offizielle Behörde, das Auswärtige Amt. Als Ribbentrop 1938 Außenminister wurde, behielt sein Vorgänger Konstantin von Neurath den Titel eines Reichsministers ohne Geschäftsbereich; außerdem wurde er Präsident des »Geheimen Kabinettsrats«, der zur »Beratung in der Führung der Außenpolitik« von Hitler im Februar 1938 eingesetzt, jedoch nie tätig wurde. In diesem Gremium saßen einige mit Ämtern ohnehin überhäufte Minister und Generäle, weiteren Sinn hatte es nicht.

Eine vierte Kategorie von Herrschaftsgewalt bildeten die Massenorganisationen mit Hoheitsanspruch. Das bekannteste – freilich meist überschätzte – Beispiel ist der Reichsarbeitsdienst. Er war ab 1935, seit der Einführung der Dienstpflicht, von der NSDAP unabhängig und ressortierte im Reichsinnenministerium. Hauptzweck des in militärischer Form jahrgangsweise durchgeführten Arbeitsdienstes war die »Erziehung der deutschen Jugend im Geiste des Nationalsozialismus zur Volksgemeinschaft und zur wahren Arbeitsauffassung, vor allem zur gebührenden Achtung der Handarbeit«. Dem Nebenzweck, Urbarmachung oder Melioration von Land, war in der Praxis kaum Erfolg beschieden. Daß der Arbeitsdienst eigenständig war, verdankte er vor allem seinem Schöpfer Konstantin Hierl, der als »Alter Kämpfer« die staatliche Organisationsform der Dienstpflicht durchsetzen konnte. Wie wenig dies den Intentionen der Partei entsprach, geht aus der Definition des Organisationsbuchs der NSDAP hervor. Diese Definition ist zugleich ein Beispiel für die staatsrechtlichen Nebelzonen, in denen zentrale Institutionen des NS-Regimes angesiedelt waren: »Die innere Zusammengehörigkeit der NSDAP und des Reichsarbeitsdienstes ist durch die gestellte nationalsozialistische Erziehungsaufgabe dokumentiert und findet ihren äußeren Ausdruck im Symbol und in der Tracht des Arbeitsdienstes. Sie wurde wiederum bestätigt durch die Ernennung des Reichsarbeitsführers zum Reichsleiter der NSDAP auf dem Reichsparteitag 1936.«

Ähnliche Qualität hatte die Hitlerjugend, die sowohl (und zuerst) Nachwuchsformation der NSDAP war, dann aber auch staatliche Organisation paramilitärischen Charakters wurde. Die Kompetenz der HJ umfaßte die gesamte »körperliche, geistige und sittliche Erziehung der Jugend« außerhalb von Schule und Elternhaus, sie wurde ab März 1939 erweitert zur Dienstpflicht, analog dem Arbeits- und Wehrdienst. An der Spitze der Staatsjugendorganisation amtierte der »Jugendführer des Deutschen Reiches« – als solcher war er Chef einer Obersten Reichsbehörde und unterstand Hitler direkt. Er führte gleichzeitig den Titel »Reichsjugendführer der NSDAP« – das war der entsprechende Parteirang.

Eine fünfte Kategorie bildeten die quasistaatlichen Herrschaftsapparate, Zwangskartelle und Syndikate wie die Reichskulturkammer, in deren Einzelkammern und Fachverbänden die Mitgliedschaft Pflicht und Voraussetzung war für alle, die als Schriftsteller, Musiker, Journalisten, Schauspieler, bildende Künstler, Verleger, Filmemacher und so weiter ihr Brot verdienten.

Vielleicht das wichtigste Beispiel einer solchen halbstaatlichen Zwangsorganisation ist der Reichsnährstand. Er war zum einen das Ergebnis der Gleichschaltung aller landwirtschaftlichen Interessenverbände und Berufsorganisationen, Bauernvereine, Landwirtschaftskammern und Genossenschaften, also die berufsständische Einheitsorganisation. Zum anderen war der Reichsnährstand mit außerordentlichen Vollmachten zur Lenkung des Marktes ausgestattet: Regelung des Absatzes, Festsetzung von Preisen und Handelsspannen, Planung der Produktion. Die öffentlich-rechtliche Institution hatte Ende 1939 im Reichsgebiet etwa 15 Millionen Pflichtmitglieder. Zu ihnen gehörten der Viehhändler und der Krabbenfischer, die mithelfende Bauersfrau wie der Großgrundbesitzer, der Inhaber des Tante-Emma-Ladens wie der Chef der Brotfabrik. Dazu kam die korporative Mitgliedschaft aller juristischen Personen, die mit der Ernährungswirtschaft in irgendeiner Beziehung standen. Eine straffe Organisation vom Ortsbauernführer bis zum Reichsbauernführer in Berlin diente drei Zwecken: dem Versuch der Durchsetzung der nationalsozialistischen Blut- und Boden-Ideologie, der Produktions- und Marktkontrolle und der Autarkie auf dem Ernährungssektor. Ab September 1939 kam eine weitere Aufgabe hinzu: Die Steuerung der Ernährungswirtschaft im Krieg. Das hieß für die Verbraucher: Rationierung und für die Erzeuger: Ablieferungspflicht. Angemerkt sei, daß die Organisation des Reichsnährstands, weil sie zur Versorgung der Bevölkerung als unerläßlich galt, das NS-Regime um fast drei Jahre überdauerte.

Von der mitgliederstarken Parteigliederung »Deutsche Arbeitsfront« unterschied sich der Reichsnährstand durch die Fülle seiner Kompetenzen, mit der das Prinzip der Marktwirtschaft und der Grundsatz der Gewerbefreiheit aus den Angeln gehoben wurden. Ein Unterschied bestand auch darin, daß der Reichsbauernführer Darré bis zu seinem Sturz 1942 zugleich Reichsminister für Ernährung und Landwirtschaft war, auf der Parteiebene die Würde eines Reichsleiters an der Spitze des Reichsamts für Agrarpolitik bekleidete und außerdem das Rasse- und Siedlungshauptamt der SS leitete. Eine solche Personalunion auf oberster staatlicher, quasistaatlicher und parteiamtlicher Ressortebene gab es nur noch ein zweites Mal im Dritten Reich: Goebbels war Chef des Reichsministeriums für Volksaufklärung und Propaganda, der Reichskulturkammer und der Reichspropagandaleitung der NSDAP.

Die genannten Apparate und Instanzen nationalsozialistischer Herrschaft waren den klassischen Institutionen staatlicher Machtausübung zu-, neben- oder untergeordnet und auf vielfältige Weise sowohl mit diesen als auch mit der Partei verflochten. Zwei weitere Eigentümlichkeiten des NS-Regimes trugen zusätzlich und ganz entscheidend zur Erosion der Staatsgewalt im herkömmlichen Sinne bei. Das eine Spezifikum war die Kompetenz-Entleerung der klassischen Ressorts, die nominell fortbestanden und deren Bürokratien kaum anders als in der Weimarer Zeit weiterfunktionierten.

Die andere Besonderheit bestand in der Ausgliederung elementarer Hoheitsbereiche und -funktionen aus der Zuständigkeit des Staates. Beispiele für die allmähliche Aushöhlung von Institutionen der Regierungsgewalt, die schließlich als leere Hülsen übrigblieben, liegen auf der Hand. Daß der Reichstag zum Akklamationsorgan denaturierte, dessen ernannte Mitglieder vor allem zum Absingen des Horst-Wessel-Liedes qualifiziert sein mußten, ist natürlich kein Anlaß zur Verwunderung, wohl aber die Tatsache, daß die Institution fortbestand.

Im Februar 1938 hatte die letzte Sitzung des Reichskabinetts stattgefunden, in der Folgezeit gab es Kooperation und Konfrontation der Reichsminister nur auf informellen Wegen, bei denen die jeweilige Hausmacht und der Rückhalt in der Partei die entscheidenden Rollen spielten. Nach Kriegsausbruch gab es praktisch auch keinen Reichskanzler mehr, weil Hitler von seiner Feldherrnrolle absorbiert war; für normale Reichsminister, die nicht im persönlichen Satrapenverhältnis zu ihm standen, war er kaum mehr erreichbar. Die Reichskanzlei, ursprünglich das Zentrum politischer Entscheidungen, florierte im büromäßigen Sinne jedoch weiter. Ihr Chef avancierte vom Staatssekretär zum Reichsminister. Der Titel wurde dem Laufbahnbeamten Heinrich Lammers verliehen, damit er mit den Ressortministern protokollarisch gleichstand und den bürokratischen Betrieb der Reichsregierung selbständig fortführen konnte.

Aber noch viel gravierender als die Sinnentleerung der staatlichen Institutionen durch den Wegfall ihrer politischen Kompetenz war die Privatisierung öffentlicher Gewalt, die an einem zentralen Beispiel demonstriert werden kann. Durch Erlaß des Führes und Reichskanzlers wurde im Juni 1936 die gesamte Polizei – bislang noch Ländersache – zentralisiert und Himmler unterstellt. Er führte jetzt den Titel »Reichsführer SS und Chef der Deutschen Polizei im Reichsministerium des Innern« und hatte den Rang eines Staatssekretärs. In seiner neuen Eigenschaft als Polizeichef stand er »persönlich und unmittelbar« unter dem Reichsinnenminister. Auf den ersten Blick mag allenfalls bedenklich erscheinen, daß die Zentralisierung der Polizei durch einen Führererlaß erfolgte, nicht durch Gesetz, aber der Qualitätsunterschied war längst ohne Bedeutung. Im übrigen wäre die Unterstellung der gesamten Polizei unter die Kompetenz des Reichsinnenministeriums kein außernormativer, also illegaler Akt gewesen. Tatsächlich wurde die Polizei aber dem Innenministerium gar nicht untergeordnet, sondern entzogen und dem Reichsführer SS ausgehändigt.

Die Feinheiten steckten im Detail: Gegen den Protest des Innenministers Frick war der neue Polizeichef nicht nur die Person Heinrich Himmler, die gleichzeitig die Parteigliederung SS befehligte – das wäre eine der üblichen Personalunionen gewesen –, sondern er war es ausdrücklich als Reichsführer SS. In dieser Eigenschaft war Himmler aber dem Führer unmittelbar verantwortlich. Die persönliche und unmittelbare Unterstellung als Polizeichef unter den Reichsinnenminister wog gegenüber der direkten Führerbindung natürlich weit weniger. Die entscheidende Loyalität galt dem ranghöheren Vorgesetzten, der charismatischen Inkarnation des Nationalsozialismus, nicht dem Behördenchef des Staatsapparates. Auch realiter leitete Himmler seine Organisationsgewalt vom Führer ab.

Im Instanzenweg wurden die staatliche Behörde und der Minister einfach umgangen. Es handelte sich also nur vordergründig um die Zentralisierung der Polizei – das war ein Nebeneffekt – tatsächlich war es die erste Stufe der Ausgliederung der Polizei aus dem Staatsapparat und ein Schritt zur Institutionalisierung einer außernormativen Sonderexekutive. Das Amt »Reichsführer SS und Chef der Deutschen Polizei« – den formalen Zusatz »im Reichsministerium des Innern« hatte Frick eigenhändig in den Entwurf des Erlasses hineinkorrigieren müssen – war eine Realunion zwischen einer Institution der Führergewalt und einer staatlichen Behörde bei eindeutiger Dominanz der ersteren. Himmler unterhielt niemals ein eigenes Büro als Chef der Deutschen Polizei. Die entsprechenden Funktionen nahm er mit Hilfe seines SS-Apparates wahr. Bezeichnenderweise hatte er es auch abgelehnt, seine eigene Position beamtenrechtlich fixieren zu lassen. Die verwaltungs- und beamtenrechtlichen Zusammenhänge mit der staatlichen Administration wurden bei der Operation aber nicht oder nur ganz allmählich durchschnitten. Charakteristisch für die Entwicklung des nationalsozialistischen Herrschaftssystems war es ja, neue Zuständigkeiten so einzuführen, daß die alten Kompetenzen der bisher zuständigen Behörden »hiervon unberührt« blieben, wie die Standardformel lautete.

Schon 1937 begann Himmler, die SS und die Ordnungspolizei personell zu verschmelzen. Durch die Zusammenfassung des Sicherheitsdienstes (des parteiamtlichen, jedoch monopolisierten Geheimdienstes) und der Sicherheitspolizei (Gestapo und Kripo) im Reichssicherheitshauptamt kam der Prozeß der Entstaatlichung zum Abschluß. Das Reichssicherheitshauptamt war fest in das Gefüge der SS eingebettet, und es war im einzelnen kaum mehr erkennbar, ob und wann es jeweils normative oder außernormative Funktionen ausübte.

Ein zentraler Bereich der Exekutive unterlag nicht mehr staatlicher Kontrolle, sondern war Bestandteil der Sonderexekutive SS geworden, die ihre Legitimation ausschließlich von der Führergewalt ableitete. Man kann es auch so ausdrücken: Der Saalschutz der Hitlerbewegung entwickelte sich durch ständige Machtakkumulation und durch das Aufsaugen von Kompetenzen einerseits zum wichtigsten Herrschaftsinstrument des NS-Staats, andererseits zum eigenen Neben- und Überstaat mit unerhörten Zwangsmitteln und Zugriffsmöglichkeiten wie Konzentrationslagern, eigenen Vollstreckungsorganen, eigenen Wirtschaftsunternehmen, in denen die Arbeitskraft der Häftlinge ausgebeutet wurde, einer eigenen Armee (der Waffen-SS mit zuletzt rund einer Million Soldaten) und der Vollmacht, in eigenen Vernichtungslagern und durch mobile Einheiten millionenfach Menschenleben auszulöschen. Die klassischen staatlichen Instanzen wurden dabei zu Hilfsdiensten herangezogen. Im Verhältnis zu dieser Machtfülle waren die Positionen des Reichsinnenministers und des Befehlshabers des Ersatzheeres, die Himmler in den letzten Kriegsjahren übernahm, nur noch Nebenämter.

IV.

Damit sind wir bei der entscheidenden Komponente nationalsozialistischer Herrschaft, der Führergewalt, in der staatliche Amtsgewalt und außernormative Autorität zu einer neuen Form von Führer-Absolutismus zusammenflossen und die weder an den Normen positiven Rechts noch an vorstaatliche Sittengesetze sich gebunden fühlte, die überdies den Anspruch erhob, beides zu suspendieren. Als Legitimation dienten metaphysische Formeln wie der »geschichtliche Auftrag« oder das »Lebensgesetz des deutschen Volkes«. Durchgesetzt wurde der Herrschaftsanspruch der Führergewalt erst allmählich, durch die Kumulation der obersten staatlichen Ämter in der Person Hitlers in Verbindung mit der Führung der Partei, auf der Grundlage von Gesetzen und Verordnungen, die anfänglich noch von der Weimarer Verfassung hergeleitet waren, durch die Aufsplitterung der staatlichen Gewalt in eine Vielzahl von Ressort-Polykratien und durch die Umgehung und Zersetzung staatlicher Instanzen.

Ein Beispiel wäre die unter dem Stichwort »Euthanasie« unter großer Geheimhaltung betriebene Ermordung von Insassen der Heil- und Pflegeanstalten ab 1939. Die Aktion gründete sich zunächst auf eine mündliche Ermächtigung, die dann auf einem Briefbogen der Privatkanzlei Hitlers schriftlich fixiert wurde. Beauftragt waren der Leibarzt und der Chef der Privatkanzlei Hitlers. Organisiert wurde die Aktion von dieser Kanzlei, die zwar vom Reichsschatzmeister der NSDAP finanziert, aber keinerlei Weisungen der Partei oder des Staates unterworfen war. Zuständig war sie für Privatangelegenheiten Hitlers und für alle an ihn persönlich gerichteten Bitten und Eingaben. Die Justizbehörden erhielten erst im Sommer 1940, und zwar aus der Bevölkerung, Kenntnis von den Vorgängen. Reichsjustizminister Gürtner, sowohl beunruhigt durch die Vorgänge selbst als auch wegen des Fehlens einer gesetzlichen Grundlage, drängte auf die sofortige Einstellung der heimlichen Tötung Geisteskranker. Sein kommissarischer Nachfolger Schlegelberger, der den Typ des reaktionären Bürokraten, keineswegs den des NS-Aktivisten verkörperte, warb dagegen bei den nachgeordneten Stellen seines Ressorts ausdrücklich um Verständnis und Unterstützung für die Euthanasie-Aktion: Ein Beleg dafür, wie sehr das Prinzip der Führergewalt die klassischen Instanzen des Staats durchdrungen und wie sehr es den Normenstaat zerstört hatte und die Führergewalt, die sich in der Kriegs- und Endphase des Regimes immer offener als Regierungsprinzip durchsetzte, suspendierte endlich auch den Dualismus von Partei und Staat. Die Funktionsaufteilung, nach der die Partei den politischen Willen des Volkes artikulieren, der Staat ihn bürokratisch exekutieren sollte, war ohnehin Theorie geblieben, weil beide, NSDAP und Staatsapparat, alternativ und einander ergänzend, als Instrumente der Führergewalt eingesetzt werden konnten.

Das unkoordinierte Neben- und Gegeneinander der Dienststellen des Staats wie der Partei störte zwar »vielfach die Einheitlichkeit und Gleichmäßigkeit der Machtausübung«, stabilisierte aber »das Herrschaftssystem als Ganzes und den Führerabsolutismus an der Spitze« (M. Broszat). Daß Hitler in weite Fernen von den Apparaten entrückt war, störte diesen Mechanismus ebensowenig wie die Tatsache, daß sich der Führerwille nur sporadisch und widersprüchlich über Mittelsmänner äußerte. Die Unlust, Konflikte zu entscheiden, sei es aus Kalkül oder aus anderen Gründen, wirkte sogar oft leistungssteigernd.

Gleichzeitig verlor aber das Regime durch das wachsende Organisationschaos im Innern mehr und mehr den Charakter *staatlicher* Herrschaft. Franz Neumann hatte dies schon 1941 erkannt, als er schrieb: »Was aber ist nun die Struktur des Nationalsozialismus, wenn es sich nicht um einen Staat handelt? Ich wage zu behaupten, daß wir es mit einer Gesellschaftsform zu tun haben, in der die herrschenden Gruppen die übrige Bevölkerung direkt kontrollieren, ohne die Vermittlung durch den wenigstens rationalen, bisher als Staat bekannten Zwangsapparat. Noch ist diese neue soziale Form nicht voll verwirklicht, aber die Tendenz ist vorhanden, und sie bestimmt das eigentliche Wesen des Regimes.«

Expansion und Konkurrenz
Zum Verhältnis von Regierungsapparat und NSDAP

I.

Seit Dezember 1933 war im Deutschen Reich die »Einheit von Partei und Staat« gesetzlich verordnet. Der Beweis dieser Einheit war für die Staatsrechtler allerdings ein mühsames Unterfangen, und in der Praxis der Regierung und Verwaltung des Dritten Reiches konnte je länger desto weniger die Rede davon sein, daß das Räderwerk der NSDAP zusammen mit dem der staatlichen Bürokratie in reibungslosem Ineinandergreifen einen gleichmäßig funktionierenden Herrschaftsapparat gebildet hätte. Die Staatsrechtler beriefen sich beim Beweis des Satzes »Die Partei führt, der Staat verwaltet« auf Hitlers Schlußrede vom Parteitag 1935, nach der Staatsaufgabe »die Fortführung der historisch gewordenen und entwickelten Verwaltung der staatlichen Organisationen im Rahmen und mittels der Gesetze sei«, während die Partei erstens eine »sich selbst forterhaltende ewige Zelle der nationalsozialistischen Lehre« sein müsse, der zweitens die Erziehung des gesamten Volkes im Sinne der NS-Heilslehren obliege, um drittens die solcherart Erzogenen als Führernachwuchs und als Gefolgschaft an den Staat abzustellen. Im übrigen gelte das Prinzip der Respektierung und Einhaltung der beiderseitigen Kompetenzen.[1]

Die NSDAP wurde als das dynamische, das führende, der Staat als das statische Element definiert, das die Unterstützung des Geplanten und die Erhaltung des Gewordenen zur Aufgabe habe. Nach Carl Schmitt sollten Staat, Bewegung und Volk die Dreigliederung einer Einheit bilden; die Einzelelemente seien »unterschieden, aber nicht getrennt, verbunden, aber nicht verschmolzen«.[2] Diese schönen Worte hatten schon 1933, als sie geschrieben wurden, mit der Realität wenig gemein. Und auch das Gesetz zur Sicherung der Einheit von Partei und Staat vom 1. Dezember 1933 hatte, bei genauer Betrachtung leicht erkennbar, vor allem den Zweck, die Sphäre der »öffentlichen Behörden« von der NSDAP zu trennen. Institutionell fixiert war die Einheit praktisch nur an zwei Punkten: in der dreifachen Personalunion des Partei-, Regierungs- und Staatschefs und in der Zugehörigkeit des Stellvertreters des Führers, quasi des Generalsekretärs der NSDAP, zur Reichsregierung. Im übrigen erhielt die Partei per Gesetz den Status einer Körperschaft des öffentlichen Rechts und eigene Gerichtsbarkeit über ihre Mitglieder.[3]

Die Parole »Die Partei befiehlt dem Staat«, die auf Hitlers Parteitagsrede von 1934 zurückging, wurde offiziell bald dementiert. Goebbels erklärte, wie es hieß: »in völligem Einklang mit der Auffassung des Führers selbst«, in einer Rede auf dem NSDAP-Gautag in Berlin, das Führerwort werde meist falsch zitiert und kommentiert, richtig laute es: »Nicht der Staat befiehlt uns, sondern wir befehlen dem Staate«, und das heiße: »Wir Nationalsozialisten sind damit beauftragt worden, den Staat zu regieren und zu befehligen. Der oberste Führer der Partei ist das Oberhaupt des Staates, viele Reichsleiter sind Reichsminister.« Und der Reichsinnenminister Frick, der in gleichem Zusammenhang auch die Goebbelszitate benutzte, versuchte es bei der Interpretation des Hitlerdiktums und der Exegese des Gesetzes zur Sicherung der Einheit von Partei und Staat mit der Formel, der Staat sei »begrifflich das beide Umfassende«, er ruhe »bildlich gesprochen auf zwei Säulen, nämlich der Parteiorganisation und dem Staatsapparat«, und darin sei »die besondere Festigkeit des nationalsozialistischen Staates begründet«.[4]

Die innere Struktur des NS-Regimes war zweifellos von einem Dualismus zwischen Partei und Staat bestimmt. (Unter Partei ist dabei immer die NSDAP zusammen mit ihren Gliederungen und den angeschlossenen Verbänden zu verstehen.) Die Partei hatte jedoch institutionell nicht den Primat vor staatlichen Instanzen. Das nationalsozialistische Herrschaftssystem war vielmehr durch einen vielschichtigen Prozeß gekennzeichnet, bei dem parteiliche sowie halb- und nebenstaatliche Instanzen den Bereich der Staatsverwaltung durchdrangen und allmählich die Erosion des klassischen staatlichen Herrschaftsapparates bewirkten. Den Verlauf dieses Erosionsprozesses, dem die folgenden Überlegungen gelten, kann man in zwei Perioden einteilen; die Zäsur liegt etwa am Beginn des Zweiten Weltkriegs, als auch die territoriale Verwaltungseinheit des Deutschen Reiches zersplitterte. Die wichtigsten Strukturelemente[5] des NS-Herrschaftssystems waren freilich vor der Zäsur fixiert.

II.

In der Konsolidierungsphase des NS-Regimes, ab 1934 bis etwa 1938, war die Partei auf sekundäre Aktionsfelder verwiesen worden. Die nationalsozialistische »Bewegung« der Kampfzeit verwandelte sich nach der Machtübernahme in einen bürokratischen Apparat mit beachtlichem Eigenleben, aber keinen Funktionen im Bereich der staatlichen Administration. Institutionelle Berührungsstellen zwischen Partei und Staat gab es vor allem auf der Gauleiterebene – 1935 amtierten von den 30 Gauleitern sechs auch als Oberpräsidenten preußischer Provinzen, zehn waren Reichsstatthalter, zwei (Goebbels und Rust) Reichsminister, in Bayern waren zwei Gauleiter Regierungspräsidenten, einer war Landesminister und einer Reichskommissar für das Saarland. Rivalitäten und Machtkämpfe innerhalb der Führungsspitze der NSDAP verhinderten weitgehend den Durchgriff von der – unter Rudolf Heß eher schwachen – Parteizentrale auf die unteren Ränge. Namentlich die Gauleiter verfügten über ein ausgeprägtes Autarkiebewußtsein. Das schwächte aber eher die Position der NSDAP als Institution gegenüber dem Staat. Der Anspruch »die Partei befiehlt dem Staat« wurde allenfalls indirekt durchgesetzt, und zwar über die Durchdringung des Staatsapparats mit NSDAP-Funktionären oder durch Personalunionen – auf hoher Ebene z.B. durch Göring, Goebbels, Himmler. Die Genannten verstanden sich dann aber bald an der Spitze ihrer Organisationen in erster Linie nicht mehr als Exponenten der NSDAP, sondern als Machtträger eigenen Anspruchs.

In anderer Form wurden nationalsozialistische Ambitionen mit Hilfe der Gliederungen und angeschlossenen Verbände der NSDAP durchgesetzt. Robert Leys Deutsche Arbeitsfront (DAF) z.B. hatte 1936 20 Millionen Mitglieder und verfügte über beträchtliche Vermögenswerte, die an sich schon Macht und Einfluß garantierten. Demgegenüber blieb die Bedeutung eines Spitzenfunktionärs vom Schlage Alfred Rosenbergs, der bis 1941 nur NSDAP-interne Ämter bekleidete, schon deshalb gering, weil er sich im Konkurrenz- und Kompetenz- kampf gegen seine übermächtigen Gegner Ley und Goebbels weder auf eine von ihm kontrollierte staatliche Instanz noch auf eine Mas- senorganisation stützen konnte. Daher setzte er sich auch im innerpar- teilichen Bereich nicht durch.[6] Zu den wichtigsten Strukturmerkma- len des NS-Staates gehörte aber die Machtentfaltung auf personaler Ebene. Die jeweilige Position wurde weniger durch das Amt bestimmt als durch persönliche und systemimmanente Qualitäten und Verdien- ste wie Unterordnung und Führerbindung, Härte, Durchsetzungs- kraft gegen Konkurrenten, Verdienste aus der Zeit vor 1933. Man kann deshalb die innere Struktur des Regimes auch als System riva- lisierender Machtinhaber erklären, das mit Hilfe eines Dogmas funk- tionierte, dem Grundsatz der Geltung des Führerwillens als einzig absoluter Norm. Jede Befugnis war vom Führer abgeleitet, Überschnei- dungen, Kompetenzwirrwarr, Doppelbevollmächtigungen, Ämter- chaos dienten der Stärkung der Führergewalt, die sich zunehmend undeutlicher artikulierte, als Entscheidungsinstanz aber allezeit unan- gefochten blieb, und zwar auch dann noch, als das Regime alle Zeichen der Anarchie und der vollständigen Desorganisation aufwies.[7]

Die Gewährung von Privilegien, Vollmachten, Pfründen, Machtsphä- ren war im Rahmen des Führerprinzips ein weiteres Strukturmerkmal der Herrschaftsausübung; das Ergebnis bestand in beträchtlichem Substanz- und Funktionsverlust aller Institutionen des Staatsapparats. Im NS-Staat wurde schließlich auf allen Gebieten durch miteinander konkurrierende Instanzen regiert und verwaltet: Neue Sonderverwal- tungen und Hitler unmittelbar unterstellte Behörden konkurrierten mit den klassischen Ressorts; Kommissariate und Pseudoministerien wie »Der Beauftragte für den Vierjahresplan« agierten quer zu beste- henden Instanzenzügen und hatten diesen gegenüber in der Regel den Vorrang. Massenorganisationen mit Hoheitsanspruch wie der Reichs- arbeitsdienst oder die Hitlerjugend (diese zusätzlich in der Doppel- funktion als Staatsjugend mit Dienstverpflichtung einerseits und als Nachwuchsorganisaton der NSDAP andererseits) konkurrierten mit staatlichen Dienststellen. Ämter der NSDAP, wie z. B. die (bis 1938 mit dem Auswärtigen Amt rivalisierende) »Dienststelle Ribbentrop«, störten den Betrieb der offiziellen Behörden, und die quasistaatlichen

Zwangskartelle und Syndikate wie die Reichskulturkammer oder der Reichsnährstand hatten aufgrund der Zwangsmitgliedschaft Macht über bestimmte Bevölkerungsgruppen.

Der Dualismus zwischen Partei und Staat war aber nur ein Element in diesem Konkurrenzsystem, bei dem die klassischen Instanzen der Staatsgewalt allmählich ausgehöhlt und ihrer Kompetenzen beraubt wurden.[8] Entscheidend war die unkontrollierte Wucherung der Apparate; ob es sich im Ergebnis um Partei- oder Staatsinstanzen oder um Zwitter handelte, war je länger desto weniger von Bedeutung. Eine strukturell bedeutsame Eigenart des NS-Regimes bestand ferner in der Ausgliederung elementarer Hoheitsbereiche aus der staatlichen Zuständigkeit, in der Privatisierung öffentlicher Gewalt. Das markanteste Beispiel ist die 1936 beginnende Zentralisierung und Unterstellung des gesamten Polizeiapparates unter den Reichsführer SS. Am Ende des Prozesses stand die SS als außernormative Sonderexekutive, in die die Polizei im Rahmen des Reichssicherheitshauptamtes eingeschmolzen war.

Ab Anfang 1938, als das Regime bei der Durchsetzung der expansionistischen Ziele die großen außenpolitischen Erfolge errang, während im Inneren die Armee endgültig gleichgeschaltet werden konnte, trat auch die NSDAP wieder in eine Art Bewegungsphase ein. Seit Herbst 1938 entfalteten sich dann wieder die aktionistischen und terroristischen Kräfte des Nationalsozialismus. Institutionell zeigte sich dies in erster Linie in den annektierten, angegliederten und besetzten Gebieten, strukturell waren ab Kriegsausbruch aber auch im Altreich Veränderungen spürbar: Auf der Mittelstufe wurden die meisten Gauleiter aufgewertet, weil sie, zu »Reichsverteidigungskommissaren« bestellt, Kompetenzen im administrativen und politisch-staatlichen Bereich erhielten. An der Spitze zog sich etwa zur gleichen Zeit Hitler von den Geschäften des Reichskanzlers weitgehend zurück; formell gingen beträchtliche Rechtssetzungsbefugnisse auf den »Ministerrat für die Reichsverteidigung« über, auf das sechsköpfige Kriegskabinett unter Görings Vorsitz. Vertreten waren darin Reichsinnenminister Frick (in seiner Eigenschaft als »Generalbevollmächtigter für die Reichsverwaltung«), Reichswirtschaftsminister Funk als »Generalbevollmächtigter für die Wirtschaft«, Keitel als Chef des Oberkommandos der Wehrmacht (OKW) und die beiden Reichsminister Lammers und Heß. Diese beiden (bzw. nach Heß' Englandflug Lammers und Martin Bormann) hatten als Chefs der Reichskanzlei bzw. der Parteikanzlei die eigentlichen Schlüsselpositionen inne. Der eine hielt den bürokratischen Betrieb der Reichskanzlei am Laufen, der andere kontrollierte den Zugang zu Hitler; zusammen mit dem Reichsinnenminister bildeten sie die eigentliche Legislative des Dritten Reiches.

III.

Ein Brief der obersten Parteibehörde, des Stabes des Stellvertreters des Führers, an das Reichsinnenministerium enthält Indizien für den Zustand des gesamten Regierungsapparats im Oktober 1939. Anlaß war der Führererlaß über die Errichtung der Reichsgaue Posen (Wartheland) und Westpreußen auf annektiertem polnischem Territorium. Der Stellvertreter des Führers ließ in diesem Zusammenhang dem Reichsinnenministerium mitteilen: »Er möchte grundsätzlich, daß die Polen niemals auch nur das mindeste davon merken, daß im Reiche Zuständigkeitsstreite zwischen einzelnen Ministerien bestehen, noch viel weniger davon, daß nicht wegzuleugnende Spannungen zwischen Partei und Staat existieren. Es ist eine Frage der Zukunft, daß wir diese Spannungen restlos beseitigen. Für die Ostgebiete ist es eine Frage der Gegenwart, daß sie niemals auftreten dürfen. Würden sie dort zutage treten, so würde der Pole das zweifellos benutzen, um aus bestehenden Differenzen für sich Vorteile zu ziehen. Wir sind einig darin, und es entspricht auch dem Willen des Stellvertreters des Führers, daß die politische Führung und die politische Verwaltung in Personalunion ausgeführt werden. Es müssen also nicht nur Gauleiter Reichsstatthalter sein; dazu kommen muß, daß die Gauinspektoren die Regierungspräsidenten, die Kreisleiter die Landräte und die Ortsgruppenleiter die wahrscheinlich nicht zu entbehrenden Distriktskommissare sind.«[9]

Zwei Monate später, am 23. Dezember 1939, beschwerte sich Reichsinnenminister Frick gegenüber Göring (als dem Vorsitzenden des Ministerrats für die Reichsverteidigung) und Reichsminister Lammers über die Personalverhältnisse in den beiden neuen Reichsgauen: Die

Stellen der Kreisleiter und Landräte waren dort entgegen den Beteuerungen aller beteiligten Instanzen nicht im Einvernehmen und nach
gemeinsamer Besprechung besetzt worden, vielmehr hatte die »Partei
am 14. Dezember 1939 eine erhebliche Anzahl Kreisleiter in den Warthegau entsandt..., die dort als Kreisleiter bestätigt worden sind und
angewiesen wurden, in den ersten Tagen des Januar von den bisherigen Verwaltungsbeamten die Dienstgeschäfte zu übernehmen und sie
›in anständiger Weise‹ zu verabschieden«. Frick bezweifelte nicht nur
die Qualifikation dieser Leute, er stellte auch die Zweckmäßigkeit der
Personalunion von Kreisleitern und Landräten in Frage, weil angesichts der geringen Zahl von Volksdeutschen die Aufgabe der Menschenführung (das Geschäft der Kreisleiter also) gegenüber den
besonders schwierigen Problemen des Verwaltungsaufbaus in den
Ostgebieten zurücktrete. Diese würden ohne ordentliche Verwaltung
– gemeint waren qualifizierte Landräte – »in absehbarer Zeit nicht in
Ordnung kommen«. Er lehne es deshalb ab, »die eigenmächtig einge-
setzten Kreisleiter als Landräte anzuerkennen«. Die »gerade in
Kriegszeiten als Rückgrat der Staatsverwaltung besonders wichtige
politische Verwaltung« dürfe nicht begraben werden: »Denn wenn all-
gemein die Landratsämter von Kreisleitern übernommen werden,
wird die Folge sein, daß ein guter fachlicher Nachwuchs mangels Be-
rufsaussichten überhaupt ausbleibt und daß die allgemeine und innere
Verwaltung zerfällt und die Sonderverwaltungen nicht nur nicht ein-
bezogen werden, sondern sich immer neu bilden, so daß der Staatsapparat letzten Endes atomisiert wird.«[10]

Mit der Expansion des Deutschen Reiches ging die Aufsplitterung der
territorialen Verwaltungseinheit Hand in Hand. Die neuen Gebiete
wurden höchst unterschiedlichen Beherrschungssystemen unterworfen, die vom Typ des Reichsgaus Sudetenland bis zu dem des
Reichskommissariats Ukraine reichten. Typologisch sind folgende
Herrschaftsformen mit entsprechender Verwaltungsordnung zu un-
terscheiden:

1. Annexion (Österreich, Sudetenland, Memel, Danzig-Westpreußen, Warthegau, Südostpreußen, Ostoberschlesien); De-facto-An-
   nexion mit Unterstellung unter Chefs der Zivilverwaltung[11] (Elsaß,
   Lothringen, Luxemburg, Untersteiermark, Bialystok).
2. Okkupation unter Militärverwaltung[12] (Belgien, Frankreich, Ka-

nalinseln, Serbien, Griechenland, rückwärtige Heeresgebiete in der Sowjetunion).
3. Okkupation unter ziviler deutscher Verwaltung bzw. Kontrolle[13] (Dänemark, Norwegen, Niederlande, Protektorat Böhmen und Mähren, Generalgouvernement, Reichskommissariate Ostland und Ukraine).

Angesichts beträchtlicher Unterschiede im Detail der jeweiligen Herrschaftsausübung kann eine solche Charakterisierung nach staatsrechtlichen Kategorien natürlich nur ungefähre Anhaltspunkte bieten. Überdies waren die damaligen die Herrschaftsformen bezeichnenden Begriffe unscharf oder mehrdeutig.

Die Reichsgaue waren definiert als staatliche Verwaltungsbezirke und als Selbstverwaltungskörperschaften, das entsprach dem Status der preußischen Provinzen. An ihrer Spitze standen Gauleiter/Reichsstatthalter in Personalunion. Der Begriff Reichskommissariat reichte inhaltlich von der auf einheimische Kollaborateure gestützten Okkupation z. B. Norwegens bis zur reinen Kolonialherrschaft in der Ukraine. Einen eigenen Typus stellten sowohl das Reichsprotektorat Böhmen und Mähren als auch das Generalgouvernement dar. Das Protektorat hatte den Status einer Provinz des Deutschen Reiches mit eingeschränkter Selbstverwaltung und deutscher Kontrolle der Administration bis zur untersten Ebene. Der Chef der autonomen (tschechischen) Verwaltung genoß den protokollarischen Rang eines Staatsoberhaupts, die Macht lag hingegen in Händen des Reichsprotektors, der die Funktion eines Vertreters des Führers und Reichskanzlers hatte und mit dem Rang eines Beauftragten der Reichsregierung ausgestattet war.[14]

Am Beispiel des Generalgouvernements lassen sich die Eigentümlichkeiten der deutschen Herrschaftsstruktur in den ersten beiden Jahren des Krieges gut verdeutlichen. Das Generalgouvernement war einerseits ein Kolonialgebiet des Deutschen Reiches, ein auch offiziell so bezeichnetes »Nebenland«, im Selbstverständnis des Generalgouverneurs Hans Frank, der Hitler unmittelbar unterstand, aber auch eine autonome Region und »ein letzter Ausläufer einer unmittelbar nach Reichsmethoden geführten Verwaltung«.[15] Zugleich war es de facto jedoch der Schauplatz einer Quasiterritorialherrschaft der SS, die ausgeübt wurde durch den Höheren SS- und Polizeiführer einerseits und den Reichskommissar für die Festigung deutschen Volkstums andererseits. Das führte schließlich zum Konflikt. Ins Generalgouvernement hineinregieren konnte aber auch Göring als Beauftragter für den Vierjahresplan und Vorsitzender des Ministerrats für die Reichsverteidigung. Die Versuche anderer Ministerien und Fachverwaltungen, in die Krakauer Verwaltungsautonomie einzugreifen, konnte Frank dagegen abwehren. In der Festrede zum einjährigen Bestehen des Generalgouvernements – wohlgemerkt eines Territoriums, dessen staatsrechtliche Form kaum definiert war[16] – pries er seine Administration als Muster nationalsozialistischer Verwaltungsprinzipien: »Der Führer hat im Generalgouvernement diesen Grundsatz von der einheitlichen Zusammenfassung aller Dienststellen unter einem einheitlichen Befehlsträger bis in die letzte exakte Auslegung durchgeführt. Das Generalgouvernement ist zur Zeit jener Bestandteil des Großdeutschen Machtbereiches, in welchem sich dieses Führerprinzip der Verwaltung weitaus am eindeutigsten durchsetzen mußte. Sämtliche Behörden sind in das Amt des Generalgouverneurs eingebaut, ebenso in das Amt des Distriktchefs als des Repräsentanten des Generalgouverneurs sämtliche Distriktbehörden, und dem Kreishauptmann als dem Repräsentanten der Einheit des Kreises unterstehen wiederum sämtliche Kreisbehörden.«[17]

Das war die eine Seite der Medaille. Die andere bestand freilich darin, daß Frank politisch immer ohnmächtiger wurde. Die Polizei- und Sicherheitsorgane des Generalgouvernements waren fest in Händen der SS, sie wurden unter SS-Obergruppenführer Friedrich-Wilhelm Krüger, der zugleich Staatssekretär für das Sicherheitswesen war, als selbständige Behörde geführt, die keiner Weisung des Generalgouverneurs unterstand. Hinzu kam, daß Himmler Krüger auch zum Beauftragten des Reichskommissars für die Festigung deutschen Volkstums gemacht hatte. Das bedeutete, daß Frank praktisch keinen Einfluß auf das Hauptgeschehen im Generalgouvernement hatte, auf die Tätigkeit der Einsatzgruppen, die Ghettoisierung und Vernichtung der Juden und auf die Umsiedlungs- und Eindeutschungsmaßnahmen.

Hans Frank war immerhin ein prominenter und fanatischer Nationalsozialist der ersten Stunde, Teilnehmer am Hitlerputsch und Ende der 20er Jahre Hausjurist Hitlers und gewissermaßen Justitiar der

NSDAP. Er wurde mit Partei- und Staatsämtern reichlich ausgestattet, er war Gründer und Führer des Nationalsozialistischen Rechtswahrer-Bundes und Chef (Reichsleiter) des »Reichsrechtsamts der Reichsleitung der NSDAP«; von März 1933 bis zur Gleichschaltung der Länderjustizministerien Ende 1934 war er bayerischer Justizminister, gleichzeitig Reichskommissar für die Gleichschaltung der deutschen Justiz, außerdem Präsident der Akademie für Deutsches Recht und, ab 1934, Reichsminister ohne Geschäftsbereich. Die Ämterfülle täuschte indessen nur Macht vor. Bis zum Ausbruch des Krieges war Frank einer der »Alten Kämpfer«, die ohne faktischen Einfluß mit Ehren und Pfründen abgefunden wurden. Mächtig wurde Frank erst, als er nach dem Ende des Polenfeldzugs zum Chef der Zivilverwaltung und Generalgouverneur im okkupierten Polen bestellt wurde.[18]

Typisch, sowohl für den Machtkampf als auch für Konfliktlösungen in den oberen Rängen des Regimes, war es dann, daß im Laufe des Jahres 1942 von Himmler, Bormann und Lammers ein Kesseltreiben gegen den Generalgouverneur veranstaltet wurde, bei dem er schließlich seine Parteiämter verlor. Im Reich erhielt der Wortradikale außerdem Redeverbot, nachdem er die Entwicklung des Regimes zum Polizeistaat öffentlich (in Reden in den Universitäten Berlin, Wien, München und Heidelberg im Juni und Juli 1942) kritisiert hatte.[19] Im September 1942 diktierte Hans Frank in sein Diensttagebuch als Generalgouverneur, er gebe nicht nach in seiner Meinung, »daß der jetzt vom Führer eingeschlagene Kurs der Gewalt, der völligen Vernichtung der Rechtssicherheit und des Regimes mit Hilfe von Konzentrationslager und Polizeiwillkür für den Führer wie für sein Reich eine der schwersten Gefahren darstellt, die überhaupt erstehen konnten«.[20] Bemerkenswert war, daß Frank zwar seine Funktionen innerhalb der Partei – Führer des NS-Rechtswahrer-Bundes, Präsident der Akademie für Deutsches Recht, Leiter des Reichsrechtsamtes der NSDAP – verlor, daß aber sein zweimaliger Antrag auf Entlassung als Generalgouverneur von Hitler einfach ignoriert wurde.

IV.

Die Niederlage Franks, der das Prinzip der staatlichen Verwaltungseinheit (und außerdem ein gewisses Minimum an Rechtsstaatlichkeit)
gegen die Sonderexekutive Himmlers verteidigt hatte, macht deutlich,
wo die Präferenzen lagen. Die Verwaltungseinheit zersplitterte aber
nicht nur an der Dominanz der SS in den östlichen Satrapien des Deutschen Reiches. Das war nur eine, aber sicherlich die gravierendste
Auswirkung des dualistischen Verhältnisses von Partei und Staat. In
der Horizontale wurde die Verwaltungseinheit zerstört durch die unterschiedlichen Normen, nach denen im Altreich und in den von
Deutschland beherrschten ein- oder angegliederten und besetzten Gebieten regiert und verwaltet wurde. Vertikal gesehen, geriet die Administration infolge der Kompetenz- und Rangstreitigkeiten zwischen
der Allgemeinen Verwaltung und den Fach- und Sonderverwaltungen
einerseits und dem Dualismus von Partei- und Staatsbürokratien andererseits in Unordnung.

Auch auf der mittleren und unteren Ebene hatten sich die Verwal-
tungszweige so vervielfältigt, daß Göring Anfang 1940 feststellte:
»Das Nebeneinanderarbeiten verschiedener Dienststellen wächst
sich, zumal bei voneinander abweichenden Entscheidungen, in
Kriegszeiten nachgerade zu einer Gefahr aus. Ihr muß baldigst durch
die Rückkehr zu dem mustergültigen einheitlichen Verwaltungsauf-
bau in der Mittel- und Unterinstanz begegnet werden, der die alte
preußische Verwaltung auszeichnete.«[21] Das blieb ein frommer
Wunsch. In der Praxis verschränkten und verknoteten sich die Instan-
zenzüge immer mehr. Die daraus resultierenden Streitigkeiten zwischen den Ministerien und Obersten Reichsbehörden wurden mit so
viel Aufwand ausgetragen, daß schließlich Lammers und Bormann auf
Abhilfe sannen. Der Chef der Parteikanzlei teilte seinem Kollegen in
der Reichskanzlei am 11. August 1941 mit, daß sich Gauleiter und
Chefs anderer Dienststellen der mittleren Instanzen darüber be-
schwerten, »daß sie von Reichsdienststellen mit Schriftwechsel über
alle möglichen Differenzen bombardiert werden. Die Gauleiter wei-
sen mit Recht darauf hin, daß es wirklich nicht zur Stärkung der Autorität der Reichsinstanzen beitrüge, wenn einzelne Reichsstellen von
sich aus Meinungsverschiedenheiten mit anderen Reichsstellen den

Gauleitern und sonstigen Dienststellen zur Kenntnis brächten.« Bormann schlug deshalb vor, gemeinsam,»da die Anordnung sowohl für Partei wie für Staat ergehen muß«, eine Vorlage auszuarbeiten und bei gemeinsamem Vortrag Hitlers Unterschrift zu erbitten.[22]

Ende September 1941 konnte Lammers im Einvernehmen mit dem Leiter der Parteikanzlei folgendes mitteilen:»Der Führer hat erneut aus besonderem Anlaß allen Obersten Dienststellen des Staates und der Partei untersagt, zwischen ihnen bestehende politische Meinungsverschiedenheiten und Reibungen nachgeordneten Dienststellen, womöglich unter Beifügung des hierüber geführten Schriftwechsels, zur Kenntnis zu bringen. Es widerspricht nationalsozialistischen Grundsätzen, wenn Oberste Dienststellen des Staates oder der Partei politische Streitfragen vor nachgeordneten Dienststellen austragen. Auseinandersetzungen dieser Art können bei den nachgeordneten Dienststellen den Eindruck erwecken, der Staatsführung fehle die notwendige Zielklarheit. Damit wird das Vertrauen zu den Obersten Reichsstellen untergraben und den nachgeordneten Dienststellen die zur Durchführung der eigenen Aufgaben erforderliche Sicherheit genommen.«[23]

Entzündet hatte sich der Streit der Reichsressorts am Problem der »Verwaltungsführung in den Landkreisen«. In einer Anordnung vom Dezember 1939 hatten Göring und Frick gemeinsam versucht, die Sphäre von Partei und Staat auf der untersten Ebene zu trennen: Dem Kreisleiter der NSDAP oblag danach die Menschenführung, er war verantwortlich für Stimmung und Haltung der Bevölkerung und für die »Stärkung der seelischen Kräfte aller Volksgenossen zur Verteidigung des Reichs«. Die Stellung des Landrats war dagegen folgendermaßen umrissen:»Die Verantwortung für die ordnungsgemäße Erfüllung aller Aufgaben der staatlichen Verwaltung trägt im Rahmen seiner gesetzlichen Zuständigkeit ausschließlich der Landrat.«[24] Kreisleiter und Landrat sollten sich gegenseitig fortlaufend unterrichten. Eingriffe in die Sphäre des jeweils anderen waren ausdrücklich untersagt.

Im Juni 1941 erließ Frick als Generalbevollmächtigter für die Reichsverwaltung im Einvernehmen mit Göring eine weitere Anordnung an die Reichsverteidigungskommissare, die an diese Bestimmungen anknüpfend einen Primat des Landrats (bzw. des Oberbürgermeisters) auf der unteren Verwaltungsebene postulierte. Das richtete sich an die Adresse der Fachressorts und Sonderverwaltungen: »Der Landrat als *der* politische Beamte seines Verwaltungsbezirks hat somit die Aufgabe, neben der eigenen Verwaltungsführung dafür zu sorgen, daß auch die Arbeit der sonstigen Dienststellen in seinem Kreise sich nach den für die politische Verwaltung geltenden allgemeinen Gesichtspunkten ausrichtet.« Die Behördenleiter der unteren Fachinstanzen – wie Arbeitsamt, Gewerbeaufsichtsamt, Hochbauamt, Wasserwirtschaftsamt – wurden angewiesen, den Landrat über alle Fragen politischer Natur in ihrem Bereich zu unterrichten. Sie sollten dem Landrat nicht förmlich unterstellt werden, andererseits sei aber »der aus der Notwendigkeit einer einheitlichen staatlichen Ausrichtung und Führung folgende Primat des Landrats in der Unterstufe gegeben«. Es wurde erwartet, »daß, getragen von gegenseitigem Takt, sich auf diese Weise eine ersprießliche, besonders in der Kriegszeit unbedingt erforderliche Zusammenarbeit der unteren Behörden ergibt. Es handelt sich bei der von mir angeordneten Regelung um eine Maßnahme, die das immer mehr sich zu einer unmittelbaren Gefährdung nationaler Belange besonders im Kriege auswachsende Nebeneinander und damit Durcheinander und Gegeneinander in der Verwaltung eindämmen und beseitigen soll.«[25]

Bemerkenswert war die Reaktion der Fachressorts. Ausgerechnet Arbeitsminister Seldte, vom Herkommen kein Nationalsozialist und in der nationalsozialistischen Hierarchie keineswegs angesehen, verteidigte das Prinzip des Ressortpartikularismus mit folgender Argumentation: »Mit der nationalsozialistischen Revolution ist die Partei zum alleinigen politischen Hoheitsträger geworden. Der Landrat alten Stils als alleiniger politischer Beamter ist damit innerlich und äußerlich überwunden. Im autoritären Dritten Reich ist jede Staatsverwaltung zugleich politische Verwaltung im Sinne einer von der obersten Staatsführung auf dem Boden nationalsozialistischer Weltanschauung und Zielsetzung gelenkten Verwaltung. Die innere Verwaltung genießt insoweit keine Sonderstellung; sie ist nicht *die* politische Verwaltung.«[26] Seldte hatte in der Konsequenz dieses Gedankengangs die ihm unterstellten Behörden angewiesen, dem Erlaß des Generalbevollmächtigten für die Reichsverwaltung in den entscheidenden Punkten keine Folge zu leisten. Darüber beschwerte sich Frick bei Göring mit der

Bitte, den Reichsarbeitsminister, der Göring in dessen Eigenschaft als Beauftragter für den Vierjahresplan unterstellt war, zur Ordnung zu rufen. Das Vorgehen Seldtes müsse »zu einem völligen Auseinanderfallen der zivilen Verwaltung, zu einem Aufhören jeder Disziplin in diesem Sektor und zu schwerer Gefährdung der Autorität der Reichszentrale führen«.[27]

Der Reichsinnenminister berief sich auch darauf, daß sein Runderlaß, der den Zorn des Arbeitsministers erregt hatte, den Beifall der mittleren Instanzen gefunden habe. Zum Beweis legte er u. a. Berichte der Gauleiter/Reichsstatthalter Kaufmann, Sauckel, Adolf Wagner, Sprenger bei. Die Genannten waren allesamt »Alte Kämpfer« und über den Verdacht, besonders engstirnige Verwaltungsfachleute zu sein, erhaben. Dafür legte sich im Oktober 1941 aber Fritz Todt noch einmal mit Frick an. »Unter dem Stichwort: Einheit der Verwaltung«, schrieb er, seien »Bestrebungen im Gange, den Fachverwaltungen im Rahmen der allgemeinen und inneren Verwaltung ihre Bewegungsfreiheit zu nehmen«. Als »Generalinspekteur für das deutsche Straßenwesen«, als Chef einer für den NS-Staat typischen Sonderbehörde im Rang eines Reichsministers, kämpfte Todt wie der ehemalige »Stahlhelm-Führer« Seldte mit forciert nationalsozialistischer Argumentation für den Ressortpartikularismus, als er schrieb: »Politisch gesehen ist die Behauptung vom Primat des Landrats jedenfalls in der nationalsozialistischen Verwaltung weniger denn je begründet. Jede Verwaltung trägt heute selbst die Verantwortung für eine den nationalsozialistischen Grundsätzen entsprechende Verwaltungsführung und für ihre Leistung. Die Ressortchefs fühlen sich darum auch persönlich dafür verantwortlich, daß ihre Verwaltungen ihre Aufgaben in nationalsozialistischem Geiste und gemäß den Zielen der Staatsführung erfüllen. Es muß ihnen gerade darauf ankommen, ihre Verwaltungen bis zum letzten Mann fest in der Hand zu haben und damit den Arbeitswillen und die Leistungsfähigkeit bis zum Höchsten zu steigern. Ich muß mich daher gegen jede Maßnahme wenden, die darauf hinausläuft, daß die technischen Dienststellen und das technische Personal dem Einfluß des Fachministers entzogen werden oder daß auch nur Unklarheiten darüber entstehen, von wem sie ihre Ausrichtung und ihre Befehle empfangen.«[28]

Einige Monate vorher hatte der Staatssekretär im Reichsinnenministerium Stuckart – und zwar ausgerechnet in der Festgabe zu Heinrich Himmlers 40. Geburtstag – die Verwaltungseinheit beschworen und konstatiert, daß die Neigung zur Schaffung von Sonderbehörden und die Vernachlässigung von Querverbindungen Schaden anrichte: Es gebe, außer den Dienststellen der NSDAP und ihrer Gliederungen und angeschlossenen Verbände, in der Mittelstufe der Verwaltung etwa 40 Behörden, in der Unterstufe etwa 45. Die Beseitigung des Übels durch eine einheitliche Steuerung der mittleren und unteren Instanzen durch eine starke Zentralgewalt sei kein Selbstzweck, »sondern die Voraussetzung für die Schaffung vernünftiger Verhältnisse in einer volksnah gestalteten Verwaltung«. Gegenüber den forciert nationalsozialistisch argumentierenden Chefs der Spezialressorts vertrat Stuckart ironischerweise an dieser Stelle auch in seiner Eigenschaft als SS-Brigadeführer den Standpunkt, die Beseitigung des Übermaßes an Sonderbehörden sei gleichbedeutend mit der »Durchsetzung des vom Nationalsozialismus entwickelten Führerprinzips in der Verwaltung«.[29]

Dieses Ziel wurde bekanntlich bis zum Ende der NS-Herrschaft nie erreicht, schließlich kaum mehr erstrebt. Andererseits waren die Reaktionen der Fachverwaltungen auf den Versuch, die Autorität der allgemeinen Verwaltung auf der unteren Ebene zu kräftigen, mindestens Indizien dafür, daß das Chaos im Regierungs- und Verwaltungsapparat des Dritten Reiches nicht, oder jedenfalls nicht wesentlich und ausschließlich, seine Ursachen im Dualismus von Partei und Staat hatte. Charakteristisch für die Form nationalsozialistischer Herrschaft und für das Nebeneinander von staatlicher und parteiamtlicher Machtentfaltung waren vielmehr strukturelle Eigenarten, die sich in der ersten, der Vorkriegsphase des Regimes herausbildeten und deren Konsequenzen das Bild der zweiten Phase, der Kriegszeit, bestimmten.

Das nationalsozialistische Regime war gekennzeichnet durch ein unkoordiniertes Neben- und Gegeneinander staatlicher und parteiamtlicher Dienststellen. Durch immer neue Beauftragungen und Bevollmächtigungen entstanden immer neue Apparate und Zuständigkeiten, die mit älteren Instanzen in Konkurrenz traten. Das entscheidende Problem bestand dabei in den rivalisierenden Kompetenzen selbst, nicht in der Frage des Primats von Partei- oder

Staatsamt. Die Einheitlichkeit der Verwaltung war spätestens ab Kriegsbeginn auf allen Gebieten, territorial, institutionell und strukturell verlorengegangen, ohne daß die Kraftentfaltung des Regimes dadurch aber beeinträchtigt wurde. Die Rivalität der Spitzenfunktionäre, das System der Personalunionen und Doppelkompetenzen erzeugte eine gewisse Balance der Macht im Rahmen der Führerautorität und stabilisierte diese. Die außernormative Führergewalt Hitlers blieb allezeit unangefochten, sie wurde durch die Rivalitäten auf der Ebene darunter nur noch gestärkt, weil sie auch letzte Entscheidungsinstanz war. Für die Führergewalt war es auch ohne Bedeutung, ob sie im Einzelfall Staats- oder Parteibehörden für bestimmte Ziele einsetzte.

Die von der Führergewalt Hitlers abgeleitete, aus der NSDAP hervorgegangene Sonderexekutive Himmlers bildete zuletzt nicht nur einen eigenen Staat im Staate. Die SS war vielmehr in erster Linie eines der wichtigsten regimestabilisierenden Elemente. Sie hatte fast alle Bereiche des klassischen Staats durchdrungen, verfügte über eigene bewaffnete Verbände, hatte die Polizei aufgesogen und besaß das Monopol auf den Staatsschutz. Die SS war als Instrument der nationalsozialistischen Rassenideologie verantwortlich für die Ermordung der Juden und für die Germanisierungspolitik im Osten. In den Ämtern und Instanzenzügen der SS vereinigten sich Elemente traditioneller staatlicher Herrschaft mit Zielsetzungen und Ansprüchen der nationalsozialistischen Ideologie zu einem eigenen Machtapparat.

Der SS-Apparat war auch das deutlichste Indiz dafür, daß das Regime des Dritten Reiches in der Verbindung unkoordinierten Nebeneinanders von Ressortegoismen und Führerabsolutismus zunehmend den Charakter von staatlicher Herrschaft verlor. Das NS-Regime war kein geschlossenes, auf rationalem Plan beruhendes Herrschaftssystem, sondern ein Geflecht divergierender Machtstränge; die Tendenz zur Anarchie wurde jedoch durch die bis zuletzt beobachtete Räson der Unterwerfung unter den Führerwillen gebremst. Dadurch blieben die einander entgegengerichteten Kräfte des Regimes einigermaßen in der Balance.

Freude am Krieg oder widerwillige Loyalität?
Die Stimmungslage der Deutschen bei Beginn des Zweiten Weltkriegs

I.

Der August 1914 und der September 1939 haben wenig miteinander gemein – darin sind sich die Experten einig. Der Jubel des Volkes beim Ausbruch des Ersten Weltkriegs sei mächtig gewesen, berichten die Chroniken, die Freiwilligen strömten in ungeheurer Zahl zu den Waffen, wo unter dem Gebrüll der Unteroffiziere und den Mißhandlungen durch den Drill in den Kasernen ihre Begeisterung gedämpft wurde. Vielleicht war die Begeisterung auch nicht so echt, war nur Massenhysterie und kollektiver Rausch gewesen, der immerhin aber auch Intellektuelle (und besonders Pastoren und Professoren) erfaßt hatte. Friedrich Gundolf glaubte im August 1914 an die endlich geglückte Synthese aus Goethes Bildung und Bismarcks Kraft und feierte die nationale Aufwallung als »die Tatwerdung einer dumpfen Kräftemasse, deren Zersetzung uns schon ängstete«.

Ganz anders war es 1939. Beklemmung und Angst, aber gar keine Lust zum Kriege wird als vorherrschende Stimmung beschrieben. William L. Shirer, amerikanischer Journalist und intimer Kenner der deutschen Szene, notierte noch am Morgen des 31. August in sein Tagebuch, jedermann sei gegen den Krieg. Und er fragte sich, wie ein Land in einen großen Krieg ziehen könne, dessen Bevölkerung sich so sträube. Aber die Deutschen würden vom Regime auch völlig im Dunkeln gelassen, meinte er. Immerhin waren aber die Lebensmittelkarten schon eingeführt – ein sicheres Indiz dafür, daß der Krieg gegen Polen bald beginnen würde.

Am Morgen des 1. September, als die Bevölkerung über den Rundfunk erfuhr, daß die Deutsche Wehrmacht den Befehl zum »Gegenangriff« auf Polen erhalten hatte, war die Stimmung auf den Straßen Berlins so düster wie der wolkenverhangene graue Himmel. Die Leute seien apathisch, niemand wolle die Extrablätter kaufen, schrieb Shirer, und selbst in den Zeitungen, die Goebbels an der Kandare führte, war nichts von Begeisterung oder wenigstens gehobener Stimmung zu lesen. Auf dem Land war es nicht anders. Die Sorgen der Bauern waren allenfalls konkreter als die der Städter: Der Entzug von Arbeitskräften und Pferden, die Rationierung von Treibstoff waren unpopulär. Der Gendarmerie-Chef eines Landkreises im fränkischen Jura berichtete über Lage und Stimmung der Bevölkerung wenige Tage vor Kriegsausbruch: Es gebe nur einen Gesprächsstoff, die drohende Kriegsgefahr; die Stimmung sei erheblich gedrückt, die Einberufung der Reservisten und die Ausgabe der Lebensmittelkarten steigerten die vorhandene Erregung. »Obwohl Anzeichen einer Kriegsfurcht nirgends festzustellen sind, im Gegenteil, der Glaube an die starke deutsche Wehrmacht unbegrenzt ist, kann doch auch von einer Kriegsbegeisterung keine Rede sein. Die Erinnerung an den Weltkrieg und seine Folgen ist noch viel zu frisch, um einer Hurrastimmung Raum zu gewähren.« Felix Buttersack, damals Redakteur beim Berliner Scherl-Verlag, war in den Tagen des Kriegsausbruchs unterwegs vom Bodensee nach Berlin. Ungeheures Schweigen schien über das Land gebreitet, erinnerte er sich: »Herden eingezogener Pferde tauchten ab und zu auf den Straßen auf. Unter den Menschen in den Dörfern erinnerte nichts an den August 1914. War es eine Art Versteinerung, welche die › Volksgenossen‹ überkommen hatte?«

Den Siegesmeldungen aus Polen wich dann im Laufe des September die Niedergeschlagenheit, außerdem boten die das tägliche Leben empfindlich einengenden Anordnungen der Obrigkeit Anlaß zu krampflösendem Murren und Schimpfen. Begonnen hatte es mit den Lebensmittelkarten und Bezugscheinen, die ein Jahrzehnt lang, nämlich noch weit in die Nachkriegszeit hinein, den Konsum regelten. Die Zeitungen waren in den ersten Septembertagen des Jahres 1939 gefüllt mit Listen bezugscheinpflichtiger Lebensmittel und Waren, mit Anweisungen zum Verhalten bei Flieger-Alarm und mit den Weisungen, die den Luftschutz reglementierten: Verdunkelung vom Einbruch der Dunkelheit bis zum Tagesanbruch, Entrümpelung der Dachböden, Einrichtung von Luftschutzräumen im Keller aller Wohnhäuser.

Der Kriegszuschlag als Sondersteuer auf Alkohol und Tabak bot an manchem Stammtisch Anlaß zum Räsonieren, mehr sicherlich als die amtlich befohlene Stillegung aller privaten Kraftfahrzeuge. (Solche, die im öffentlichen Interesse weiter benutzt werden durften, wurden durch einen roten Winkel am Nummernschild gekennzeichnet.) Privatautos gab es nur in einer Größenordnung, die ihre Besitzer in den Rang einiger Exklusivität hoben, die »Kraft-durch-Freude«-Wagen und die »Straßen des Führers«, VW und Autobahnen also, die den Aufbruch zur Massenmotorisierung symbolisierten, existierten zu Beginn des Zweiten Weltkriegs mehr in der Propaganda als in der Realität. Die Ratschläge fürs Stillegen und »Aufbocken« der Kraftwagen betrafen daher nur wenige, und der Völkische Beobachter wußte sogar zu berichten, es gebe Autobesitzer, die stolz darauf seien, »daß ihr Kraftwagen vom ersten Tage des Kampfes an im Dienste der Wehrmacht und damit der Verteidigung des Vaterlandes« stehe.

Mißstimmung gab es in den ersten Wochen des Zweiten Weltkriegs, weil anscheinend die älteren Jahrgänge und Teilnehmer des Ersten Weltkriegs sofort eingezogen wurden, während jüngere Wehrpflichtige überall in der Heimat zu sehen waren. Verdrießlicher war noch, daß die Funktionäre der NSDAP zum größten Teil als unabkömmlich galten und von der Wehrmacht nicht in Anspruch genommen wurden. Viele hätten die »Alten Kämpfer« so gerne an der Front gewußt, wo sie, so lautete der fromme Wunsch, jetzt einmal richtig die Gelegenheit zum Kämpfen hätten. Es beklagten sich aber auch NSDAP-Mitglieder, die trotz eines zwölf- bis vierzehnstündigen Arbeitstages in Rüstungsbetrieben noch Parteiarbeit (Propaganda, Altmaterialsammlungen usw.) leisten mußten. Der Wunsch nach Befreiung vom Parteidienst für die Dauer des Krieges war so verbreitet, daß er in den »Meldungen aus dem Reich«, den geheimen Lageberichten, die das Regime durch den parteiinternen Nachrichtendienst erheben ließ, ausdrücklich erwähnt war. Daß hie und da regierungsfeindliche Zettel gefunden wurden, war verständlich, ebenso waren die Angstkäufe und die Flucht in irgendwelche Sachwerte, mit denen die kleinen Leute sich für den Krieg und die befürchtete Inflation zu wappnen hofften, naheliegende Reaktionen. Das Regime war sich der Zustimmung der Bevölkerung so wenig sicher, daß Goebbels am 30. August verlautbaren ließ, Versammlungen, »in denen zur gegenwärtigen Lage Stellung genommen« werde, seien unerwünscht. Das betraf vor allem die Kirchen. Ab 3. September waren dann Zweifel am Sieg mit Strafe belegt. Das betraf alle.

Am 10. Oktober verbreitete sich wie ein Lauffeuer im ganzen Deutschen Reich das Gerücht, die britische Regierung sei zurückgetreten und der König habe abgedankt, nachdem London einen Waffenstillstand mit Berlin geschlossen habe. In manchen Betrieben blieb die Arbeit liegen, weil die Belegschaft darüber diskutierte. In Berlin kam es an verschiedenen Plätzen zu freudigem Aufruhr, weil viele die Nachricht für wahr hielten und ihre Erleichterung öffentlich kundtun wollten. Auch in der Berliner Universität erhob sich ein Sturm der Begeisterung. Eine Sondermeldung des Rundfunks beendete um die Mittagszeit die Euphorie. Goebbels selbst hatte sie veranlaßt (das Gerücht richte »wahre Verheerungen an«, vertraute er seinem Tagebuch an). Das Dementi habe eine tiefe Niedergeschlagenheit ausgelöst bei denjenigen, die an die Wahrheit des Friedensgerüchts geglaubt hatten, berichtete der Sicherheitsdienst, der auch die Gründe für die Geschwindigkeit des Gerüchts recherchiert hatte: Telegraphenbeamte hatten die Wunschträume von Berlin aus verbreitet.

Aber sehnte sich die Mehrheit der Deutschen wirklich so sehr nach Frieden?

II.

So sorgfältig das Regime Stimmung und Meinung des Volkes ausforschen ließ (dokumentiert sind die Ergebnisse in den Berichten staatlicher wie parteioffizieller Dienststellen, vom Gendarmerieposten bis zum Regierungspräsidenten und in den »Meldungen aus dem Reich«, des Sicherheitsdienstes der SS) – die amtliche Meinungsforschung konnte immer nur einen Teil der Wirklichkeit abbilden. Ein anderer, wesentlicher Bereich spiegelt sich nur in privaten Aufzeichnungen, Briefen, Tagebüchern, Erinnerungen, und zwar in der Regel um so wahrheitsgetreuer, je weniger prominent die Verfasser waren. Möglicherweise erlaubt der Blick in solche Papiere sogar Aufschlüsse über die wirklichen Emotionen, über Bewußtsein, Ängste, Hoffnungen der Deutschen im Krieg.

Ein junger Soldat, Richtung Westen in Marsch gesetzt, schreibt, sich unsäglich langweilend, Anfang September seiner Mutter: »Wir versuchen, so gut es geht, die Zeit totzuschlagen. Auf die Dauer wird es aber immer unerträglicher. Ewig die erfolgreichen Berichte vom Osten und wir müssen immer noch zusehen.«

Ein anderer, der nach dem Abitur gerade den Arbeitsdienst hinter sich brachte, um rechtzeitig zum Kriegsbeginn der Wehrmacht zur Verfügung zu stehen, beschreibt seine Stimmungen in Briefen an die Verlobte – auch er lungert tatenlos am Westwall. Ein kritischer junger Mann, der beobachtet hatte, daß die meisten Kameraden genauso gedankenlos in den Krieg gelaufen wären, wie sie damals – im Herbst 1938 nach dem »Münchner Abkommen« – die Kunde aufgenommen hatten, daß der Frieden auf lange Zeit gesichert sei. Er sträubt sich gegen die Sinnlosigkeit der Warterei an der Westgrenze, mehr noch über die Methoden zur Erhaltung der Sklavenmoral der Rekruten durch die Unteroffiziere, am meisten über die Propagandaphrasen der Offiziellen, aber er ist auch ganz Kind der Zeit und schreibt: »Ich weiß, daß man die heutige Art, die Massen, das Volk zu leiten und zu lenken, nicht angreifen kann und darf. Wäre nicht das Beherrschen, das Hineinzwängen der Massen in eine ganz bestimmte Richtung, herrschte wohl das Chaos. Das Problem der Masse als Folge einer geschichtlichen Entwicklung bliebe, nur wäre sie nicht guten Zwecken und Ideen untertan gemacht, sondern lebte schrankenlos, zügellos, ohne Sinn. Darum die Verdammung der ›Systemzeit‹, die Isolierung vom Ausland.«

Dachte und schrieb man so in der Folge von Bildungserlebnissen in nationalsozialistisch okkupierten Schulen, oder waren das die Früchte älterer Traditionen? Alles spricht für das letztere, denn der junge Mann gibt sich nirgendwo als Anhänger der NS-Ideologie zu erkennen, wohl aber als glühender Patriot, als begeisterter Deutscher. Und im Patriotismus ließ sich auch der Widerspruch auflösen, der für viele darin bestand, daß sie Hitler verabscheuten, das nationalsozialistische Regime ablehnten, aber doch von dessen Erfolgen fasziniert waren, sich mit ihnen identifizierten und die Überwindung der Kränkungen des deutschen Nationalgefühls nach dem Ersten Weltkrieg durch die aggressive NS-Außenpolitik dankbar empfanden.

In der Biographie des Bürgers Max Rehm finden sich exemplarisch alle Motive und Erklärungen einer Generation, die zweimal in den

Krieg zog, beide Male der Notwendgkeit des Kriegführens zustim-
mend, zum ersten Mal in begeisterter Stimmung (»Es war kein
Rausch, wie es fälschlich heißt. Wir waren ganz bei Sinnen, hochge-
mut, begeistert. In uns loderte die Flamme der Vaterlandsliebe, der
Opferbereitschaft. Sie blieb am Glühen«), zum zweiten Mal im Bewußtsein der Pflichterfüllung, aber auch der Befreiung aus bedrücken-
dem Alltag.

Als Sohn eines Rechtsprofessors in Straßburg aufgewachsen, erhält er
– Jahrgang 1896 – am 31. Juli 1914 das Abiturzeugnis und meldet sich
als Kriegsfreiwilliger. Der Münchner Jurastudent, der sich 1919 sowohl im Freikorps gegen »die Roten« wie in der evangelischen Jugendbewegung engagiert, ist überzeugter Anhänger der Weimarer
Republik und bleibt es bis zuletzt, wählt linksliberal und liest die
Frankfurter Zeitung, ist aber auch von den sozialen Vorstellungen August Winnigs und von den geopolitischen Visionen Hans Grimms, des
Autors von »Volk ohne Raum«, beeindruckt; er interessiert sich für
den Tat-Kreis und ist erklärter Gegner der NSDAP. 1928 wird er
Rechtsdezernent einer großen Mittelstadt. Hitlers Machtübernahme
hat einen Karriereknick zur Folge, ein Disziplinarverfahren bleibt
zwar wirkungslos, aber er wird vom Dezernenten zum Syndikus her-
abgestuft. Hinzu kommt eine gewisse gesellschaftliche Belastung,
denn seine Frau ist »Mischling zweiten Grades«, so heißt es in der
Terminologie der »Nürnberger Gesetze«, wenn man einen jüdischen
Großelternteil hat. Einer der beiden Söhne will aktiver Offizier werden, droht aber an der Klippe seines »nichtarischen« Urgroßeltern-
teils zu scheitern. Die Zulassung als Berufsoffiziersanwärter wird,
nachdem die Familie den Antrag aufs ausführlichste begründet und
mit einer Dokumentation ihrer deutschen und wehrhaften Gesinnung
untermauert hatte, im Februar 1942 von Hitler als Oberstem Befehlshaber persönlich ausnahmsweise genehmigt. Wenig später fällt der
knapp Zwanzigjährige an der Ostfront.

Die Familie war also von Gesinnung und Herkunft durchaus keine
nationalsozialistische Musterfamilie, aber sie war patriotisch, und der
Vater wie die beiden Söhne waren mit Freuden bereit, das zu tun, was
sie für ihre selbstverständliche Pflicht hielten. Mindestens für den Vater war die Uniform des Wehrmachtsoffiziers aber auch befreiend und
erlösend von den Zwängen und Zweifeln des Alltags: »So befand ich

mich seit der Machtergreifung 1933 bis zum Kriegsausbruch 1939 in einem Wechselbad von Bejahung und Verneinung, von Hoffnung und Bedenken, von Staunen über die Erfolge des Regimes und von Ablehnung seiner Unrechtstaten, Abscheu vor Unmenschlichkeit. Freilich gab ich dabei meiner Neigung nach, das Gute vorauszusetzen und dann auch zu finden. Zum Widerstand, wo er nötig gewesen wäre, fehlte mir Kraft und Mut.« Mit respektabler Wahrheitsliebe artikuliert Max Rehm im Lebensrückblick, was so viele empfanden, denen die Nachgeborenen nicht ohne weiteres mit Vorwurf oder gar Anklage begegnen dürfen: »Trotz alledem: ich wollte mich der Mitarbeit nicht entziehen, wollte bejahen...« Im neuen Weltkrieg, in den er im Herbst 1939 zieht und aus dem er sieben Jahre später, im August 1946, nach 16 Monaten Kriegsgefangenschaft heimkehrt, füllte er »den Offiziersberuf mit Leib und Seele aus«, aber es wäre billig, das Motiv in militaristischer Gesinnung zu suchen. Entscheidend, und das ist auch das Exemplarische daran, ist die Begründung: »Das war eine andere Atemluft als im Dunst des Mißtrauens und der beruflichen Einengung durch die Parteifunktionäre.«

III.

Aber es lag auch Faszination im Kriegführen. Abgehoben vom Alltäglichen und Normalen ließ sich die Lust an Kameraderie und Männerbündelei, Machtübung und Freiheit von mancherlei bürgerlichem Gesetz ausleben, dazu die Freude an Organisation und am Funktionieren der Kriegsmaschine. So beschreibt der Abiturient, ganz fasziniert von der Ästhetik der Kriegsorganisation im Juni 1940 den Vormarsch in Frankreich: ...»die grauen Staubfahnen auf allen Straßen, der Motorenlärm, die brennenden und zerstörten Dörfer apokalyptisch großartig«. Und er findet, das Leben sei sonnig, abwechslungsreich und durchaus zufriedenstellend. Im August beherrscht die jungen Soldaten die Sorge, es ginge nach Hause: »Jetzt, nachdem wir so frei und ungebunden durch die Welt gegondelt sind, wieder in die Kaserne zurück zu müssen und am Ende noch dem nächsten Krieg aus der Ferne zuschauen zu müssen, wäre uns allen unerträglich«.
Es ist freilich für die Deutschen noch ein kaum beschwerlicher Krieg

voll Erfolg und Triumph. Das Siegen machte Spaß. Und einen Krieg, selbst den böswillig vom Zaun gebrochenen gegen Polen, die Überfälle auf friedliche Nachbarn wie Dänemark und Norwegen betrachtet die Mehrheit nicht so sehr als Unrecht, als Bruch der Zivilisation, sondern als metapolitisches Instrumentarium, als notwendiges Ingredienz bei der Entstehung von Weltgeschichte.

Wie anders läßt sich die Eintragung im Kriegstagebuch eines gebildeten jungen Deutschen vom 23. November 1940 deuten? »›Missa solemnis‹ über alle deutschen, polnischen, norwegischen, dänischen, belgischen, holländischen, französischen und italienischen Sender. Allen haben wir den Krieg gebracht – und jetzt dies. Im Grunde genommen, ich finde keinen Gegensatz zwischen dieser unirdischen Musik und unserem Krieg. Er ist vernichtend und alles zerstörend, aber nicht sinnlos. Er ist ein furchtbarer Teil des ganzen Weltgeschehens, der großen Weltordnung. Die aber ist immer göttlich. Und das ungefähr umschreibt auch die ›Missa solemnis‹, die sich kaum noch an das menschliche Gefühl wendet, sondern das Übermenschliche herausfordert.«

IV.

Solche Ergüsse deutscher Innigkeit gab es zuhauf, sie gingen wohl zurück auf die vielgelesene Literatur der Jünger, Flex, Beumelburg, Bloem, die das Kriegserlebnis des Ersten Weltkriegs ins Heroische stilisiert und die damit so viel mehr Resonanz hatten als Remarque und Tucholsky, Gumbel und Ossietzky, für die der Krieg nur Barbarei und Massenmord war. Auch wenn man das unter den Deutschen weithin herrschende Gefühl der nationalen Kränkung, verursacht durch die Niederlage 1918 und die demütigenden Bedingungen des Versailler Vertrags mit Verständnis würdigt (denn Empfindungen wird man ja nicht durch Zensuren gerecht, und nachträglich stellt sich auch die Frage nicht mehr, ob das kollektive Gefühl erduldeter Schmach »richtig« oder »falsch« war) – auch dann bleibt die Diskrepanz zwischen der »widerwilligen Loyalität« (Helmut Krausnick) in depressiver Stimmung bei Ausbruch des Krieges und der Begeisterung, die im Triumph im Sommer 1940 über Frankreich im Zenit stand und die sogar noch in die Anfänge des Rußlandfeldzugs 1941 hineinreicht. Ohne Frage wäre es den meisten lieber gewesen, die Ziele der Revision des Versailler Vertrages ohne die äußerste Form der Gewaltanwendung zu erreichen. (Der Zustimmung zu seiner erfolgreichen Außenpolitik, die Erpressung und Friedensbeteuerung geschickt verband, durfte Hitler ja sicher sein.)

Aber die innere Bereitschaft, auch einen Krieg zur Erlösung aus der nationalen Kränkung von Niederlage, Verlust an Weltgeltung, Schuldkomplex hinzunehmen, war vorhanden. In diesem Punkt unterschieden sich die Deutschen von anderen, von Franzosen und Engländern zumal. Hatte sich bei den westlichen Nachbarn als Folge des Ersten Weltkriegs Verständnis und Neigung für antimilitaristische und pazifistische Ideen wie internationale Schiedsgerichtsbarkeit, Verständigung, Völkerbund, Ächtung des Krieges entwickelt, so gab es solchen zivilisatorischen Fortschritt im Deutschland der Stahlgewitter-Literatur kaum, ja diejenigen, die sich dafür einsetzten, waren verfemt.

War es Trotz, mangelnde politische Phantasie, ein Übermaß erlittener Kränkung oder ein Rückstand an demokratischer Entwicklung, daß in Deutschland militärische Kraftentfaltung höher geschätzt war als diplomatische Verständigung? Das soll nicht heißen, daß die Deutschen damals ein Volk von Militaristen waren, aber die Haltung zum Hitlerregime und zum Ausbruch des Zweiten Weltkriegs ist nicht zu erklären ohne die Feststellung, daß sich die Nationalsozialisten auf eine Mentalität stützen konnten, in der – beginnend bei Duldung und Hinnahme und endend bei Befürwortung und wachsender Zustimmung – der Krieg als Mittel der Politik grundsätzlich bejaht wurde.

Der Generalplan Ost
Germanisierungspolitik
in den besetzten Ostgebieten

Fünf Wochen nach dem deutschen Überfall auf Polen unterzeichnete Hitler einen Erlaß, der den Chef der SS Heinrich Himmler zum »Reichskommissar für die Festigung deutschen Volkstums« machte und ihn dadurch mit der »Zurückführung« der Reichs- und Volksdeutschen aus dem Ausland und mit der »Ausschaltung des schädigenden Einflusses volksfremder Bevölkerungteile« beauftragte. Außerdem wurde Himmler zur »Gestaltung neuer Siedlungsgebiete durch Umsiedlung« ermächtigt[1]. Polens staatliche Existenz war zu diesem Zeitpunkt bereits vernichtet. Im geheimen Zusatzprotokoll zum deutsch-sowjetischen Nichtangriffspakt vom August 1939 hatten Hitler und Stalin Osteuropa in Interessensphären aufgeteilt, und ohne Zögern wurde im Oktober mit der »Eindeutschung« der besetzten westpolnischen Gebiete begonnen.

Unter der Bezeichnung »Eingegliederte Ostgebiete« verbarg sich mehr als nur die staatsrechtliche Annexion des polnischen Territoriums, das, von 10 Millionen Menschen bewohnt, nun »Reichsgau Danzig-Westpreußen« und »Reichsgau Posen« (später »Wartheland«) hieß bzw. zu Schlesien (Regierungsbezirk Kattowitz) und Ostpreußen (Regierungsbezirk Zichenau) geschlagen wurde. Diese Gebiete, in denen die deutsche Bevölkerung damals 10 % betrug, sollten binnen zehn Jahren restlos »eingedeutscht« werden, das hieß: ungefähr 7,8 Millionen Polen und etwa 700 000 Juden sollten aus diesem Landstrich verjagt und durch »Volksdeutsche« aus dem Baltikum, aus Bessarabien, der Bukowina und anderen Gegenden, die nach dem Hitler-Stalin-Pakt sowjetische Einflußsphäre wurden, ersetzt werden. Wie sehr bei diesen Umsiedlungsaktionen ökonomisches Kalkül und machtpolitische Interessen im Vordergrund standen und wie wenig die vielbeschworenen »volkstumspolitischen« Ideale galten, zeigte sich ebenso darin, daß die Südtiroler dem deutsch-italienischen Freundschaftsbund geopfert und in den Osten verpflanzt werden sollten, wie in der Umsiedlung der 70000 Deutschbalten. Denen hatten die Nationalsozialisten noch wenige Jahre zuvor die Rückwanderung ins Deutsche Reich verboten, weil jahrhundertelang besiedeltes Gebiet von den Deutschstämmigen nicht aufgegeben werden durfte. Diese nach den Staatsgründungen Estlands, Lettlands und Litauens in den Jahren nach dem Ersten Weltkrieg für ihr deutsches Volkstum kämpfenden Menschen wurden nach dem Polenfeldzug 1939 der vorübergehenden Interessenabgrenzung zwischen Berlin und Moskau geopfert. In den eindreiviertel Jahren bis zum Beginn des Rußlandkriegs wurden im westlichen Polen – den eingegliederten Ostgebieten – etwa 370000 »Reichsdeutsche« und rund 350000 »Volksdeutsche« angesiedelt. Etwa gleich viele Polen und 500000 Juden – zusammen rund 1,2 Millionen polnische Bürger – waren deportiert worden, 1,7 Millionen »eindeutschungsfähige« Ansässige hatten die deutsche Staatsangehörigkeit erhalten. Etwa 6 Millionen Polen lebten, ihres Eigentums und ihrer Rechte beraubt und als billiges Arbeitskräftereservoir benutzt, in Erwartung der späteren Aussiedlung in den annektierten Gebieten. Ironischerweise sollte die nationalsozialistische Bevölkerungspolitik wenige Jahre später Bodenreform und Verstaatlichung im Nachkriegspolen erleichtern: die alten Eigentumsverhältnisse in Westpolen waren durch Expropriation restlos zerstört, die neuen Besitzer flohen 1945 nach Westen, oder sie wurden Opfer der Vertreibung, die früheren Eigentümer meldeten sich selten genug.[2] Die Umsiedlung der Polen wurde im September 1939 hastig und planlos begonnen, diesen ersten Aktionen fielen etwa 135000 polnische Bürger zum Opfer. Die im Dezember 1939 beginnenden planmäßigen Aussiedlungen waren freilich nicht weniger brutal und ebenso sinnlos. In ihrem Verlauf wurden bis Anfang 1941 etwa 800000 ins »Generalgouvernement« abgeschoben, nicht gerechnet diejenigen, die als Zwangsarbeiter nach Deutschland, ins »Altreich« deportiert wurden. Die vom NS-Regime vor allem im Warthegau und im Reichsgau Danzig-Westpreußen im Zuge der Germanisierungspolitik neu Angesiedelten waren weder der Zahl noch der beruflichen Qualifikation nach in der Lage, das entstandene Vakuum auszufüllen.

Im Generalgouvernement, dem mittleren und südlichen Teil Polens (Bezirke Warschau, Krakau, Radom und Lublin, 1941 kam noch Galizien dazu), der unter deutsche Herrschaft geraten war, wurde ein Regime installiert, das allein auf Terror und Ausplünderung der polnischen Ressourcen ausgerichtet war. Juristisch war das Generalgouvernement ein »Nebenland« des Deutschen Reichs, also eine Art Kolonie mit einem ähnlichen Status, wie ihn die »Resttschechei« seit März 1939 unter der Bezeichnung »Protektorat Böhmen und Mähren« hatte. Ein Unterschied lag darin, daß in Prag neben dem deutschen Reichsprotektor (der die Funktion eines Vertreters des »Führers und Reichskanzlers« und die Stellung eines Beauftragten der Reichsregierung hatte) ein tschechischer Staatspräsident als Galionsfigur beibehalten wurde.[3] In Krakau, dem Sitz des Generalgouverneurs Hans Frank, hatte man auf solche Attrappen von vorneherein verzichtet. Die Macht im Generalgouvernement hatten je länger desto mehr aber auch andere als Frank, nämlich die Schergen Himmlers, die im okkupierten Polen ein solches Schreckensregime der SS ausübten, daß es schließlich sogar dem Generalgouverneur, einem alten Nationalsozialisten, der schon am Münchener Hitlerputsch von 1923 teilgenommen hatte, grauste.[4]

Die Nah- und Fernziele der deutschen Herrschaft über Polen[5] konterkarierten sich nicht selten. Die Nahziele, die von der Administration des Generalgouverneurs, der Wehrmacht und dem Beauftragten für den Vierjahresplan verfolgt wurden, bestanden darin, alle Möglichkeiten und Reserven des Landes für die deutsche Kriegswirtschaft einzusetzen. Die SS, repräsentiert durch Himmlers Befehlsempfänger, die als »SS- und Polizeiführer« für die »Sicherheit« im Lande zuständig waren, verfolgte ihre rassistischen Fernziele. Durch die Germanisierungspolitik der SS sollte der deutsche Lebensraum weit in den Osten vorgeschoben werden, auf Kosten der Fremdvölkischen, die je nachdem ermordet, deportiert, versklavt wurden. Gegen sechs Millionen polnischer Bürger fielen der deutschen Herrschaft im Zweiten Weltkrieg zum Opfer; das heißt: jeder fünfte Einwohner kam ums Leben durch Mord – das galt insbesondere für den jüdischen Teil der Bevölkerung und für Angehörige der polnischen Intelligenz – oder bei Deportationen zum Arbeitseinsatz ins Reich, bei Aussiedlungsaktionen, als Folge von Strafmaßnahmen oder als Opfer der Zustände.

Charakteristisch für die Methoden der Germanisierungspolitik war die Zamosc-Aktion. Himmler hatte, gegen den Widerstand der zivilen

deutschen Behörden in Krakau, im Juli 1942 die »Einsiedlung« von
27000 Volksdeutschen im Kreis Zamosc, dem ersten »deutschen
Großsiedlungsgebiet« im Generalgouvernement, angeordnet.[6] Im
November wurde der Befehl im Stil eines Überfalls ausgeführt. Tausende polnischer Bauern wurden zwangsevakuiert, um Platz für die
Volksdeutschen zu schaffen. Die katastrophalen Folgen der Aktion –
katastrophal in deutschen Augen, weil sich die Sicherheitslage ver-
schlechterte, die Ablieferungsquoten der Landwirtschaft zurückgin-
gen und der polnische Widerstand zunahm – wurden spät erkannt, im
Frühjahr 1943 wurden dann der deutschen Kriegs- und Rüstungswirt-
schaft zuliebe Experimente wie die Zamosc-Aktion eingestellt. An
den Planungen der Experten für die »Festigung deutschen Volkstums«
und der Fachleute für Rasse- und Siedlungsfragen im Stabe des
Reichsführers SS Himmler änderte sich aber nichts. Im Gegenteil.

Himmler hatte, wohl schon Ende des Jahres 1939, »einige Gedanken
über die Behandlung der Fremdvölkischen im Osten« zu Papier gebracht, die die Essenz der deutschen Germanisierungs- und Ostpolitik
enthielten. Am 28. Mai 1940 nahm Hitler von der Denkschrift Kenntnis und fand sie »sehr gut und richtig«, wie Himmler anschließend stolz
notierte. Das Papier, in dem die Gedanken, die Hitler in seinem Be-
kenntnisbuch »Mein Kampf« 1925/26 schon angedeutet hatte, fortge-
führt wurden, sollte nach Hitlers Willen nur einem kleinen Kreis von
Eingeweihten im Wortlaut bekannt werden. Das bedeutete nicht, daß
gegen die Umsetzung dieser Gedankengänge in Taten irgendwelche
Bedenken bestanden. Und tatsächlich wurden Himmlers Postulate in
der Praxis der Besatzungsjahre in vielem noch übertroffen. Die
Grundidee bestand darin, die Bevölkerung des Ostens zunächst in
möglichst viele Teile zu zersplittern und die in deutschen Augen »rassisch Minderwertigen« – das war die überwiegende Mehrheit – physisch und psychisch bis hin zum Genozid zu unterdrücken.

Gemeint war die Bevölkerung des Generalgouvernements, wenn
Himmler schrieb: »Eine grundsätzliche Frage bei der Lösung aller dieser Probleme ist die Schulfrage und damit die Frage der Sichtung und
Siebung der Jugend. Für die nichtdeutsche Bevölkerung des Ostens
darf es keine höhere Schule geben als die vierklassige Volksschule.
Das Ziel dieser Volksschule hat lediglich zu sein: Einfaches Rechnen
bis höchstens 500, Schreiben des Namens, eine Lehre, daß es ein gött-

liches Gebot ist, den Deutschen gehorsam zu sein und ehrlich, fleißig und brav zu sein. Lesen halte ich nicht für erforderlich. Außer dieser Schule darf es im Osten überhaupt keine Schule geben.« Das Ergebnis dieser Politik würde in der Vision des Heinrich Himmler folgendermaßen ausgesehen haben: »Die Bevölkerung des Generalgouvernements setzt sich dann zwangsläufig nach einer konsequenten Durchführung dieser Maßnahmen im Laufe der nächsten zehn Jahre aus einer verbleibenden minderwertigen Bevölkerung, die noch (vermehrt wird) durch abgeschobene Bevölkerung der Ostprovinzen sowie all der Teile des deutschen Reiches, die dieselbe rassische und menschliche Art haben (Teile z. B. der Sorben und Wenden), zusammen. Diese Bevölkerung wird als führerloses Arbeitsvolk zur Verfügung stehen und Deutschland jährlich Wanderarbeiter und Arbeiter für besondere Arbeitsvorkommen (Straßen, Steinbrüche, Bauten) stellen; sie wird selbst dabei mehr zu essen und zu leben haben als unter der polnischen Herrschaft und bei eigener Kulturlosigkeit unter der strengen, konsequenten und gerechten Leitung des deutschen Volkes berufen sein, an dessen ewigen Kulturtaten und Bauwerken mitzuarbeiten und diese, was die Menge der groben Arbeit anlangt, vielleicht erst ermöglichen.«[7]

Irgendwann 1940 oder 1941 hatte Himmler den Befehl zur Ausarbeitung einer Gesamtkonzeption gegeben, die den Rahmen der Germanisierungspolitik in den bereits annektierten und noch zu erobernden Ostgebieten zwischen Oder und Ural abstecken sollte. Das unter der Bezeichnung »Generalplan Ost« bekanntgewordene umfangreiche Dokument galt lange Zeit als verschollen.[8] An der Ausarbeitung, deren erste Fassung Mitte 1941 entstand, waren mehrere Dienststellen der SS beteiligt, bezeichnenderweise in erster Linie das Reichssicherheitshauptamt (RSHA) – das war die Zentrale aller Polizei- und Sicherheitsorgane des NS-Staats, Geheimdienst und Gestapo eingeschlossen – sowie das »Stabshauptamt des Reichskommissars für die Festigung deutschen Volkstums«. Das eigentliche Planen besorgte der SS-Standartenführer (der Rang entsprach dem eines Obersten der Wehrmacht) Konrad Meyer, Chef der Planungsabteilung des RSHA, der auch den Beruf eines Professors für Agrarwissenschaften ausübte.

Unter dem unverfänglichen Briefkopf des Instituts für Agrarwesen und Agrarpolitik der Universität Berlin sandte Meyer Ende Mai 1942 dem Reichsführer SS die befohlene Denkschrift »Generalplan Ost – Rechtliche, wirtschaftliche und räumliche Grundlagen des Ostaufbaus«.[9] Im ersten Teil des Elaborats waren die Grundzüge eines besonderen Bodenrechts in den deutschen Ostkolonien skizziert. Unter ausschließlicher Hoheit der SS sollte die Besiedlung auf »Lehenshöfen« erfolgen, die Verfügungsgewalt über Grund und Boden würde beim Deutschen Reich liegen, Himmler als Reichsführer SS bzw. als Reichskommissar für die Festigung deutschen Volkstums würde das Recht haben, Siedlungsgrund in der Form der »Belehnung« zu vergeben. Entsprechend dem postulierten Bodenmonopol war auch an eine besondere Verwaltungsstruktur in den neu eroberten oder noch zu erobernden – das hieß: vor allem in den ukrainischen, weißruthenischen und russischen – Gebieten gedacht. Wiederum unter der absoluten Hoheitsgewalt des Reichsführers SS sollten »Siedlungsmarken« gebildet werden, in denen jeweils unter der Leitung eines Markhauptmannes – »1. Siedlungspolitik und Planung, 2. Siedlerauslese und Einsatz, 3. Siedlungsdurchführung, 4. Verwaltung und Finanzierung« betrieben werden sollten.

Die Kosten des kühnen Projekts, das nach den Vorstellungen der Planer in fünf Fünfjahresabschnitten realisiert werden könnte, wurden mit 45,7 Milliarden Reichsmark errechnet; die Finanzierung erhofften sie sich u. a. durch Mittel des Reichshaushalts, durch »Tributleistungen der besiegten Gegner«, durch Kreditschöpfung und durch eine »Oststeuer«.

Als Siedlungsmarken waren zunächst das Ingermanland (das Petersburger Gebiet), der »Gotengau« (Krim und Chersongebiet) und das Memel- und Narewgebiet (Bezirk Bialystok und Westlitauen), außerdem 36 »Siedlungsstützpunkte« geplant. Unter der Überschrift »Menschenbesatz für die Eindeutschung der eingegliederten Ostgebiete« hieß es: »Die Eindeutschung wird als vollzogen angenommen, wenn einmal der Grund und Boden in deutsche Hand übergeführt worden ist, zum anderen, wenn die beruflichen (so!) Selbständigen, die Beamten, Angestellten, die gehobenen Arbeiter und die dazugehörigen Familien deutsch sind. Aufgrund der in den Raumordnungsskizzen niedergelegten Zielplanungen wird die ländliche Bevölkerung rund 2,9 Millionen Menschen, die städtische Bevölkerung etwa 4,3 Millionen Menschen betragen. Für die Eindeutschung wird auf dem Lande eine

Bevölkerungszahl von rund 1,8 Millionen, in der Stadt von etwa 2,2 Millionen deutscher Menschen für erforderlich gehalten.«[10] Dieser »Menschenbedarf« sollte aus dem Altreich, durch Umsiedler aus Übersee, durch »germanische Siedler« aus Europa und durch »Eindeutschungsfähige« in den besetzten Ostgebieten selbst gedeckt werden.

Welches Schicksal war in diesen Berechnungen aber den in den reklamierten Gegenden lebenden Völkern zugedacht, die dem nationalsozialistischen Rassenideal nicht entsprachen? Die Skala der Möglichkeiten, über die in deutschen Behörden und Planungsstäben nachgedacht wurde, reichte von Enteignung und Entrechtung mit Pflicht zur Sklavenarbeit für die neuen Siedler über Deportation – nach Sibirien – bis zur Ausrottung. In einer Sitzung im Februar 1942, bei der Experten und Vertreter der interessierten Dienststellen vor allem über das Problem der Eindeutschung in den baltischen Ländern debattierten, meinte ein Vertreter des Reichsministeriums für die besetzten Ostgebiete: »Es sei zu erwägen, ob nicht durch die Industrialisierung des baltischen Raumes zweckmäßigerweise die rassisch unerwünschten Teile der Bevölkerung verschrottet werden könnten.«[11] Der Ausdruck »verschrotten« war anscheinend auf Befremden gestoßen, sicherlich nicht wegen besonderer Zimperlichkeit der Leute, die sich mit der NS-Volkstumspolitik beschäftigten, sondern eher deswegen, weil für derlei Aktionen im Nazideutsch eigene Ausdrücke der Tarnung und Verharmlosung im Schwange waren wie »Endlösung« für den millionenfachen Mord an Juden. Mindestens für die baltischen Länder wurde aber auch die Methode der Ausrottung Unerwünschter selbst abgelehnt: Einige wollten sie durch zwangsweise oder freiwillige Evakuierung nach Rußland abschieben, andere träumten von einer Dreiklassengesellschaft, bei der die »Fremdvölkischen« im Lande bleiben konnten; die Deutschen wären die Herren, Esten und Letten würden eine Art Mittelschicht minderen Rechts und die Russen die Stellung von rechtlosem Arbeitskräftepotential haben.

Der Mann, in dessen Wortschatz die Vokabel »verschrotten« eine so makabre Rolle spielte, ein Jurist namens Wetzel, verfaßte im April 1942 eine ausführliche Stellungnahme zu dem im Vorbereitungsstadium befindlichen Generalplan Ost. Wetzel beschäftigte sich in mehrfacher Eigenschaft mit der Materie; er war ein wichtiges Rädchen im

Getriebe des Rassenpolitischen Amts der NSDAP, und er war Sonderdezernent für Rassenpolitik im Reichsministerium für die besetzten Ostgebiete, das im Sommer 1941 für Alfred Rosenberg, dem verschrobenen Parteiphilosophen und vielverspotteten NS-Ideologen, errichtet worden war. Das Reichsostministerium war keineswegs die Schaltstelle nationalsozialistischer Ostpolitik, und daß Rosenbergs Ministerium im Ämterchaos des Dritten Reiches keine entscheidende Rolle spielen konnte, dafür sorgten Himmler und Goebbels, Göring und Bormann in seltener Einmütigkeit.

Die Rivalitäten waren allerdings kein Indiz dafür, daß in der Rassen- und Volkstumspolitik Differenzen zwischen der SS und den Leuten vom Ostministerium bestanden hätten. Das zeigte sich auch in den Stellungnahmen Wetzels zum Generalplan Ost, die er für das Ostministerium verfertigte. »In seiner Zielsetzung, nämlich der beabsichtigten Eindeutschung der in Betracht kommenden Ostgebiete ist der Plan zu billigen«[12], schrieb Wetzel, der dann auf gewisse Mängel hinsichtlich der realistischen Einschätzung der Probleme aufmerksam machte: »Wie aus dem Plan hervorgeht, sollen 14 Millionen Fremdvölkische in dem Raum verbleiben. Ob diese jedoch innerhalb der vorgesehenen Zeit von 30 Jahren wirklich umgevolkt und eingedeutscht werden, erscheint mehr als zweifelhaft, da auch nach dem vorliegenden Plan die Anzahl der deutschen Siedler nicht gerade beträchtlich ist.« (Die Dreißigjahresperspektive war auf Drängen Himmlers in der späteren Version des Generalplans Ost verkürzt worden auf 25 Jahre, das war ihm aber immer noch nicht schnell genug, in zwanzig Jahren müßten die Ostgebiete eingedeutscht sein, schrieb der Chef der SS im Juni 1942.) Das Hauptproblem bei diesen Sandkastenspielen mit Völkern und Territorien schien den Verantwortlichen in der Weckung und Stärkung des Siedlungstriebs (der Drang in den Osten war nämlich, wie sich schon bei der Eindeutschung des Warthegaus zeigte, bei der Bevölkerung des Deutschen Reiches gar nicht so stark) und in der Förderung des Willens zum Kinde zu liegen. Mit anderen Worten: Das »Volk ohne Raum« drängte bei weitem nicht so heftig in neue Siedlungsräume, wie das die Propagandisten des Nationalsozialismus verkündeten und wie es die Vollstrecker des Germanisierungswahns wünschten.

Ungeachtet dieser Tatsachen zerbrach sich der Vertreter des Ostministeriums den Kopf darüber, was mit den Menschen geschehen sollte, die man aus ihrer Heimat zu vertreiben gedachte. Er kam hinsichtlich der Polen zu folgendem Ergebnis: »Im Ostministerium interessiert nun aber ganz besonders die Frage, wo die rassisch unerwünschten Polen verbleiben sollen. Mehr oder minder 20 Millionen Polen in Westsibirien zwangsweise geschlossen anzusetzen, bedeutet zweifellos eine ständige, kompakte Gefahr des sibirischen Raumes, ein Herd ständigen Aufruhrs gegen die deutsche Ordnungsmacht... Daß man die Polenfrage nicht in dem Sinne lösen kann, daß man die Polen, wie die Juden, liquidiert, dürfte auf der Hand liegen. Eine derartige Lösung der Polenfrage würde das deutsche Volk bis in die ferne Zukunft belasten und uns überall die Sympathien nehmen, zumal auch die anderen Nachbarvölker damit rechnen müßten, bei gegebener Zeit ähnlich behandelt zu werden... Mehrere Millionen der uns gefährlichsten Polen im Wege der Auswanderung in Südamerika, insbesondere Brasilien unterzubringen, erscheint nicht unmöglich. Hierbei könnte man evtl. die Südamerikadeutschen, insbesondere die Deutschen aus Südbrasilien austauschweise zurückzuholen versuchen und sie in den neuen Siedlungsgebieten evtl. in Taurien und der Krim bezw. im Dnjeprbogen ansetzen... Eine Verbreitung des Polentums in Südamerika dürfte, insbesondere, wenn sich die Auswanderung nach Brasilien erstrecken sollte, keine erhebliche politische Gefahr bedeuten, da dem fanatischen katholischen Klerus in Brasilien verhältnismäßig leicht die Umvolkung der katholischen Polen gelingen sollte.«[13]

Mit gleichem Scharfsinn und unter Anwendung der gleichen rassebiologischen Phrasen wurde auch untersucht, wie die Ukrainer, die Weißruthenen, die Russen zukünftig, nach dem Verlust ihrer Heimat, zu behandeln seien, und dabei kam der Vertreter des Ostministeriums auch etlichen Ungereimtheiten des SS-Konzeptes auf die Spur, wobei er freilich die Abstrusitäten des Generalplans Ost mühelos durch eigene Phantasiegebilde zu übertrumpfen wußte.

Aber auch Himmler war mit dem Elaborat, als es ihm im Juni 1942 vorgelegt wurde, nicht recht zufrieden. Insgesamt gefalle ihm der Plan ganz gut und gelegentlich wolle er ihn auch dem Führer geben, schrieb er an den formal zuständigen SS-Gruppenführer Greifelt[14], aber er sei teilweise falsch verstanden worden: In dem Zwanzigjahresplan müsse die totale Eindeutschung von Estland und Lettland sowie des gesamten Generalgouvernements enthalten sein. Der Vorschlag, nur mit Stützpunkten zu arbeiten, gefiel Himmler ebenfalls nicht. Er stellte sich die Germanisierung des Ostens flächendeckend vor.

Von diesen Visionen und Wunschträumen, bei deren Realisierung ganze Völker vertrieben, versklavt, vernichtet werden sollten, ließen die Anhänger des Germanisierungswahns auch nicht ab, als sich das Kriegsglück längst gewendet hatte. Am 3. August 1944 verkündete Himmler bei einer Gauleitertagung in Posen, unter stürmischem Beifall der Funktionäre des NS-Regimes, wie es weitergehen würde im Osten: »Über das Problem, daß wir die Hunderttausende von Quadratkilometern oder die Million Quadratkilometer, die wir verloren haben, im Osten wieder holen, brauchen wir uns überhaupt gar nicht zu unterhalten. Das ist ganz selbstverständlich. Das Programm ist unverrückbar. Es ist unverrückbar, daß wir die Volkstumsgrenze um 500 km herausschieben, daß wir hier siedeln. Es ist unverrückbar, daß wir ein germanisches Reich gründen werden. Es ist unverrückbar, daß zu den 90 Millionen die 30 Millionen übrigen Germanen dazukommen werden, so daß wir unsere Blutbasis auf 120 Millionen Germanen vermehren. Es ist unverrückbar, daß wir die Ordnungsmacht auf dem Balkan und sonst in Europa sein werden, daß wir dieses ganze Volk wirtschaftlich, politisch und militärisch ausrichten und ordnen werden. Es ist unverrückbar, daß wir diesen Siedlungsraum erfüllen, daß wir hier den Pflanzgarten germanischen Blutes im Osten errichten, und es ist unverrückbar, daß wir eine Wehrgrenze weit nach dem Osten hinausschieben. Denn unsere Enkel und Urenkel hätten den nächsten Krieg verloren, der sicher wieder kommen wird, sei es in einer oder in zwei Generationen, wenn nicht die Luftwaffe im Osten – sprechen wir es ruhig aus – am Ural stehen würde. Wer für den künftigen Luftkrieg nicht einen Spielraum von 2000, 3000 km hat, der hat den nächsten Krieg verloren. Außerdem finde ich es wunderbar, wenn wir uns heute schon darüber klar sind: Unsere politischen, wirtschaftlichen, menschlichen, militärischen Aufgaben haben wir in dem herrlichen Osten. Wenn es den Kosaken geglückt ist, sich für den russischen Zaren bis ans Gelbe Meer durchzufressen und das ganze Gebiet allmählich zu erobern, dann werden wir und unsere Söhne es in drei Teufels Namen fertigbringen, Jahr für Jahr, Generation für Generation unsere Bauerntrecks auszurüsten und von dem Gebiet, das wir zunächst hinter der militärischen Grenze haben, immer einige hundert Kilometer zunächst mit Stützpunkten zu versehen und dann allmählich flächenmäßig zu besiedeln und die anderen herauszudrängen. Das ist unsere Aufgabe.«[15]

Das war im August 1944, im gleichen Monat, in dem die Rote Armee Ostpreußen erreichte. Wenig später begann die Flucht aus den Ostgebieten, begann – im Oktober 1944 – der Leidensweg der Volksdeutschen aus Nord-Siebenbürgen und Ungarn, die auf Anordnung aus Berlin zunächst nach Schlesien und nach Österreich evakuiert wurden, begann der Exodus der Deutschen aus dem Memelland und aus Ostpreußen nach Pommern.

Zu dieser Zeit stand auf seiten der Alliierten auch längst fest, daß Polen in der Nachkriegszeit auf deutsche Kosten entschädigt werden sollte, und zwar nicht nur für die Gebietsverluste, die es im Osten zugunsten der Sowjetunion hinnehmen mußte, sondern darüber hinaus sollte nach dem Willen der Alliierten das deutsch-polnische Problem durch die Vertreibung aller Deutschen aus Polen – auch aus dem künftigen polnischen Territorium – radikal gelöst werden. Angesichts der deutschen Herrschaft auf polnischem Boden und der deutschen Besatzungspolitik 1941–1944 in Rußland[16] waren Regungen des Mitleids für die künftigen Opfer der Vertreibung unwahrscheinlich. Der Aufstand der Polen in Warschau, der im August 1944 begann und den die Wehrmacht und die Waffen-SS unter den Augen der Gewehr bei Fuß stehenden Roten Armee zwei Monate später endgültig niederschlugen, war eine der letzten Stationen des deutschen Terrorregimes in Polen. Der nationalsozialistische Drang nach Osten und die Methoden, mit denen er für kurze Zeit verwirklicht wurde, zerstörten auch die Grundlagen des Zusammenlebens der deutschen Volksgruppen in Rumänien, in Ungarn, in der Tschechoslowakei, in Jugoslawien und in Rußland mit ihrer Umgebung. Die nationalsozialistische Politik war Ursache des Unglücks, das am Ende des Zweiten Weltkriegs über die Opfer von Flucht und Vertreibung hereinbrach.

Das Konzentrationslager als Experimentierfeld
oder: Die Karriere des Dr. med. Sigmund Rascher

Am 15. Mai 1941 erhielt Heinrich Himmler, der »Reichsführer SS«
und in dieser Eigenschaft Herr über Leben und Tod der Häftlinge in
den Konzentrationslagern, einen Brief. Darin wurde ihm für Glück-
wünsche und Blumen anläßlich der Geburt eines Kindes (des zweiten
Sohnes des Briefschreibers) gedankt, aber auch dafür, daß Himmler
bei der noch bevorstehenden Eheschließung des stolzen Vaters hilf-
reich Hand anlegen wollte, u. a. durch die Gewährung von Geld. Von
großzügigen regelmäßigen Obstzuweisungen für Mutter und Kind war
noch in Dankbarkeit die Rede, ehe der Schreiber zur Sache kam:
»Zur Zeit bin ich nach München zum Luftgaukommando VII kommandiert für einen ärztlichen Auswahlkurs. Während dieses Kurses, bei
dem die Höhenflugforschung eine sehr große Rolle spielt, – bedingt
durch die etwas größere Gipfelhöhe der englischen Jagdflugzeuge –
wurde mit großem Bedauern erwähnt, daß leider noch keinerlei
Versuche mit Menschenmaterial bei uns angestellt werden konnten,
da die Versuche sehr gefährlich sind und sich freiwillig keiner dazu
hergibt. Ich stelle darum ernsthaft die Frage: besteht die Möglichkeit,
daß zwei oder drei Berufsverbrecher zu diesen Versuchen von Ihnen
zur Verfügung gestellt werden können? Die Versuche werden angestellt in der ›Bodenständigen Prüfstelle für Höhenforschung der Luftwaffe‹ in München. Die Versuche, bei denen selbstverständlich die
Versuchspersonen sterben können, würden unter meiner Mitarbeit
vor sich gehen. Sie sind absolut wichtig für die Höhenflugforschung
und lassen sich nicht, wie bisher versucht, an Affen durchführen, da
der Affe vollständig andere Versuchsverhältnisse bietet. Ich habe mit
dem Vertreter des Luftflottenarztes, der diese Versuche durchführt,
absolut vertraulich in diesbezüglicher Richtung gesprochen, und dieser ist ebenfalls der Meinung, daß die in Frage kommenden Probleme
nur auf dem Wege des Menschenversuches geklärt werden können.

(Es können als Versuchsmaterial auch Schwachsinnige Verwendung finden.)«[1]

Absender des Briefes, um dessen Familienglück sich der Reichsführer SS offensichtlich regelmäßig kümmerte, war Dr. med. Sigmund Rascher, damals 32 Jahre alt. Der junge Arzt war ehrgeizig und bestrebt, Verbindungen wie die zu Heinrich Himmler auszunützen. Gegenstand seines Ehrgeizes war wohl eine wissenschaftliche, weniger eine ärztliche Karriere. Ob sein Gedächtnis schlecht war oder ob er mit der Wahrheitsliebe Probleme hatte, – es gab jedenfalls Widersprüche im Lebenslauf und in den Personalakten. Sie waren geringfügig, weil es nichts zu verbergen, allenfalls einiges zu verschönern oder zu stilisieren gab. Er habe »eine sehr harte Jugend« gehabt und das Medizinstudium »unter Entbehrungen« – als Werkstudent, durch Koffertragen – absolviert.[2]

Die NSDAP registrierte in der Zentralkartei folgende Daten von und über Sigmund Rascher: Geboren am 12. Februar 1909 in München als drittes Kind des praktischen Arztes Dr. Hanns August Rascher, hatte er 1930 oder 1931 – die Angaben widersprechen sich in zwei handschriftlichen Lebensläufen, die überliefert sind – in Konstanz Abitur gemacht und dann in Freiburg das Medizinstudium begonnen. Hier trat Sigmund Rascher im Frühjahr 1933 der NSDAP bei. Wegen des genauen Zeitpunkts gab es zwei verschiedene Auffassungen, die in der Sache ganz unerheblich waren; nicht einmal einen Vorteil bot die Version des »Märzgefallenen« Rascher gegenüber der Zentralkartei der NSDAP, aber Rascher bestand hartnäckig darauf (und schrieb es immer wieder in Fragebogen u. a. Dokumente), er sei am 1. März 1933 Parteigenosse geworden, während die ihn als Mitglied Nr. 3092414 verwaltende Stelle unter dem Eintrittsdatum 1. Mai 1933 führte und seine Rückdatierungswünsche abwies. Hintergrund des Ansinnens war noch nicht mehr als der Übereifer eines Querulanten, der zu blindem Aktionismus neigte und auf jeden Fall Erfolg haben wollte.

Nach dem Physikum setzte Rascher das Studium in Basel fort, wo sein geschiedener Vater lebte. In der Schweiz leistete der Medizinstudent 1934 drei Monate freiwilligen Arbeitsdienst – eine Tatsache, die an und für sich ganz belanglos wäre, wenn Rascher nicht darauf bestanden hätte, sie immer wieder als positives Detail in seinem für amtliche Stellen verfaßten Curriculum vitae zu erwähnen. Im Oktober 1934 ging

Rascher nach München, wo er 1936 das medizinische Staatsexamen ablegte und promovierte. Im Mai des gleichen Jahres trat er der SA bei, wo er es bis 1939, als er zur SS überwechselte, zum Rottenführer (das entsprach dem Gefreiten bei der Wehrmacht) brachte. Als Indiz für besonderes Engagement im Nationalsozialismus und seinen Organisationen kann man Raschers Aktivität in der NSDAP und der SA nicht werten, die Mitgliedschaft war sicherlich eher als flankierende Maßnahme für eine berufliche Karriere im medizinisch-wissenschaftlichen Bereich gedacht.[3]

Rascher hatte, unterstützt durch Stipendien der »Notgemeinschaft der deutschen Wissenschaft« bei Professor Trumpp im Pathologischen Institut der Universität München über das Thema »Ist eine Beeinflussung verschiedener Kristallisationsmedien durch organische Zusätze soweit möglich, daß diese Veränderungen zu diagnostischen Zwecken verwertbar sind?« gearbeitet. Ergebnisse und Zwischenberichte aus diesen Forschungen hatte die Münchner Medizinische Wochenschrift 1936 und 1938 gedruckt, es schien, als wären die Beobachtungen für die Krebs-Diagnose von Wert.[4]

1935/36 war Rascher Volontär-Assistent an der Chirurgischen Universitätsklinik, 1936 bis 1939 unbezahlter Assistent in der Chirurgie des Schwabinger Krankenhauses in München. Für die Forschungs-Ambitionen des noch auf der untersten Sprosse der medizinischen Karriere-Leiter Stehenden hatte man dort natürlicherweise wenig Verständnis, zumindest fehlte es an unterstützender Begeisterung.

Es fanden sich freilich andere und weitreichende Förderungsmöglichkeiten für den ehrgeizigen Jungarzt. Seine Freundin, die ehemalige Sängerin Karoline Diehl, geborene Wiedemann, seit 1929 verwitwet, nach eigener Angabe knapp sechs Jahre älter als Rascher und schon ein wenig verblüht, »Nini« Diehl also war mit dem Reichsführer SS bekannt und brachte ihren Geliebten im Frühjahr 1939 mit Heinrich Himmler in Verbindung. Woher Frau Diehl ihn kannte, ist nie ganz geklärt worden, sie habe Himmler während der »Kampfzeit der Bewegung« Obdach geboten und ihn wohl überhaupt sehr für sich eingenommen, heißt es in verschiedenen Quellen.[5] Fest steht jedenfalls, daß Himmler ein offenes Ohr und offene Hände hatte für das Paar.

So verfügte er nach dem zweiten unehelichen Kind der beiden monatliche Überweisungen von 165,– RM, das entsprach der Witwenrente der Nini Diehl, wegen der sie nicht geheiratet hatten. Regelmäßig ließ der Reichsführer SS auch Pakete mit allerlei Liebesgaben an die Raschers senden, vor allem Obst, Schokolade und andere Raritäten für die wachsende Kinderschar. Frau Rascher revanchierte sich durch häufige Briefe, in denen sie aber nicht nur vom Gedeihen der Familie berichtete, immer flocht sie auch Bitten und Wünsche zur Förderung der Karriere ihres Mannes ein. Regelmäßig erfreute sie Himmler auch mit Fotos der Kinder (von einem Gruppenbild der drei Buben vom Jahrgang 1939, 1941 und 1942 war er so angetan, daß er es an die zuständige Stelle weitergab mit der Anregung, es in einem der für die Schulung bestimmten »SS-Leithefte« abzudrucken).[6] Die geschäftstüchtige Frau Rascher war aber, wie aus ihrer Korrespondenz mit Himmler und seiner Dienststelle »Persönlicher Stab Reichsführer SS« hervorgeht, auch selbst tätig, und zwar in der Bespitzelung von Würdenträgern der katholischen Kirche, wobei sie Beziehungen im Vatikan aus früheren Tagen nutzen konnte.[7]

Ende April 1939 bekam Dr. Rascher zum ersten Mal Gelegenheit, den Reichsführer SS persönlich zu sprechen und für seine Studien zu interessieren. Himmler, der an der TH München ein Diplom in Landwirtschaft erworben hatte, verfügte ja über beträchtlichen Missionseifer auf wissenschaftlichem Gebiet und war allezeit geneigt, Außenseiter und Künder alter wie neuer Heilslehren zu fördern. Homöopathen und Vorgeschichtsforscher, Runenkundler und Rassebiologen, Okkultisten und Obskuranten interessierten ihn mit den seltsamsten Projekten, und er selbst dachte sich »wissenschaftliche« Fragestellungen aus, regte an, ermunterte die Tüftler und pflog Gedankenaustausch mit ihnen. Er hatte vielfältige Möglichkeiten, Forscher und Erfinder zu unterstützen, und er tat es in eigenartiger Mischung von weltfremdem Idealismus und nüchternem Zweckmäßigkeitsdenken. Rascher war bei Himmler also an der richtigen Adresse.[8]

Am 1. Mai 1939 legte Rascher ein Papier vor, betitelt: »Denkschrift über die Ausarbeitung und Lösung einiger, vom Reichsführer SS in der Unterredung vom 24. April 1939 gestellter Aufgaben.« Fünf Probleme aus dem Bereich der Krebsforschung, so war es besprochen worden, sollten gelöst werden, nämlich erstens die Nachprüfung der kristallografischen Karzinomdiagnose »an großem Material«, zweitens sollten mit weißen Mäusen Fütterungsversuche zur experimentellen Erzeugung von Krebs veranstaltet werden, drittens wollte Himmler mit Raschers Hilfe herausbekommen, ob bei Haus- und Feldratten ein ohne menschliche Hilfe übertragbarer Krebs zu erzeugen sei, der zur Rattenbekämpfung dienen könne, viertens wollte der Chef der SS (der vor seiner politischen Karriere auch einmal Vertreter von Kunstdünger gewesen war) eine »Statistik ausgearbeitet haben über die Karzinomsterblichkeit in bestimmten Gebieten des Reiches, wie in abgelegenen Alpendörfern, Bayerischem Wald, Memelgebiet, mitteldeutschen und pommerschen Landgebieten, sowie in Industriegebieten des Altreichs im Zusammenhang mit der Menge des verwendeten Kunstdüngers in der Landwirtschaft«. Und fünftens sollte Rascher erforschen, ob in diesen Gebieten das Vorkommen von Krebs bei Kühen »in irgendeinem zahlenmäßig erfaßbaren Zusammenhang mit der verwendeten Kunstdüngermenge« stehe. Bei umfangreichen Reisen sollten Kontakte zu Standesämtern und Kirchenbuchführern gehalten, Rundfragen bei Tierärzten veranstaltet und Ortsbauernführer über die Menge des verwendeten Kunstdüngers befragt werden.

Ob die Fragestellungen an sich vernünftig waren, wie dilettantisch die Versuchsanordnungen oder wie unzulänglich die Methoden waren, mit denen Rascher vorgehen wollte, dies alles steht hier nicht zur Debatte. Symptomatisch und bemerkenswert war jedoch ein Satz in der Denkschrift, der lautete: »Nach Wunsch des Reichsführers SS ist die Auskristallisation des Blutes solcher Personen, welche lebenslänglich im KZ-Lager untergebracht sind, durchzuführen, um bei Auftreten von Ka(rzinom-)Zeichen im Blutbild eine sich über Jahre erstreckende Gesundheitskontrolle dieser Personen durchführen zu können, um das Auftreten von Karzinom bei diesen Menschen zu erfassen, um eine fragliche Frühdiagnose zu beweisen.«[9]

Suchte Rascher beim Chef der SS und Herrn über die Konzentrationslager nicht nur die Protektion durch einen der Mächtigen im Staat, sondern darüber hinaus gerade nach der Möglichkeit, Versuche an Menschen durchzuführen? Oder hat Himmler, der so normal und spießig wirkende Buchhaltertyp, ganz gezielt nach einem ehrgeizigen, skrupellosen und blind erfolgswilligen Werkzeug für die Realisierung beliebiger monströser Ideen gesucht und ein solches in Rascher gefunden? Jedenfalls ergänzten sich die Ambitionen des Mächtigen und die des Strebsamen, und mit der Unterredung im April 1939 begann ein wüstes Kapitel der Medizingeschichte und zugleich der Geschichte der Verfolgung und Vernichtung im nationalsozialistischen KZ-System.[10]

Dr. med. Sigmund Rascher zeigte sich aber nicht nur servil, sondern auch geschäftstüchtig und pedantisch. Die zur Lösung der mit Himmler verabredeten Aufgaben notwendigen Gerätschaften und Materialien hatte Rascher in seiner Denkschrift genau aufgeführt. Die Liste reichte vom destillierten Wasser (50 Liter) und 50 Gramm Schellack und 1 Paar Arbeitsgummihandschuhen zu den Käfigen für die weißen Mäuse, zur Reiseschreibmaschine. Als Assistentin wünschte sich Dr. Rascher die schon bisher in seinem Labor im Schwabinger Krankenhaus beschäftigte Julie (»Lulu«) Muschler. (Sie lebte im Haushalt des Paares Diehl-Rascher, Frau Diehl kannte sie von klein auf, sie waren wie Geschwister miteinander aufgewachsen. Im Dezember 1943 verschwand sie bei einem Aufenthalt in der Berghütte der Raschers unter so mysteriösen Umständen, daß die Raschers, als die Leiche im Frühjahr 1944 im Gebirge aufgefunden wurde, unter Mordverdacht gerieten.) Das Exposé schloß mit der Bemerkung, die »Regelung der Gehaltsfrage für mich und die Assistentin wird, wie mir Herr Professor Wüst mitteilte, durch die Beauftragten des Reichsführers SS für das ›Ahnenerbe‹ erledigt werden«.[11]

Die »Lehr- und Forschungsgemeinschaft Ahnenerbe« war ein unter Himmlers Präsidentschaft stehender Verein (ab 1942 wurde er als eigenes Amt in die Behörde »Persönlicher Stab des Reichsführers SS« eingegliedert), der sich ursprünglich vor allem mit Themen aus der germanischen Vorgeschichte, der deutschen Volkskunde und einer »arischen Kultur- und Sprachwissenschaft« befaßte, allmählich auch naturwissenschaftliche Projekte betrieb und schließlich, auf dem Höhepunkt seines Wirkens, in rund vierzig Abteilungen von der Hochschulpolitik bis zur praktizierten Germanisierungsideologie in den besetzten Gebieten agierte.

Das »Ahnenerbe« bot Himmler aber auch die Möglichkeit, wissenschaftliche Spekulanten, Astrologen, autodidaktische Mondforscher und Verkünder der Welteislehre zu fördern und jene Art Geisteswissenschaft zu protegieren, die im Grenzgebiet von Mythos und Geschichte germanisches Erbe (oder was Himmler dafür hielt) ans Tageslicht holte. Stand das Ahnenerbe unter seinem Kurator, dem zunächst durchaus renommierten Professor der Indogermanistik Walther Wüst und dem Reichsgeschäftsführer Wolfram Sievers – er war der Organisator und Verbindungsmann zu Himmler –, bis zum Kriegsanfang thematisch in Konkurrenz zu Alfred Rosenbergs Aktivitäten und Organisationen, so entwickelte die Institution als Forschungs-Akademie der SS auf dem Gebiet der Medizin und Rassebiologie eigene Spezialitäten, die Himmlers Neigungen entsprachen und in beiden Zweigen, Volksmedizin und Experimentalmedizin, wucherten. Ab etwa 1939 kamen kriegs- und rüstungsrelevante Projekte hinzu, die im »Institut für wehrwissenschaftliche Zweckforschung« organisiert waren.[12]

In diese »Lehr- und Forschungsgemeinschaft der SS« wurde Sigmund Rascher mit Wirkung vom 1. Mai 1939 aufgenommen, aber allerlei Widrigkeiten bremsten vorerst noch den Höhenflug des Mediziners. Es gab Probleme, Laboratoriumsräume zu finden. Im Schwabinger Krankenhaus zeigte man Rascher zunächst die kalte Schulter; zwei Räume fanden sich dann in der Pathologie der Universität, zunächst aber wurde in der Wohnung seiner Freundin Nini Diehl in der Trogerstraße, in der auch Rascher lebte, geforscht. In einem Brief Himmlers an Rascher Mitte Mai 1939 bestätigte der Reichsführer SS ausdrücklich, daß die Forschungen in seinem Auftrag erfolgten, daß daher selbstverständlich »die anfallenden Licht- und Wasserkosten von der Forschungsgemeinschaft ›Das Ahnenerbe‹ beglichen« würden. Himmler versicherte auch, daß die gegen Rascher erhobenen Vorwürfe, er habe sich kommunistisch betätigt, untersucht und als völlig unbegründet zurückgewiesen worden seien. Rascher, der häufig Probleme mit seiner Umgebung hatte, weil er aus Unsicherheit und Geltungsbedürfnis zu Prahlerei und Arroganz gegenüber Kollegen und Untergebenen, aber zur Servilität gegenüber Höhergestellten neigte, hatte einmal Bemerkungen gemacht, die jemand als Ausdruck kommunistischer Gesinnung denunziert hatte. In Denunziationsaffären war Rascher immer wieder verwickelt, meist spielte er jedoch den aktiven Part dabei. Er wußte sich gegebenen Verhältnissen erst anzupassen, ehe er sie zu seinen Gunsten zu nutzen trachtete, er quengelte wehleidig, wenn er etwas von seinem Protektor Himmler brauchte, aber er war überhaupt nicht zimperlich, wenn es um die Schwächen anderer ging. Übergroßes Geltungsbedürfnis bescheinigten ihm auch

Nahestehende. Aber auch mäßige Intelligenz, wirrer Aktionismus, geringes Urteilsvermögen und wucherische Gesinnung wurden als charakteristisch für Rascher genannt.[13]

Den sehnsüchtig erwarteten Ausweis zum Betreten des Konzentrationslagers Dachau erhielt Rascher im Juni. Da er jetzt festangestellter und besoldeter Mitarbeiter des Ahnenerbes war, erwartete man, wie Sturmbannführer Sievers ihm mitteilte, seinen baldigen Eintritt in die SS. Er folgte der Aufforderung begeistert und wurde am 1. Oktober unter Beförderung zum SS-Untersturmführer (das entsprach dem Rang eines Leutnants) aufgenommen.

Im Mai 1939 war Rascher aber schon zur Luftwaffe eingezogen worden – Wehrübungen hatte er bereits absolviert – und tat ab August 1939 als Stabsarzt der Reserve Dienst in der Flak Artillerie Schule Schongau. Die Zugehörigkeit zur Luftwaffe und die gleichzeitige Mitgliedschaft in der Allgemeinen SS führten in der Folgezeit immer wieder zu Unzuträglichkeiten, die erst 1943 endeten, als Rascher nach Intervention des Chefs von Himmlers persönlichem Stab beim Generalfeldmarschall Milch auch formell der Waffen-SS überstellt wurde. In der Luftwaffe war man, wie einem Aktenvermerk zu entnehmen ist, nicht nur froh, Rascher loszuwerden, weil man ihn für »einen Stänkerer« hielt, man wollte offensichtlich auch nichts mehr mit den Versuchen zu tun haben, die er bislang unter Protektion Himmlers, aber auch unter der formellen Zuständigkeit der Luftwaffe durchgeführt hatte.[14]

Mit diesen Versuchen hatte Rascher sein Renommee bei Himmler begründet, denn die im Frühjahr 1939 verabredete Krebsforschung war seit Kriegsbeginn nur auf äußerster Sparflamme betrieben worden. Fräulein Muschler, Raschers Nenncousine und technische Assistentin, besorgte zusammen mit der Geliebten Nini Diehl das Labor in der Trogerstraße, holte einmal in der Woche Häftlingsblut aus Dachau[15], und Rascher kümmerte sich, soweit sein Dienst bei der Luftwaffe es zuließ, auch selbst noch um das Projekt. Den eigentlichen Ambitionen stand der Luftwaffendienst jedoch arg im Wege, vor allem die gelegentlichen Frontkommandos waren hinderlich.

Die positive Reaktion Himmlers auf seinen Vorschlag im Frühjahr 1941, »Berufsverbrecher« im Lager Dachau als Versuchspersonen zu benützen, öffnete dem ehrgeizigen Mediziner dann endlich den Weg zur Entfaltung.

Zur Bekämpfung der außerhalb der Reichweite der deutschen Luftwaffe fliegenden britischen Jagdflugzeuge sollte ein deutscher Jäger
mit einer Steigfähigkeit bis zu 18000 Metern entwickelt werden; in
der Höhenflugforschung waren daher Erkenntnisse über die physio-
logischen Reaktionen der Piloten in großen Höhen wichtig. Die Flug-
mediziner wollten herausbekommen, was bei ungenügender oder
versagender Sauerstoffzufuhr in großen Höhen mit den Piloten pas-
sierte. Dazu waren Freiwillige – Fliegerärzte und Flieger – in die Unterdruckkammer des »Fliegermedizinischen Instituts der Deutschen
Versuchsanstalt für Luftfahrt e. V.« in Berlin gestiegen. Außerdem
hatte man auch Tierversuche mit Affen durchgeführt. Neben dem
Berliner Institut war in München das Institut für Luftfahrtmedizin,
geleitet von Oberfeldarzt Professor Dr. Georg August Weltz, als Einrichtung der Luftwaffe mit solchen Forschungen beschäftigt. An dieses Institut wurde Dr. Rascher im November 1941 kommandiert.
Er hatte als Günstling Himmlers eine Schlüsselstellung im Programm
der Höhenversuche sowohl des zivilen Berliner Fliegermedizinischen
Instituts, das in allererster Linie Zweckforschung für die Kriegstech-
nologie, wie des Münchner Instituts, das vor allem Grundlagenfor-
schung betrieb. Für die Höhenversuche hatten sich beide zusammen-
getan. Aus Berlin delegierte der Direktor Dr. Siegfried Ruff seinen
Mitarbeiter Dr. Hans Wolfgang Romberg, in München beauftragte
Professor Weltz seinen Mitarbeiter Rascher. Nachdem der Sanitätsin-
spekteur der Luftwaffe, Professor Erich Hippke, im Sommer 1941 den
Humanversuchen an Häftlingen des Konzentrationslagers Dachau zu-
gestimmt hatte – Himmler war Raschers Anregung ja umgehend gefolgt und hatte sie genehmigt – trafen sich die beteiligten Mediziner
Weltz, Ruff, Romberg und Rascher zu einer Besprechung in Mün-
chen, in deren Verlauf sie zusammen mit dem Adjutanten Schnitzler
von der Reichsführung SS das KZ Dachau besuchten, um mit dem
Kommandanten das weitere zu besprechen.[16]
Im Nürnberger Tribunal, das im »Ärzteprozeß« am 20. August 1947
Hans Wolfgang Romberg, Siegfried Ruff und Georg August Weltz
freisprach, kamen die Motive der Menschenversuche ausführlich zur
Sprache. Professor Weltz hatte dargelegt, warum es trotz genügender
Freiwilligenmeldung aus dem Kreise der Luftwaffe anscheinend nicht
möglich war, die Versuche auch auf freiwilliger Basis durchzuführen:

Kriegsbedingte Überlastung des Personals und Unabkömmlichkeit
der Piloten, die dazu bereit gewesen wären. Auf die Frage, ob er nicht
Bedenken gehabt hätte, an Häftlingen zu experimentieren, antwor-
tete Dr. Ruff im Nürnberger Ärzteprozeß: »Juristische Bedenken
hatte ich keine, denn ich wußte, daß der Mann, der die Genehmigung
zu diesen Versuchen von staatsseite aus gegeben hatte, Himmler war.
Himmler war damals im Innenministerium, er war Chef der Deutschen Polizei und das höchste Exekutivorgan des Staates. Also nach
dieser Richtung hatte ich keinerlei Bedenken. Etwas anderes ist, sagen wir einmal, nach der ärztlich-ethischen Seite. Hier war das Angebot für uns, an Häftlingen Versuche durchzuführen, etwas völlig
Neues, so daß sowohl ich, als auch Dr. Romberg, uns mit diesem Gedanken erst mal vertraut machen mußten.«[17]
Schlimm genug, daß die Ärzte sich in obrigkeitsgläubiger Bescheidung
damit zufriedengaben, daß Himmler die Erlaubnis gegeben hatte – die
Frage, ob er das konnte und durfte, stellte sich ihnen vielleicht gar
nicht, aber die ärztliche Moral schien ihnen das Experimentieren an
Häftlingen nicht zu verbieten. Professor Weltz berief sich auf Versuche, die 1915 in einem amerikanischen Gefängnis stattgefunden hatten. Damals waren zwölf Verbrecher im US-Staat Mississippi als Pro-
banden bei Versuchen zur Bekämpfung der Vitaminmangelkrankheit
Pellagra benutzt worden. Sie hatten sich freiwillig gemeldet, und sie
waren zur Belohnung anschließend freigelassen worden. Die in einem
verbreiteten populärwissenschaftlichen Buch geschilderten Versuche
waren allerdings kaum vergleichbar mit der Situation, in der die Experimente in Dachau und in anderen KZ des NS-Staats stattfanden:
Ganz abgesehen davon, daß die Häftlinge Himmlers weder nach
rechtlichen Normen verurteilt noch auf bestimmte Zeit ihrer Freiheit
beraubt waren, erfolgte ihre Mitwirkung mit wenigen Ausnahmen un-
freiwillig, und eine Belohnung wie Straferlaß winkte ihnen auch nicht.
Die Begnadigung einiger Todeskandidaten zu lebenslanger KZ-Haft
oder zum Fronteinsatz in der berüchtigten Dirlewanger-Brigade hatte
eher den Charakter der Strafverschärfung; die Einweisung ins KZ erfolgte ja immer ohne Angabe der Haftdauer, und der Waffendienst in
den Reihen der SS als Angehöriger der von Oskar Dirlewanger geführten Einheit gehörte so ziemlich zum Schlimmsten und Gefährlichsten, was die Waffen-SS an Todeskommandos zu bieten hatte.[18]

Die Situation der zu den Versuchen mißbrauchten Häftlinge mußte den Kollegen Raschers eigentlich bekannt sein, trotzdem beschwichtigten sie ihr Gewissen, wie Dr. Ruff in Nürnberg zu Protokoll gab. Die »Wichtigkeit und Dringlichkeit dieser Untersuchungen« hätten ihn bewogen, die Versuche an Häftlingen durchzuführen, aber auch die »Kenntnis von der internationalen Literatur, die mir bestätigte, zumindest daß meine Zustimmung und damit meine Auffassung von solchen Versuchen weder von den ärztlichen Berufsorganisationen in anderen Ländern abgelehnt wurde, noch daß irgendwie in einem anderen Land jemals die Staatsanwaltschaft oder die Kirche oder ein Parlament an solchen Versuchen Anstoß genommen hatte. Mir war davon nichts bekannt. Ich will damit sagen, daß dieses Wissen um diese internationalen Versuche mir auch die moralische Sicherheit gab, daß ich nichts unternähme, was in irgendeinem anderen Teil der Welt oder in einem anderen Teil Deutschlands als unmoralisch hätte betrachtet werden können.«[19]

Als Sachverständiger der Anklage bestätigte in Nürnberg Professor Ivy aus Chicago, daß diese Vorstellung mit dem hippokratischen Eid vereinbar sei, daß für den Arzt als Forscher nicht die gleiche Wertordnung gelte wie für den Arzt als Therapeuten, und Professor Ivy billigte im Krieg dem Arzt auch zu, sein Wissen in den Dienst der Kriegführung zu stellen. Der Nürnberger Freispruch für die Doktoren Weltz, Romberg und Ruff basierte wohl auch auf solchen Überzeugungen, vor allem aber darauf, daß es einen erheblichen Unterschied zwischen den Versuchen gab, die Rascher allein durchführte gegenüber denjenigen, die Rascher, Ruff und Romberg gemeinsam verantworteten. Anscheinend bewegten sich die beiden letzteren bei ihrem Tun noch im Rahmen des Zulässigen, während Rascher unter der unnötigen und sinnlosen Fragestellung des »Ausdauervermögens von Menschen in großer Höhe« skrupellos herumexperimentierte und den Tod der Versuchspersonen absichtlich herbeiführte.

Von Ende Februar bis Mai 1942 wurden in Dachau die Versuche über die Wirkung niederen Luftdrucks auf Menschen ausgeführt. Dazu wurde eine fahrbare Unterdruckkammer benutzt, die, Eigentum der Luftwaffe, normalerweise in Berlin stationiert war. Die »Versuchsstation Luftwaffe – Fallschirmabsprung aus großen Höhen« war auf dem Tuberkulose-Block eingerichtet. Mittels Vakuum-Pumpen wurden

Höhen bis zu 21000 Metern simuliert, Höhenkrankheit und ihre Begleiterscheinungen an den Versuchspersonen beobachtet und deren Herztätigkeit mittels Elektrokardiographie registriert.

Walter Neff, gelernter Landwirt und vor der Verhaftung Gutsverwalter, der erst als Häftling, später als Angestellter Raschers Handlangerdienste verrichten mußte, hat einen ausführlichen Bericht verfaßt, der auch dem Nürnberger Gerichtshof als Beweismaterial diente. Nach Neffs Zeugnis wurden etwa 180 bis 200 Häftlinge zu den Experimenten mißbraucht (etwa zehn von ihnen hätten sich freiwillig gemeldet und ein einziger sei nach den Versuchen begnadigt worden – zur Sträflingsbrigade Dirlewanger), 70 bis 80 der Versuchspersonen kamen dabei zu Tode und zwar ausschließlich durch Rascher. Solange Dr. Romberg anwesend gewesen sei, habe man nichts befürchten müssen, da seien die Versuche ungefährlich gewesen.»Aber wehe wenn der nicht da (war), dann will Dr. Rascher mit Gewalt etwas entdecken und dieser Mann ist pathologisch und im Blutrausch gefährlich: Er spielt auf der einen Seite den Biedermann und Helfer der Gefangenen, auf der andern Seite nimmt er mit 2 Händen alles, was er und seine Familie brauchen können. Launisch wie ein verzogenes Kind, von krankhaftem Ehrgeiz, der über Leichen geht, mit einem Lebensmotto: Angabe ist halbes Leben, aber auf ärztlich-wissenschaftlichem Gebiet eine Figur ohne Kopf.«[20]

Am 1. Mai 1942 läßt sich Heinrich Himmler persönlich solche Versuche vorführen, dabei kommt es zu einer bezeichnenden Szene. Der Reichsführer SS, der angeordnet hatte, daß »zum Tode verurteilte Gefangene aus Dachau, die die lebensgefährlichen Versuche überstehen würden, begnadigt werden« sollten, der auch verfügt hatte, daß diese Anordnung für Polen und Russen nicht gelten sollte[21] und der die Tötung der Versuchspersonen durch die Experimente selbst guthieß, dieser Heinrich Himmler also hatte zum Wohle der Versuchspersonen 25 kg Bohnenkaffee und 25 Flaschen Cognac geschickt und erkundigte sich beim Anblick eines Häftlings, der bewußtlos aus der Unterdruckkammer getragen wurde, ob die Versuchspersonen gut zu essen bekämen, auch Kaffee und Schnaps? Die Frage war zum Unglück des Wachpersonals an einen Häftling gestellt, der natürlich nie von diesen Herrlichkeiten etwas gehört und gesehen hatte.[22] Der Zorn des obersten SS-Manns über die unterschlagenen Sachen war gewaltig, denn Korruption gehörte für ihn zu den wirklich abscheulichen Delikten, ebenso wie Trunksucht, Homosexualität oder mangelnder Rassenstolz.

Rascher, der von seinen Kollegen und seinem Vorgesetzten Weltz mit wachsendem Mißtrauen beobachtet wurde, berichtete über seine Experimente regelmäßig dem Reichsführer SS. Aber worin lag der Sinn solcher geheimen Berichte? Denn es gab auch einen offiziellen Abschlußbericht über die Höhenversuche, der unter dem Datum des 28. Juli 1942 von Dr. Romberg angefertigt und von allen drei Verantwortlichen (Institutsleiter Dr. Ruff, Stabsarzt Dr. Rascher, Dr. Romberg) unterzeichnet war. In diesem ausführlichen Bericht wurde ausdrücklich festgestellt, »daß bei dieser ganzen Versuchsreihe kein Todesfall und ebenso kein bleibender Sauerstoffmangelschaden eintrat«.[23] Auch bei dem Film, den Rascher und Romberg am 11. September 1942 im Luftfahrtministerium über ihre Versuche vorführten, das Publikum bestand aus dreißig bis vierzig höheren Offizieren der Luftwaffe, deutete nichts darauf hin, daß Versuchspersonen zu Tode gekommen waren. Immerhin diskutierten die Anwesenden nach der Aussage Rombergs weniger Sachprobleme als »vielmehr Fragen nach dem Ort der Versuche und den Versuchspersonen«.[24]

Bei aller Skepsis gegenüber dem hier praktizierten ärztlichen Ethos und der juristischen und moralischen Problematik solcher Versuche ungeachtet, kann man wohl konstatieren, daß die Kollegen Raschers sich eines einigermaßen seriösen Verhaltens befleißigten und sogar danach trachteten, das Schlimmste, nämlich Raschers tödliche Experimentiererei, zu verhindern. Am wirkungsvollsten war der Abzug der Unterdruckkammer aus Dachau, was auf Betreiben Rombergs und Ruffs geschah, die im Einverständnis mit dem Luftwaffensanitätsinspekteur Hippke wegen dringenden Bedarfs das Gerät nach Berlin zurückholen ließen. Damit waren, unter Protest Raschers, der alle Hebel in Bewegung setzte, um die Maschinerie in Dachau zu behalten, etwa Mitte Mai 1942 die Versuche definitiv beendet.[25]

Die geheimen Berichte, die Rascher an Himmler schrieb, zeigten unverhüllt die Skrupellosigkeit, ja Mordlust, auf denen die Experimente basierten, und das mag als Motiv des Experimentators zur Erklärung seines Tuns ausreichen, zumal er ja irgend etwas entdecken wollte, um darauf eine medizinisch-wissenschaftliche Karriere zu gründen. Über die Motive Himmlers, der an den Berichten offenbar großen Anteil nahm, kann man nur mutmaßen. Hoffte er, durch die Experimente auf Prestigegewinn seiner Waffen-SS gegenüber der Luftwaffe, die weniger drastisch operierte (und deren Exponenten als Nutznießer ganz froh waren, daß die Experimente in Himmlers Hoheitsbereich stattfanden) und vor dem Äußersten zurückschreckte?

Oder war Himmler im Gewand des Spießers mit der Mentalität des peniblen Bürokraten der böse Geist, dem nichts zu monströs war, wenn er glaubte, seiner Sache, der größenwahnsinnigen Idee eines von Herrenmenschen beherrschten Germanischen Reiches, zu dienen. Dafür spricht vieles, wie die pseudowissenschaftlichen Versuche des Malariaforschers Schilling in Dachau, die Experimente zur Massensterilisierung des Prof. Dr. med Clauberg in Auschwitz und die anderen Ungeheuerlichkeiten, die Himmler förderte. Aus seinem regen Interesse an den Details der Versuche und aus seinen Vorschlägen und Anregungen, für die er immer genug Zeit hatte, muß man aber schließen, daß sein Engagement auch gestörten Trieben entsprang, die nichts mit politischen Vorstellungen, auch kaum etwas mit den abstrusen Machtphantasien eines fanatischen Nationalsozialisten zu tun hatten.

Bei seinem Werkzeug Rascher, dem Erfinder und Propagandisten »terminaler« Humanversuche, scheint der Befund noch eindeutiger. Seine Berichte sind beweiskräftig genug. So schildert er in einem Zwischenbericht, den er mit einem Brief am 5. April 1942 an Himmler schickte, den Verlauf eines Experiments: »Es handelte sich um einen Dauerversuch ohne Sauerstoff in 12 km Höhe bei einem 37jährigen Juden in gutem Allgemeinzustand. Die Atmung hielt bis 30 Minuten an. Bei 4 Minuten begann VP zu schwitzen und mit dem Kopf zu wackeln. Bei 5 Minuten traten Krämpfe auf, zwischen 6 und 10 Minuten wurde die Atmung schneller, VP bewußtlos, von 11 Minuten bis 30 Minuten verlangsamte sich die Atmung bis 3 Atemzüge pro Minute, um dann ganz aufzuhören. Zwischendurch trat stärkste Cyanose auf, außerdem Schaum vor dem Mund. In 5minütlichen Abständen wurde EKG in 3 Abteilungen geschrieben. Nach Aussetzungen der Atmung wurde ununterbrochen EKG bis zum völligen Aussetzen der Herzaktion geschrieben. Anschließend, etwa ½ Stunde nach Aufhören der Atmung, Beginn der Sektion.«[26]

Detailliert beschreibt Rascher im Anschluß daran die Sektion – besonders faszinierend schien ihm die noch lange anhaltende Herztätigkeit des Toten – und schließt mit der Ankündigung:»Die Versuche werden weitergeführt und noch weiter ausgebaut. Nach Erlangung neuer Ergebnisse wird ein weiterer Zwischenbericht folgen.« Himmler ließ Rascher umgehend danken und schrieb ihm auch selbst, wobei er anregte, die Versuche dahin auszuweiten, ob es nicht möglich sei,»bei diesen langen Arbeiten des Herzens derartige Menschen wieder ins Leben zurückzurufen«. Und der Reichsführer SS fügte hinzu:»Sollte ein solcher Versuch des Zurückrufens in das Leben gelingen, so ist selbstverständlich der zum Tode Verurteilte zu lebenslänglichem Konzentrationslager begnadigt.«[27]

Solche menschenfreundliche Absicht konnte indes nicht verwirklicht werden, denn Dr. Rascher war schneller. Am 16. April 1942 rapportierte er wieder:»Der im Bericht vom 4. IV. geschilderte Versuch wurde bereits 4mal wiederholt, und zwar jedesmal mit den gleichen Resultaten. Die letzte VP Wagner ließ ich nach Atemstillstand durch Druckerhöhung wieder ins Leben kommen. Da die VP W. für einen terminalen Versuch bestimmt, durch einen neuerlichen Versuch kein neues Resultat in Aussicht stand, außerdem Ihr Brief damals noch nicht in meinen Händen war, setzte ich anschließend einen neuen Versuch an, den die VP W. nicht überstand. Die Resultate der Herzstromabschreibung waren auch in diesem Fall außerordentliche.«[28]

Die Quellen reichen nicht aus, um die Hintergründe des Persönlichkeitsbildes von Sigmund Rascher zu ergründen. Von Zeugen wurde er als charakterlich labil und zynisch, als raffgierig und mißtrauisch geschildert[29], gegenüber den Häftlingen habe er sich leutselig gegeben, aber Gleichgestellten verhehlte er nicht, daß er deren Leben als wertlos erachtete. Seine Taten erlauben das Urteil, daß er ein Psychopath gewesen sein muß, wobei freilich die Ursachen und Triebfedern seines Tuns im Dunkeln bleiben. Aus welchen Ängsten, Entbehrungen, Kränkungen, Nöten seine Obsessionen resultierten, wissen wir nicht, wenn wir konstatieren, daß er unter einem Tötungszwang handelte oder genauer und womöglich noch schlimmer, unter dem Zwang, zum Tod führendes Leiden zu verursachen und es beobachten zu müssen. Auch wissen wir nicht, was ihn seit 1936 an der Seite der um vieles älteren Geliebten und Frau hielt. War es deren einflußreiche Beziehung zum Reichsführer SS? Suchte er deren Mütterlichkeit als Ersatz für früher Entbehrtes? War er abhängig von der starken Persönlichkeit dieser Frau? Jedenfalls war Nini rastlos tätig, korrespondierend, Geschenke übersendend, schmeichelnd und denunzierend, die Karriere Raschers zu fördern. Ihr Anteil war erheblich, und die Urteile über die charakterlichen Qualitäten der früheren Sängerin waren eher noch vernichtender als die über ihren Mann.[30]

So bedenklich nach moralischen Kategorien gemessen die Rolle der Luftwaffenärzte bei den Dachauer Versuchen war, immerhin war es schließlich doch ihnen zu danken, daß diese Experimente aufhörten. Daß sich Dr. Romberg und Dr. Ruff die Hände später in Unschuld wuschen, obgleich sie einige Male beobachtet hatten, wie Rascher Versuchspersonen zu Tode brachte, war ebenso schizophren wie das Bündnis zwischen Luftwaffe und SS, bei dem die Partner glaubten, aufeinander angewiesen zu sein: Die Flieger waren an Erkenntnissen zur Rettung aus großen Höhen interessiert, die SS konnte unter der Autorität Himmlers die Möglichkeit zu Versuchen bieten, die unter normalen Umständen nicht hätten stattfinden können. Die – formal nicht bewertbare – Schuld der Luftwaffenoffiziere und -ärzte bestand in der Aufspaltung von Nießbrauch und ethischer Verantwortung: den Nutzen der Sache billigten sie und nahmen ihn in Anspruch, das ethische Problem überließen sie Himmler[31], der nicht nur die Übernahme der Verantwortung bereitwillig offerierte, sondern auch die beängstigend-idealen Möglichkeiten der Realisierung.

Das eigenartige Zweckbündnis zwischen Luftwaffe und SS endete, als die erstere ihr Ziel erreicht hatte. Gegenüber den heftigen Bemühungen Raschers, mit Hilfe seines Gönners Himmler die Versuche weiterführen zu können, zeigte die Luftwaffe jetzt die kalte Schulter, die Interventionen des Reichsführers SS beim Generalfeldmarschall Milch blieben ohne Erfolg (die Unterdruckkammer wurde nicht mehr zur Verfügung gestellt), und schließlich – nach Raschers Vorstellung viel zu spät – stimmte die Luftwaffe auch der Auflösung der seltsamen Doppelrolle zu, die er als Stabsarzt der Luftwaffe und gleichzeitiger SS-Offizier gespielt hatte. Daß man den aufsässigen und wenig kameradschaftlichen Rascher, der den Flugmedizinern zwar das Tor zum Dachauer Lager geöffnet hatte, dort aber stets mit seiner quasi Immediatstellung zu Himmler auftrumpfte, loswerden wollte, war, als man ihn nicht mehr brauchte, kein Wunder.

Im November 1942 begründete Himmler in einem Brief an die Luftwaffenspitze (»Lieber Kamerad Milch!«), warum er Raschers Beschäftigung mit den »für die Luftwaffe lebensnotwendigen Problemen« und deren äußeren Umständen für so wichtig hielt. Die Versuche, meinte Himmler, »können bei uns deswegen mit so besonderer Wirkung durchgeführt werden, weil ich persönlich die Verantwortung übernommen habe, für diese Versuche todeswürdige Asoziale und Verbrecher aus den Konzentrationslagern zur Verfügung zu stellen.« (Tatsächlich wurden die Versuchspersonen in Dachau zum größten Teil nicht aus der Gruppe der »Asozialen und Berufsverbrecher« rekrutiert, es waren vielmehr überwiegend Polen, Russen, unter ihnen viele Geistliche, aber auch deutsche und jüdische Häftlinge.)

Himmler bedauerte, daß der Generalfeldmarschall und Staatssekretär keine Zeit gehabt hatte, einen Vortrag Raschers im Luftfahrtministerium anzuhören – es handelte sich um die Filmvorführung der Unterdruckversuche –, denn er habe sich davon erhofft, »daß damit die wohl in erster Linie in konfessionellen Gründen liegenden Schwierigkeiten für die Arbeiten Dr. Raschers – deren Verantwortung ja ich übernommen habe – behoben sein würden. Die Schwierigkeiten sind nach wie vor die gleichen. In diesen ›christlichen‹ Ärztekreisen steht man auf dem Standpunkt, daß selbstverständlich ein junger deutscher Flieger sein Leben riskieren darf, daß aber das Leben eines Verbrechers – der nicht zum Militär eingezogen ist – dafür zu heilig ist und daß man sich damit nicht beflecken will; wobei interessanterweise die Ergebnisse der Versuche unter Ausschaltung des Wissenschaftlers, der sie gemacht hat, in Anspruch genommen werden.«

Er selbst habe sich die Versuche angesehen, und er könne ohne Übertreibung sagen, daß er persönlich »an jeder Phase dieser wissenschaftlichen Arbeit helfend und auch anregend teilgenommen« habe. »Über die Schwierigkeiten wollen wir beide uns nicht ärgern. Es wird noch mindestens ein Jahrzehnt dauern, bis wir derartige Engstirnigkeiten aus unserem Volk herausbringen. Darunter darf aber die für unsere jungen und tadellosen Soldaten und Flieger notwendige Forschung nicht leiden.«

Himmler bat schließlich um die Entlassung Raschers aus der Luftwaffe, damit er unter seiner alleinigen Verantwortung weiter arbeiten könne. Mit der Überstellung Raschers zur Waffen-SS würden eine ganze Menge Ärger und Unerquicklichkeiten der Zusammenarbeit aus der Welt geschafft; überdies machte Himmler das Angebot, daß die Ergebnisse der Versuche, die man in der SS nur zum Teil brauche, restlos der Luftwaffe zur Verfügung stünden. Eine Einschränkung machte der Reichsführer SS lediglich, die ihren Grund wohl in Bemerkungen Raschers über seine Luftwaffenkollegen hatte: Es sollte ein »nicht christlicher« Arzt nominiert werden, »der zugleich ein honoriger und nicht zu geistigem Diebstahl neigender Wissenschaftler sein müßte«, dem die Ergebnisse mitgeteilt werden könnten.[32]

Die Luftwaffe ließ sich mit der endgültigen Freistellung Raschers jedoch Zeit, erst ab 23. August 1943 war er im Rang eines Hauptsturmführers (das entsprach dem Hauptmann bei der Wehrmacht – Rascher hatte mehr erwartet) nur noch der SS unterstellt. Aber de facto gehörte er, zum SS-eigenen Institut für wehrwissenschaftliche Zweckforschung kommandiert, schon lange nur noch als Beurlaubter der Luftwaffe an. Wichtiger war freilich, daß er seit Sommer 1942 mit dem ihm eigenen Eifer an einem neuen Projekt in Dachau arbeitete, nämlich an »Unterkühlungsversuchen«.

Das neue Tätigkeitsfeld Raschers war die »Versuchsgruppe Seenot«, in der unter Leitung des Kieler Professors für Physiologie Ernst Holzlöhner Rascher und ein Dr. Finke (er war Oberarzt der Luftwaffe im Lazarett Westerland) das Problem der Unterkühlung ins Meer abgestürzter Piloten erforscht, Methoden der Wiedererwärmung studiert und als Nutzanwendung zweckmäßige Schutzkleidung entwickelt werden sollten. Professor Holzlöhner, der (ebenso wie Dr. Romberg bei den Höhenversuchen) von Rascher als Konkurrent und unlauterer Nutznießer seines Forscherfleißes beargwöhnt wurde, war seit Februar 1942 im Besitz eines Forschungsauftrags der Inspektion des Sanitätswesens der Luftwaffe »Die Wirkung der Abkühlung auf den Warmblüter«. Es war dann wieder Dr. Rascher gewesen, der vorgeschlagen hatte, die Versuche auf Menschen auszudehnen, und wieder war die Luftwaffe dankbar, daß sich im Zusammenspiel mit der SS der ungeliebte Stabsarzt mit seinen glänzenden Verbindungen verwenden ließ.[33]

Anläßlich eines Vortrags bei Himmler, als Rascher und Romberg im Juli 1942 über die Höhenversuche berichteten, engagierte sich der

Reichsführer SS auch für das Problem der Unterkühlung im Meer trei-
bender Flieger, und es wäre nicht Himmler gewesen, wenn er nicht
durch Anregungen und Aufträge angespornt hätte. So erhielt Rascher
den Auftrag, sich zu erkundigen, mit welchen Hausmitteln (Tee aus
Heilkräutern? Grog? Kaffee? Medikamente?) halberfrorene Schiff-
brüchige aus der Nordsee gerettet würden. Zu den Volkserfahrungen,
die Himmler unbedingt in das Versuchsprogramm eingebracht wissen
wollte, gehörte in seiner Phantasie auch die Vorstellung, »daß eine
Fischerfrau ihren geretteten halberfrorenen Mann einfach in ihr Bett
nehme und so aufwärme«. Rascher müsse das unbedingt im Versuch
klären, verlangte sein Mäzen.[34]

Die Kälteexperimente begannen im August 1942. Rascher hielt den
Reichsführer SS wie immer auf dem laufenden, am 10. September
schrieb er ihm in einem ersten Zwischenbericht: »Die Vp's werden mit
voller Fliegeruniform, Winter- oder Sommerkombination und Flie-
gerhaube bekleidet ins Wasser gebracht. Eine Schwimmweste aus
Gummi oder Kappok soll das Untergehen verhindern. Die Versuche
wurden durchgeführt bei Wassertemperaturen zwischen 2,5 und 12
Grad Wärme. Bei der einen Versuchsreihe war der Hinterkopf sowie
Hirnstamm außerhalb des Wassers, während bei der anderen Versuchsreihe der Nacken (Hirnstamm) und Hinterhirn im Wasser lagen.
Es wurden Unterkühlungen im Magen von 26,4 Grad, im After von
26,5 Grad elektrisch gemessen. Todesfälle traten nur ein, wenn der
Hirnstamm sowie das Hinterhirn mit unterkühlt wurden. Es fanden
sich bei der Sektion derartiger Todesfälle stets innerhalb der Schädel-
kapsel größere Mengen freien Blutes, bis zu einem halben Liter. Das
Herz zeigte regelmäßig schwerste Erweiterungen der rechten Kammer. Sobald die Unterkühlung bei diesen Versuchen 28 Grad erreicht
hatte, starb die VP mit Sicherheit trotz aller Versuche zur Rettung.«[35]

Als vorläufiges Ergebnis teilte Rascher mit, es habe sich gezeigt, daß
schnelle Erwärmung der langsamen Erwärmung vorzuziehen sei. Deshalb seien Versuche, Unterkühlte durch animalische Wärme zu retten, wohl untauglich, ebenso würden sich medikamentöse Maßnahmen erübrigen, »wenn der Flieger überhaupt lebend geborgen wird«.

Die Lösung des Problems war durch einen Zufall bald gefunden, wie

Walter Neff, Raschers Gehilfe, später berichtete: »Heißes Wasser ist die einzige Rettung, mag es noch so paradox klingen, aber es ist doch so, Wasser von 45–50 Grad bringt den gefährdeten Mann in einem Zeitraum von 30 Minuten so auf die Beine, daß er selber laufen kann. Keine Rötung der Haut oder sonstige Verbrühungserscheinungen. Als Holzlöhner und Finke diese Erkenntnis haben, brechen sie die Versuche ab, da weitere nicht mehr notwendig sind. Was man wissen will, weiß man, und das genügt. Nicht genügen tut dies dem erfolgshungrigen Dr. Rascher, der sich so weit vergißt und die beiden beim Reichsführer verklagt, wegen Humanitätsduselei und (daß) deshalb die Versuche nicht der Wirklichkeit entsprochen hätten.«[36]

Rascher macht also weiter, getrieben von einer seltsamen Mischung aus Mordlust, Willfährigkeit gegenüber seinem Gönner und wissenschaftlichem Ehrgeiz. Beweise für Raschers Sadismus und Tötungszwang gibt es übergenug, zum Schlimmsten gehört der Tod der beiden sowjetischen Offiziere, die nackt und ohne Narkose (um die die Häftlingsgehilfen wiederholt bitten) in eiskaltem Wasser in stundenlanger Tortur zu Tode gequält werden.[37]

Rascher machte auch immer wieder neue Vorschläge. Im August 1942 brachten ihn der Bau einer Gaskammer in Dachau (die zwar fertiggestellt, aber dann nicht benutzt wurde) und die Aktion »Sonderbehandlung 14 f 13«, bei der arbeitsunfähige Häftlinge aus den Konzentrationslagern zum Gastod abtransportiert wurden, auf folgende Idee, die er umgehend Himmler unterbreitete: »Nachdem die ›Invalidentransporte‹ sowieso in bestimmten Kammern enden, frage ich, ob nicht in diesen Kammern an den sowieso dazu bestimmten Personen die Wirkung unserer verschiedenen Kampfgase erprobt werden kann? Bis jetzt liegen nur Tierversuche bzw. Berichte über Unfälle bei Herstellung dieser Gase vor.«[38]

Nicht weniger grausam als die Kaltwasserversuche war das Projekt, von dem Rascher am 17. Februar 1943 dem »Hochverehrten Reichsführer« Meldung machte: »Zur Zeit arbeite ich daran, durch Menschenversuche nachzuweisen, daß Menschen, welche durch trockene Kälte ausgekühlt wurden, ebenso schnell wieder erwärmt werden können als solche, welche durch Verweilen im kalten Wasser auskühlten. Der Reichsarzt-SS, SS-Gruppenführer Dr. Grawitz, bezweifelte diese

Möglichkeit allerdings stärkstens und meinte, daß ich dies erst durch 100 Versuche beweisen müsse. Bis jetzt habe ich etwa 30 Menschen unbekleidet im Freien innerhalb 9–14 Stunden auf 27 Grad–29 Grad abgekühlt. Nach einer Zeit, welche einem Transport von einer Stunde entsprach, habe ich die Versuchspersonen in ein heißes Vollbad gelegt. Bis jetzt war in jedem Fall, trotz teilweise weißgefrorener Hände und Füße, der Patient innerhalb längstens einer Stunde wieder völlig aufgewärmt. Bei einigen Versuchspersonen trat am Tag nach dem Versuch eine geringe Mattigkeit mit leichtem Temperaturanstieg auf. Tödlichen Ausgang dieser außerordentlich schnellen Erwärmung konnte ich noch nicht beobachten. Die von Ihnen, hochverehrter Reichsführer, befohlene Aufwärmung durch Sauna konnte ich nicht durchführen, da im Dezember und Januar für Versuche im Freien zu warmes Wetter war und jetzt Lagersperre wegen Typhus ist und ich daher die Versuchspersonen nicht in die SS-Sauna bringen darf. (Ich habe mich mehrmals impfen lassen und führe die Versuche im Lager, trotz Typhus im Lager, selber weiter durch.) Am einfachsten wäre es, wenn ich bald zur Waffen-SS überstellt, mit Neff nach Auschwitz fahren würde und dort die Frage der Wiedererwärmung an Hand Erfrorener schnell in einem großen Reihenversuch klären würde. Auschwitz ist für einen derartigen Reihenversuch in jeder Beziehung besser geeignet als Dachau, da es dort kälter ist und durch die Größe des Geländes im Lager selbst weniger Aufsehen erregt wird (die Versuchspersonen brüllen (!), wenn sie sehr frieren). Wenn es, hochverehrter Reichsführer, in Ihrem Sinne ist, diese für das Landheer wichtigen Versuche in Auschwitz (oder Lublin oder sonst einem Lager im Osten) beschleunigt durchzuführen, so bitte ich gehorsamst, mir bald einen entsprechenden Befehl zu geben, damit die letzte Winterkälte noch genützt werden kann.«[39]

Seine Willfährigkeit bewies Rascher allezeit, wenn Himmler Aufgaben stellte, auch wenn er sie zunächst für unsinnig hielt wie die Erwärmung halb Erfrorener durch nackte Frauen. Die Versuchsanordnung – eine oder zwei Frauen – bot keine wissenschaftliche Erkenntnis, aber Gelegenheit zu Voyeurismus unter ebenso widerlichen wie traurigen Umständen. Der Auftraggeber Himmler konnte mindestens durch Raschers Berichte am elenden Schauspiel teilhaben; bei seinem Besuch in Dachau im November ließ er sich diese Variante der Kälteversuche auch vorführen.[40]

Für diese Versuche waren im Oktober 1942 vier Frauen (»Bordelldirnen«) aus dem KZ Ravensbrück nach Dachau verlegt worden.[41] Eine dieser Frauen fiel Rascher wegen ihrer »einwandfrei nordischen Rassenmerkmale« auf, er stellte sie zur Rede, denn es sei doch eine ungeheuere Schmach, sich freiwillig als Bordellmädchen zu melden. Aus welchen Gründen auch immer, Rascher zeigte sich plötzlich skrupulös: »Es widerstrebt meinem rassischen Empfinden, ein Mädchen, das dem Äußern nach rein nordisch ist und durch einen entsprechenden Arbeitseinsatz vielleicht auf den rechten Weg geführt werden könnte, als Bordellmädchen rassisch minderwertigen KL-Elementen zu überlassen. Aus diesem Grunde lehnte ich die Verwendung dieses Mädchens für meine Versuchszwecke ab und machte entsprechende Meldung an den Kommandanten des Lagers und an den Adjutanten Reichsführer-SS.«[42]

Bei den Kälteexperimenten gab es wie bei den Unterdruckversuchen die gleichen Probleme der Zusammenarbeit zwischen Rascher und seinen Kollegen und Vorgesetzten, die er wie immer als lästige Konkurrenten und Hindernisse seiner Entfaltung empfand. Eine weitere Parallele bestand darin, daß Rascher die Versuche im Alleingang in exzessiver Form weitertrieb, nachdem sie offiziell abgeschlossen waren. Der Abschlußbericht, ein Dokument von 55 Seiten Umfang, gemeinsam gezeichnet von Holzlöhner, Rascher und Finke, war vom 10. Oktober 1942 datiert[43], das gleiche Datum trägt auch das Dankschreiben des Sanitätsinspekteurs der Luftwaffe an Himmler, in dem sich Generaloberstabsarzt Professor Hippke »gehorsamst namens der deutschen luftfahrtmedizinischen Forschung« für die große Hilfe bei den Unterdruckversuchen bedankte und auf weitere gute Zusammenarbeit hoffte. (»Sobald die Arbeiten auch weiter Ihre gütige Unterstützung benötigen, bitte ich mich durch Stabsarzt Dr. Rascher erneut an Sie wenden zu dürfen.«)[44]

Im Februar 1943 schrieb Hippke abermals einen Dankesbrief an den Reichsführer SS. »Die in Dachau durchgeführten Versuche über Schutzmaßnahmen gegen die Wirkung der Unterkühlung des menschlichen Körpers« hätten zu brauchbaren Ergebnissen geführt. Die Zusammenarbeit mit der SS sei für die Luftwaffe eine große Hilfe gewesen, und auch »dem Herrn Kommandanten des Lagers Dachau« bat der Inspekteur des Sanitätswesens der Luftwaffe ergebensten Dank

übermitteln zu wollen.[45] Aus dem Brief Hippkes geht nicht nur hervor,
daß die Luftwaffe die besonderen Möglichkeiten des Konzentrationslagers für die Menschenversuche gerne in Anspruch genommen hatte,
dem Schreiben ist auch zu entnehmen, daß die eigentliche Versuchsreihe Anfang Oktober 1942 abgeschlossen war. Die Erfrierungsexpe-
rimente mit trockener Kälte und die animalischen Erwärmungsversu-
che, die Rascher in der Folgezeit durchführte, waren also wieder
Alleingänge ohne praktischen Sinn, wie ihn die Unterkühlungsversu-
che im Wasser vielleicht noch gehabt hatten.

Über diese Versuche wurde Ende Oktober 1942 in Form eines wissenschaftlichen Colloquiums über »ärztliche Fragen bei Seenot und Win-
ternot« in Nürnberg berichtet.[46] Vor annähernd 100 Teilnehmern refe-
rierte Professor Holzlöhner als Leiter der Dachauer Gruppe über
»Verhütung und Behandlung der Auskühlung im Wasser«.[47] Rascher,
den es wieder sehr ärgerte, daß nicht er den großen Auftritt vor den
Vertretern des Sanitätswesens der drei Waffengattungen der Wehrmacht und prominenten zivilen Medizinern hatte, tat sich in der Diskussion durch Bemerkungen hervor, aus denen die Natur der Versuche deutlich zu erkennen war. Trotzdem protestierte wiederum keiner
aus dem Auditorium.

Wenn er sich schon nicht vor der Fachwelt als erster Mann und Haupt-
verantwortlicher der Versuche präsentieren durfte, wollte Rascher
doch wenigstens durch Andeutungen zu verstehen geben, daß er der
entscheidende Mann mit den richtigen Verbindungen war. In diesem
Sinne hatte er Himmler vor der Nürnberger Tagung in den Ohren gelegen und seinen Herrn und Meister darauf hingewiesen, daß eigentlich
er allein dazu berufen sei, das Referat zu halten. Er wollte um jeden
Preis aus dem Schatten anderer heraustreten, Aufsehen erregen und
zu Macht, Geltung, Einfluß und Geld kommen. Mit Hilfe der Wissenschaft gedachte er, sich den Weg zu bahnen, und das hieß, er mußte
sich mit irgendwelchen Forschungen an einer Universität habilitieren.
Dazu ermunterten ihn auch seine Förderer im Amt »Ahnenerbe«,
dem er ja auch – und vom geistigen Standpunkt aus gesehen in erster
Linie – angehörte. Aus Habilitierten wurden damals zwangsläufig Do-
zenten, Professoren, Beamte, es würde sich also lohnen, die letzte
akademische Hürde zu nehmen, eine Arbeit bei der medizinischen

Fakultät einer Universität einzureichen, begutachten zu lassen und nach bestandener Prüfung zum Privatdozenten aufzusteigen. Das weitere würde sich mit Protektion dann bald finden.

Trotz des wissenschaftlichen Gehabes waren die Experimente Raschers aber nicht weniger trivial als dubios (und in jedem Fall noch trivialer und dubioser als die gemeinsam mit Holzlöhner und Finke durchgeführten Versuche). Walter Neff enthüllte nicht nur, wie brutal, sondern auch wie wertlos die »Forschungen« Raschers waren, denn die zur Mithilfe gezwungenen Häftlinge manipulierten nach Kräften Meßwerte und Versuchsergebnisse: »Rascher kommt zu den tollsten Resultaten, die so unwahrscheinlich klingen, daß er großes Aufsehen damit erregt, aber bei wirklichen Könnern keinen Glauben findet. Und wie kommen nun solche Resultate zustande? Die Mitarbeiter auf der Station wissen genau, um was es sich handelt, wir sind eine derart verschworene Gemeinschaft, daß es dem listen- und tückereichen Dr. Rascher nicht gelingt, auch nur einen zu finden, der Verräterchen spielt. Franz und Kasimir, Horg und Boris verbringen die reinsten Zauberkünste, und Rascher muß drauf reinfallen, denn er ist so arm an wirklich geistigem Rüstzeug, daß er immer nur schwimmt. Wenn nun ein Mann zum Versuch bestimmt war, der kein Verbrecher im Sinne des Wortes war, so wurden Körpertemperaturen bis zu 25 Grad auf dem Galvanometer geschwindelt: Alle chemischen Blutuntersuchungen wurden diesen Werten angepaßt, und so war der Mann dadurch, daß er falsch tiefe Temperatur (wenn auch nur auf dem Papier) aushielt, doch gerettet.«[48] Auch ein prominenter SS-Arzt war skeptisch, nämlich Professor Karl Gebhardt, Ordinarius für orthopädische Chirurgie in Berlin, der als Chefarzt der Heilanstalt Hohenlychen im Rang eines SS-Generals den Titel »Oberster Kliniker beim Reichsarzt SS« führte, Himmler nahestand und wegen seiner Knochentransplantations- und Sulfonamidversuche in Ravensbrück vom Nürnberger Gerichtshof zum Tod verurteilt wurde. Als ihn Rascher im Mai 1943 auf Veranlassung Himmlers aufsuchte, wurde er nicht nur angefahren, was ihm eigentlich einfalle, »fachmedizinische Arbeiten« direkt dem Reichsführer SS zu unterbreiten, sondern Gebhardt teilte ihm auch lautstark mit, daß die Abhandlung (»Die Auskühlung des Menschen an der Luft«) unwissenschaftlich sei. »Wenn ein Student im 2. Semester mit einer solchen Arbeit käme, würde er ihn hinauswerfen.«[49]

Auf solche Forschungsergebnisse gedachte Rascher also seinen wissenschaftlichen Erfolg zu gründen.

Von allen Fehlschlägen unbeirrt, trachtete Rascher seit 1941, als Wolfram Sievers vom »Ahnenerbe« ihn dazu ausdrücklich ermuntert hatte, nach den höheren akademischen Weihen. Die ersten Versuche, in München bei den Professoren Weltz und Schittenhelm zu habilitieren, blieben erfolglos, im Frühjahr 1942 schien es in Marburg bei Professor Wilhelm Pfannenstiel (er war Direktor des Instituts für Hygiene und nebenbei SS-Obersturmbannführer) mit einer Arbeit »Rassen- und Erbbiologie in Verbindung mit einer Weiterführung der Krebsversuche am weitesten Material« zu klappen.

Die Sache zerschlug sich aber wieder, und Rascher versuchte es mit neuen Themen. Im Herbst 1943 wurde wieder eine Habilitationsschrift nach Marburg gesandt, diesmal war der stellvertretende Reichsgesundheitsführer, der SA-Obergruppenführer und Professor Dr. Kurt Blome eingeschaltet, der die Arbeit an Pfannenstiel geschickt hatte, weil das Thema von Himmler zur »geheimen Reichssache« erklärt war. Die Marburger Fakultät wollte aber begreiflicherweise nicht die Katze im Sack kaufen und eine Habilschrift annehmen, deren Inhalt sie nicht zur Kenntnis nehmen durfte. Professor Pfannenstiel bedauerte das sehr und empfahl, es in Frankfurt oder München zu versuchen. Schließlich kamen Rascher und seine Förderer auf die Idee, sich an die »Reichsuniversität« Straßburg zu wenden. Dort saß der SS-Sturmbannführer August Hirt auf dem Lehrstuhl für Anatomie. Er schien der richtige Mann, Rascher mit einer Arbeit »Experimentelle Untersuchungen über die Erscheinungen während der Auskühlung des menschlichen Körpers« zu habilitieren. Hirt hatte sich mit seiner Schädel- und Skelettsammlung als kongenial in der Perversion erwiesen; seine wissenschaftlichen Spezialitäten bestanden darin, nach typischen Merkmalen des Körperbaus und rassischen Kategorien ausgesuchte KZ-Häftlinge ermorden zu lassen, um sie in die anatomischen Sammlungen eingliedern zu können.[50]

Straßburg schien aber auch deshalb der rechte Ort für Raschers Habilitation, weil die dortige Fakultät über genügend Mitglieder verfügte, die der SS angehörten. Nach den Vorstellungen des Ahnenerbe-Reichsgeschäftsführers Sievers, der deswegen im März 1944 mit Himmlers Persönlichem Stab korrespondierte, würde man in Straß-

burg das Projekt im geheimen sozusagen innerhalb der Familie durch-
bringen, denn für die Prüfung der Arbeit konnten außer dem Dekan
(Professor Stein) und dem Prodekan (Hirt) auch die Ordinarien für
physikalische Chemie (Dyckerhoff) und für Pharmakologie (Gebhardt) – allesamt SS-Mitglieder – herangezogen werden.[51] Unter solchen Voraussetzungen hätte Rascher in Straßburg wohl zum Privatdozenten der Medizin avancieren können.

Um die Jahreswende 1943/1944 schien überhaupt alles wunschgemäß
zu verlaufen. Nach letzten Querelen, die sich aus der vorübergehend
ungeklärten Stellung zwischen Luftwaffe und Waffen-SS ergaben (er
trug noch die Uniform der Flieger, gehörte aber schon ganz zu Himmlers Truppe, jedoch war die neue Uniform noch nicht fertig und die
Papiere stimmten noch nicht, was ihn bei einer Kontrolle einmal in
den Verdacht brachte, er sei ein Deserteur), empfing er als Lohn für
sein bisheriges Wirken das Kriegsverdienstkreuz Erster Klasse mit
Schwertern. In der zweiten Klasse hatte er den Orden bereits im April
1940 für seinen kurzen »ärztlichen Einsatz bei der Truppe (Luftwaffe)
in Afrika« erhalten. Im Vorschlag für die Auszeichnung, deren Verfasser SS-Standartenführer Sievers vom »Ahnenerbe« war, hieß es,
Rascher führe seit Mai 1942 im Institut für wehrwissenschaftliche
Zweckforschung auf Himmlers Befehl »kriegswichtige Forschungs-
und Versuchsarbeiten durch, u. a. Rettung aus großen Höhen, Ver-
fahren zur Abwendung von Unterkühlungsfolgen und Kälteschäden,
Entwicklung eines Hämostyptikums, einer Kartoffelkonserve«. Die
von Rascher erzielten Ergebnisse seien für die Kriegführung von entscheidender Bedeutung, und: »Der Aufopferungsfreudigkeit von R.,
der sich ohne Rücksicht auf seine Person bei den sich meist auf Neu-
land bewegenden Versuchen häufig persönlich nicht ohne Gefährdung
einsetzte, sind die erreichten Erfolge zuzuschreiben.«[52]

Der Gerechtigkeit halber, denn diese Laudatio klang ja wie reiner Zy-
nismus, soll erwähnt werden, daß sich Rascher Ende 1942 auf Befehl
Himmlers tatsächlich zum Wohle der Kampfkraft der deutschen
Wehrmacht einmal abgemüht hatte, mit Entwürfen nämlich zu einem
»Merkblatt für das Verhalten der Truppe bei großer Kälte«. Dort wa-
ren so beherzigenswerte Sätze zu lesen wie »Die beste Abwehr gegen
Kälte ist die langsame, zweckmäßige Gewöhnung an dieselbe« oder
»In den Stiefeln muß stets soviel Platz sein, daß die Zehen frei beweg-

lich sind« und feuchte Socken, empfahl Dr. Rascher, »nach Möglichkeit sofort zu wechseln«.[53]

Anfang des Jahres 1944 stand also alles zum besten, Rascher arbeitete in Dachau an einem blutstillenden Medikament »Polygal« (bei den Experimenten dazu wurden Häftlingen Schußverletzungen beigebracht)[54], er werkte an einem Rostschutzmittel und beschäftigte sich mit der Herstellung der Kartoffelkonserve. Seine Frau war zum vierten Mal schwanger – Rascher sprach gern von den sechs Buben, auf die er es bringen wollte –, und er stand nach wie vor in der Gunst Himmlers.

Da jedoch begann mit der Notiz über eine Kindesentführung in München und der Beschreibung der Täterin im Völkischen Beobachter[55] Ende März 1944 der Zusammenbruch nicht nur der Karriere, sondern der ganzen Existenz Raschers. Die Kriminalpolizei verfolgte die Spur eines entführten Säuglings, und diese führte in die Wohnung der Familie Rascher. Nini war, als die Kripo am 28. März in der Trogerstraße 56 erschien, zunächst nicht auffindbar, sie verbarg sich bei einer Bekannten, während Dr. Rascher wie ein Rasender tobte, Porzellan, Glas und Kinderspielzeug zertrümmerte und die Beamten beleidigte. Dann fand er sich schließlich bereit, seine Frau herbeizuholen.[56] Die weiteren Ermittlungen leitete der Münchner Polizeipräsident SS-Obergruppenführer Freiherr von Eberstein persönlich. In einer Gegenüberstellung mit drei Kindsmüttern wurde Nini Rascher identifiziert. Es kam nicht nur ans Licht, daß sie alle Schwangerschaften vorgetäuscht und sich die Kinder unter Mithilfe einer Vermittlerin verschafft hatte (insgesamt hatte sie mit nicht weniger als acht Kindern Manipulationen vorgenommen). Als Grund gab sie an, sie habe ihren Mann, der die Ehe nur eingehen wollte, wenn sie Kinder bekommen könne, nicht enttäuschen wollen. Übrigens war sie nicht nur knapp sechs, sondern in Wirklichkeit sechzehn Jahre älter als Sigmund Rascher. Sie hatte sich von einem bestimmten Zeitpunkt an systematisch und auch »offiziell« zehn Jahre jünger gemacht, auch in den Personalunterlagen der SS ihres Mannes erschien sie mit dem falschen Geburtsdatum 1903.

Frau Rascher kam ins Münchner Polizeigefängnis, die Kinder wurden in ein Lebensborn-Heim verbracht und Dr. Rascher, dem niemand glaubte, daß er von den ganzen Kindesunterschiebungen nichts gewußt und der als Arzt die vorgetäuschten Schwangerschaften geglaubt haben sollte, wurde in der SS-Kaserne in München-Freimann festgesetzt. Während Nini Rascher aus der Gefängniszelle flehentliche Briefe an Himmler und seinen Adjutanten Brandt schrieb, in denen sie ihres Gatten Unschuld beteuerte, entwickelten sich auch dessen Geschicke ungünstig. Ihm wurde jetzt die Begünstigung von Häftlingen vorgeworfen; er hatte, wie es in der Strafverfügung des Reichsführers SS vom 14. Februar 1945 hieß, Geschäfte mit Häftlingen gemacht (eine Summe von 15000,– RM wurde u. a. genannt) und diesen »unzulässige Freiheiten« gewährt.[57] Himmler degradierte ihn, schloß ihn aus der SS aus und ließ ihn in das Konzentrationslager Buchenwald einweisen.

Seine Frau war, nach einem Fluchtversuch, bei dem sie eine Wärterin überfallen hatte, im November 1944 ins Frauen-KZ Ravensbrück transportiert worden. Noch zweimal lieferte sie Proben ihrer beträchtlichen kriminellen Energie. Sie behauptete auf dem Transport, gar nicht die Rascher zu sein, diese habe mit ihr die Kleider getauscht und sei entflohen. In Ravensbrück, wo sie auf Weisung Himmlers besonders sorgfältig bewacht wurde (weil sie sich im Betrieb eines KZ auskenne), verübte sie noch einmal einen Überfall auf eine Wärterin. Danach wurde sie, ziemlich gegen Ende der NS-Herrschaft, gehängt.

Sigmund Rascher kam noch einmal an die Stätte seines Wirkens zurück: Mit den Prominenten und »Sonderhäftlingen« wurde er von Buchenwald nach Dachau evakuiert. Vom 17. bis 26. April saß er dort in der Zelle 73 des Bunkers, der als Lagerarreststätte diente. Am Nachmittag des 26. April 1945 wurde der ehemalige SS-Hauptsturmführer durch Genickschuß getötet.[58] Die Rache des betrogenen Himmler war in letzter Minute vollstreckt worden. Drei Tage später war das Lager durch die Amerikaner befreit.

Sigmund Rascher wurde, beginnend in der amerikanischen Presse, als eine Art Inkarnation des Verbrecherischen im nationalsozialistischen Regime gesehen und als Prototyp des SS-Manns und pervertierten Mediziners dargestellt. Das ist ebenso falsch wie die Annahme, daß seine Versuche der Luftfahrtmedizin genützt oder daß seine Erkenntnisse gar, in amerikanische Hände gelangt, der Weltraumfahrt gedient hätten.[59] Auch die Wissenschaftler, die einer Meldung der Associated

Press vom Mai 1988 zufolge die Ergebnisse der Dachauer Kälteversuche neu auswerten wollen – ein Mediziner der University of Minnesota hatte das angekündigt[60] – dürften enttäuscht werden, denn Dr. Raschers Ergebnisse waren wissenschaftlich ohne Belang. Seine Persönlichkeit trägt alle Merkmale des Schizophrenen, nicht weniger die seiner Frau, und auch die kriminelle Energie war ihnen gemeinsam. Die besondere Dimension seiner Verbrechen ergab sich aus den besonderen Möglichkeiten, die der Herrschaftsapparat des nationalsozialistischen Staats diesem skrupellosen Karrieristen bot, aus der Ermunterung, die er erfuhr, und aus dem Interesse, mit dem viele prominente Mediziner, die sich selbst die Hände nicht so schmutzig machten, sein Treiben billigten und förderten.

Realität und Illusion
Die deutschen Juden und
der Nationalsozialismus

Der Antisemitismus wird Staatsdoktrin

Anfang 1933, zum Zeitpunkt der nationalsozialistischen Machtübernahme, lebten im Deutschen Reich etwas mehr als eine halbe Million
Menschen, die sich zum Judentum bekannten und sich als religiöse
Minderheit (0,76 Prozent der Gesamtbevölkerung) verstanden. Zur
Besonderheit dieser Minorität gehörte, daß sie in einigen Berufen
überproportional häufig vertreten war, vor allem in den Sparten Han-
del (darunter Makler und Bankiers), in den Berufsgruppen der Ärzte
und Rechtsanwälte und in künstlerischen und kulturwirtschaftlichen
Berufen. Das hatte lange zurückliegende soziale und politische
Gründe, an denen die Juden selbst die geringste Schuld hatten. Die
traditionelle Judenfeindschaft mit ihren lange über die formelle bürgerliche Gleichstellung der Emanzipationszeit hinaus wirksamen gesellschaftlichen Diskriminierungen scherte sich ja nicht darum, was
Ursache, was Wirkung war. Ebenso war es den Antisemiten wenig
wichtig, wie die Juden als kulturelle und religiöse Minderheit in
Deutschland tatsächlich lebten; ihnen war nur am Zerrbild einer allen
Deutschen feindlich gesonnenen, Wucher und Schacher treibenden
Schar fremdartiger Schmarotzer gelegen, das sich als politisches Instrument gebrauchen ließ.[1]
Überspitzt formuliert hätte der Antisemitismus gar nicht gegen die in
der Wirklichkeit existenten Juden gerichtet sein müssen, denn seine
Funktion bestand ja auch – und bis 1933 sogar in erster Linie – darin,
als Motivations- und Rechtfertigungsideologie Anhänger zu mobili-
sieren und beim Kampf um die Macht zu aktivieren. Dazu brauchte es
nicht die Realität der Juden – die ja auch keineswegs dem Zerrbild
entsprach, das die nationalsozialistische Propaganda von ihnen zeich-
nete –, die Rolle der Ersatzschuldigen etwa am verlorenen Weltkrieg,

an der Friedensordnung von Versailles, an der Inflation war von der NS-Ideologie auf diese Minderheit projiziert, und in dieser abstrakten Funktion wurden die Juden vor allem anderen gebraucht.

Konkretisieren ließ sich der seit dem 19. Jahrhundert anwachsende Rassenantisemitismus im Politischen am ehesten an der Gruppe der Ostjuden mehrheitlich polnischer Staatsbürgerschaft, die im Deutschen Reich lebten. Diese Ostjuden, die den Kaftan oder wenigstens einen Gehrock trugen, die jiddisch sprachen und nicht nur im Religiösen orthodox waren, traten überwiegend in Berlin in Erscheinung. Im Scheunenviertel, unweit vom Alexanderplatz, führten die meisten von ihnen ein kümmerliches Leben. Man konnte sich ins osteuropäische Stetl versetzt fühlen, unter Kleinhändler und Arbeitslose, die die Straßen, und Fromme, die die Bethäuser und Synagogen bevölkerten. Die in der legendären Grenadierstraße und ihrer Umgebung lebenden Ostjuden waren während und nach den Revolutionswirren aus Rußland, Polen und dem Baltikum zugewandert, angezogen auch vom Vertrauen in die Liberalität der Weimarer Republik.

Aus der Perspektive der deutschen Juden, der Emanzipierten und Assimilierten, für die Jiddisch eine Fremdsprache war, die die Sitten und Gebräuche der Ostjuden als seltsam empfanden, waren diese Menschen allenfalls Objekte der Fürsorge, wie man sie im Elend und in Not lebenden entfernten Verwandten eben schuldet. Die Unterstützung von Auswanderungsbestrebungen dieser Ostjuden nach Übersee lag den alteingesessenen deutschen Juden vor allem am Herzen, aus naheliegenden Gründen. Denn keinesfalls wollten sie mit diesen knapp 99 000 Glaubensbrüdern identifiziert werden, die 1933 in der Statistik des Deutschen Reiches besonders aufgeführt wurden, weil sie die deutsche Staatsbürgerschaft nicht hatten. Wenig scheuten die deutschen Juden mehr, als mit diesen andersartigen Leuten verwechselt zu werden. Daß ihnen genau dieses widerfuhr, vergrößerte nur noch die Distanz zu ihnen.

Schlimmer als diese auf bewußter Karikatur oder absichtsvollem Mißverständnis beruhende Konkretisierung des Jüdischen in der nationalsozialistischen Propaganda waren freilich die Verschwörungstheorien, die auf sozialem Neid aufbauten und die die – keineswegs in der Überzahl befindlichen – wohlsituierten Juden zum Ausgangspunkt nahmen, um Machenschaften eines »Weltjudentums« gegen »die Deutschen« zu unterstellen. Das war insbesondere bei Kleinbürgern und verarmten Angehörigen des Mittelstands wirksam, weil es simple Erklärungsmuster für die kaum zu durchschauenden Ursachen der ökonomischen Katastrophe der Inflation von 1923 lieferte. Der Jude habe »es gewagt, dem deutschen Volke den Krieg zu erklären. Er betreibt in der ganzen Welt mit Hilfe der in seinen Händen befindlichen Presse einen großangelegten Lügenfeldzug gegen das wieder national gewordene Deutschland«, hieß es im Aufruf zur Massenkundgebung auf dem Münchner Königsplatz am Vorabend des Boykotts der jüdischen Geschäfte und Unternehmungen, die für den 1. April 1933 angesetzt war.[2]

Weniger primitiv, aber nicht weniger falsch war der andere Vorwurf an die Adresse der deutschen Juden, sie lebten in einer doppelten Loyalität, nämlich zuerst als Juden, dann als Deutsche. Genauso falsch war die Behauptung, die jüdische Minderheit in Deutschland sei eine soziologisch, kulturell, politisch und geistig geschlossene Gruppe mit gleichartigen Überzeugungen, Verhaltensweisen und Reaktionen auf die Bedrohungen, die in der NS-Propaganda zum Ausdruck kamen.

Am 30. Januar 1933 hatte sich die antisemitische Propaganda der Nationalsozialisten als erfolgreich erwiesen. Sie war ja eine der tragenden Säulen der Ideologie, deren Anhänger jetzt zur Macht gekommen waren. Der Antisemitismus wurde – daran waren bald alle Zweifel vergeblich – zur Staatsdoktrin erhoben, und es war (für eine ganz kurze Zeit nur) allenfalls die Frage, ob die Judenfeindschaft auch zum Machtanspruch gehörte, ob sie also durch staatliche Maßnahmen in Taten umgesetzt würde oder ob sich der zum Erfolg gelangte Nationalsozialismus mit Drohgebärden begnügen würde. Darauf hofften natürlich viele, die in angstvollem Abwarten die Hitler-Regierung beobachteten.

Der kurz vor der Jahrhundertwende gegründete »Verein zur Abwehr des Antisemitismus«, eine Organisation demokratischer und liberaler Zielsetzung ohne jüdische Dominanz, vergleichbar den nach 1945 entstandenen Vereinigungen zur christlich-jüdischen Zusammenarbeit, war schon in den Jahren vor der Machtübernahme auf dem Weg zur Bedeutungslosigkeit. Die Abonnentenzahlen der »Abwehrblätter« gingen zurück. Anfang 1933 waren es noch 20000. In der Generalversammlung in Dresden im Jahre 1932 war konstatiert worden, daß mehr Menschen in Deutschland seit je im radikalen Antisemitismus die Lösung sozialer Probleme erblickten, demgegenüber wäre es töricht, die Augen zu schließen und die Gefahr gering zu achten, die darin »für unser ganzes Kulturleben beschlossen« liege.[3]

Der Abwehrverein war so unwichtig geworden, daß er gar nicht verboten wurde. Er beschloß die Selbstauflösung. Anfang April 1933 legte der langjährige Vorsitzende, der liberale Politiker Georg Gothein, sein Amt nieder, und in einem »Abschiedswort« an die Mitglieder endete im Frühsommer 1933 die Geschichte der organisierten Bestrebungen, den Antisemitismus zu bekämpfen mit dem Offenbarungseid: Nach einem Siege von ungewöhnlichem Ausmaß erhebe die NSDAP als Trägerin der nationalen Revolution den unbedingten Totalitätsanspruch, dem sich auch ihre Verbündeten gebeugt hätten. Deshalb gebe es auch für den Abwehrverein nur eine Konsequenz, die Selbstauflösung. Die Arbeit des Vereins, hieß es weiter, sei immer staatsbejahend gewesen, und man fühle keine Schuld. »Unsere überkonfessionelle und überparteiliche Einstellung hatte uns auch nie zu einer einseitigen Interessenvertretung des Judentums oder zu einer Filiale der marxistischen Ideenwelt werden lassen; unter der jetzt beendeten demokratisch-republikanischen Ära hatten wir uns weder einer Vorzugsstellung noch einer staatlichen Förderung zu erfreuen. In solchem guten Gewissen, jederzeit in voller Unabhängigkeit staatserhaltend und staatsbejahend im Dienste der Wahrheit und Gerechtigkeit gewirkt zu haben, rechneten wir auch nach Vollendung der nationalen Erhebung mit der Möglichkeit weiterer Wirksamkeit, da wir uns nicht zu den politischen Gruppen zu zählen brauchten, denen die neue Regierung in erster Linie den Kampf angesagt hatte. Nun aber glauben wir, das Opfer der Selbstauflösung bringen zu müssen, um für uns als Organisation wie für unsere Mitglieder auch den Anschein zu vermeiden, als wollten wir den Anstrengungen der Regierung auf einheitliche Zusammenfassung und planmäßige Befreiung und Hebung unseres Vaterlandes behindernd im Wege stehen.«[4]

Sollte alles Streben nach Emanzipation und Assimilation, wie es in der kurzen Zeit der Weimarer Republik als der letzten kulturellen Blütezeit des deutschen Judentums erreicht schien, zerrinnen, weil die NSDAP mit ihrer primitiven Rassenideologie zur Macht gekommen war? Das schien unvorstellbar, aber bald vernahmen die deutschen

Patrioten jüdischen Glaubens mit ungläubigem Staunen, daß ihr Einsatz fürs Vaterland im Ersten Weltkrieg, daß ihre Liebe zu Deutschland, daß ihre Wurzeln in deutscher Kultur und Geistigkeit nun nicht mehr existent sein sollten. Die wenigsten glaubten den Drohungen, daß »die Judenfrage« von der Hitler-Regierung mit Gewalt gelöst würde, viele weigerten sich gar, die angekündigten Maßnahmen als Realität zur Kenntnis zu nehmen, fühlten sie doch ebenso wie andere nationalliberal oder demokratisch, deutsch-national oder sozialdemokratisch empfindende Deutsche sich mit manchen Zielen und Bestrebungen der von Hitler geführten Reichsregierung solidarisch: Für die Überwindung des Versailler Vertrags und den Wiedergewinn nationaler Größe begeisterte sich das jüdische Bürgertum nicht weniger als das nichtjüdische.

Für den gebildeten deutschen Juden war es, trotz gelegentlicher Ausschreitungen, die zu beobachten, aber auch als unerlaubte Übergriffe abzutun waren, in den ersten Wochen nach der Machtübernahme Hitlers einfach nicht denkbar, daß bürgerliche Rechte und wirtschaftliche Existenz der deutschen Juden durch den Nationalsozialismus zerstört werden könnten, von Schlimmerem ganz zu schweigen. Über die sogenannte Judenfrage wurde ja mindestens seit Jahrzehnten gestritten. Ein so vornehmer Mann wie Heinrich von Treitschke, der den Radauantisemitismus ablehnte, aber an ein »germanisches Volksgefühl« gegenüber dem fremden jüdischen Element glaubte und den Antisemiten manches handliche Schlagwort (»Die Juden sind unser Unglück«) lieferte, hielt an den Errungenschaften der Emanzipation fest. Die bürgerlichen Rechte sollten den Juden natürlich nicht genommen werden, erklärte er Ende des vorigen Jahrhunderts in dem berühmten Streit mit seinem Historikerkollegen Theodor Mommsen. Der hatte entgegnet, die Juden seien ebenso Deutsche wie die Nachkommen der französischen Hugenotten in Preußen. Entscheidend war beim damaligen Historikerstreit, daß trotz der gegensätzlichen Positionen der Kontrahenten Konsens bestand, daß der rechtliche Status der deutschen Juden unantastbar sei.[5]

Reaktionen auf den 30. Januar 1933

Jetzt war mit der vermeintlichen nationalen Erhebung Anfang 1933 jedoch der Antisemitismus in seiner schlimmsten Spielart die offiziell herrschende Lehre geworden. Der Antisemitismus wurde zur Konsolidierung der neu etablierten Herrschaft benutzt und planmäßig angewendet zur moralischen Diskreditierung, sozialen Diffamierung und rechtlichen Diskriminierung der jüdischen Minderheit in Deutschland.

Die »Jüdische Rundschau«, das zweimal wöchentlich in Berlin erscheinende Organ der Zionisten, schrieb zum Amtsantritt Hitlers, mit der Ernennung des NSDAP-Führers zum Reichskanzler und der Bildung einer Regierung, in der die NSDAP die wichtigsten Positionen innehabe, sei der Zustand der Unklarheit beendet: »Wir stehen als Juden vor der Tatsache, daß eine uns feindliche Macht die Regierungsgewalt in Deutschland übernommen hat.« Daß sie skrupelloser Judenhetze den Erfolg verdanke, daß das Programm in singulärem Maße antisemitisch sei, habe aber die Zionistische Bewegung niemals daran gehindert, »die Tatsache anzuerkennen, daß der Nationalsozialismus eine entscheidende Kraft im deutschen Volke geworden ist, die gering zu schätzen irrig wäre«.

Die Zionisten waren der Zukunft gegenüber skeptischer als die im »Central-Verein deutscher Staatsbürger jüdischen Glaubens« Organisierten, die sich programmatisch ebenso zum »Judentum« wie zum »Deutschtum« bekannten, die dem Traum einer deutschjüdischen Symbiose anhingen, deren nationale Hoffnungen und Sehnsüchte sich in nichts von denen der nichtjüdischen deutschen Staatsbürger unterschieden. In der Jüdischen Rundschau hieß es weiter, Hitler habe Gegner und Widerstände auf seinem Weg zur Macht gefunden, »aber wenn ihm im letzten halben Jahr der Weg zur Macht versperrt war, so gewiß nicht wegen seines antisemitischen Programms«. Da könne man eher sagen, unter dem Druck der NSDAP sei »auch ohne Machtergreifung Hitlers die Ausschaltung der Juden bereits betrieben« worden.

Trotz aller Skepsis – und darin waren sich Zionisten und Anhänger der deutschjüdischen Assimilation einig – gaben sich die jüdischen Kommentatoren auch in den folgenden Wochen – und viele noch länger –

überzeugt, daß zwischen dem Volkstribun Hitler in Stiefeln und Braunhemd mit seiner SA, die »Juda verrecke« brüllte und das Lied sang vom Judenblut, das vom Messer spritzen müsse, wenn es nochmal so gut gehen solle, und dem Reichskanzler Hitler im Gehrock, flankiert von deutschnationalen und anderen hochkonservativen Notablen ein grundlegender Unterschied sei. Was der Parteiführer Hitler propagiert habe, könne der Kanzler Hitler nicht realisieren, ja nicht einmal wollen. Im übrigen glaubten sie an die Kraft der Normen, die Verankerung der Gleichberechtigung der deutschen Juden in der Reichsverfassung, die nicht durch das Programm der NSDAP einfach ersetzt werden könne. Daß genau dieses geschehen würde, widersprach aller Vernunft und schien daher außer dem Bereich des Möglichen. Ganz entschieden faßte daher die Jüdische Rundschau den Kanzler ins Auge und brachte die Sache auf den Punkt: »Die deutschen Juden, von der Partei des Reichskanzlers dauernd bedroht und beleidigt, herabgewürdigt und verleumdet, fordern von jeder Regierung, welche es auch sei, die Respektierung ihrer Existenz, ihrer Ehre und Art.«

Und zur Untermauerung des Postulats wurden Realitäten beschworen, die man für unabänderlich hielt: »Die ganze Welt blickt heute auf Deutschland, insbesondere das jüdische Volk. Trotz der numerischen Geringfügigkeit des deutschen Judentums steht für alle Juden der Welt das Schicksal der deutschen Juden im Mittelpunkt des Interesses. Wir sind überzeugt, daß auch im deutschen Volk die Kräfte noch wach sind, die sich gegen eine barbarische antijüdische Politik wenden würden. Darüber hinaus aber ist Deutschlands Stellung innerhalb der gesamten Kulturnationen abhängig von seinem Verhalten in der Judenfrage. Auch ein nationalsozialistisch regiertes Deutschland kann die Verschlungenheit der internationalen Beziehungen nicht ignorieren.«[6]

Das Präsidium des Centralvereins deutscher Staatsbürger jüdischen Glaubens übergab am 30. Januar 1933 der Öffentlichkeit eine Resolution, deren Quintessenz im Schlußsatz lautete: »Im übrigen gilt heute ganz besonders die Parole: Ruhig abwarten«, und das war auch der Tenor des Artikels, den Rechtsanwalt Ludwig Holländer, der Direktor des Centralvereins und Chefredakteur der Zeitung, zum Ereignis verfaßt hatte: »Ernst und besorgt blicken die deutschen Juden in die

Zukunft«, hieß es da, und es habe keinen Sinn, sich über die Gefahr zu täuschen, die darin bestehe, daß die führenden Männer einer judenfeindlichen Partei nun die Politik beherrschten. Aber: »Auch in dieser Zeit werden die deutschen Juden ihre Ruhe nicht verlieren, die ihnen das Bewußtsein untrennbarer Verbundenheit mit allem wirklich Deutschen gibt. Weniger denn je werden sie ihre innere Haltung zu Deutschland von äußeren Angriffen, die sie als unberechtigt empfinden, beeinflussen lassen. Viel zu tief ist in ihnen das Bewußtsein verwurzelt, was für sie der deutsche Lebensraum bedeutet. Dieses Bewußtsein und nicht zuletzt die Tatsache ihrer Leistungen für Deutschland geben den deutschen Juden heute Kraft und Halt.« Der Artikel steigerte sich zur pathetischen Beschwörung jener Tugenden, die dem Centralverein als Leitmotive galten (und die auch die ideologische Gegenposition zum Zionismus markierten): »Nur aufrechtes Bekenntnis zu unserem wahren Wesen, unbedingte Mannhaftigkeit und stärkster Nachdruck in der Selbstbehauptung dessen, was wirklich deutsch und wirklich jüdisch ist, wird dem heute lebenden Geschlecht der deutschen Juden Anspruch geben, vor der Geschichte zu bestehen.«[7]

Ludwig Holländer – damals 56 Jahre alt und seit drei Jahren führend in der Verbandsarbeit tätig – hatte aber auch einfließen lassen, was vielen Gegnern einer Regierung Hitler als Trost diente, die Vermutung nämlich, daß sich das vom Reichspräsidenten abgesegnete Bündnis der bürgerlichen Konservativen mit der NSDAP als kurzlebiges Experiment, dessen Mißlingen als wahrscheinlich galt, herausstellen werde. Auf Recht und Gesetz wies der Centralverein aber auch ausdrücklich hin, nicht nur durch die Veröffentlichung der Eidesformel, die Hitler auf die Weimarer Verfassung geschworen hatte, und durch die Zitierung der drei für den Status der Juden wesentlichen Verfassungsartikel selbst: Die Gleichheitsgarantie für alle Deutschen (Artikel 109), die Bestimmung über die unterschiedslose Zulassung aller Staatsbürger zu den öffentlichen Ämtern (Artikel 128) und des Artikels 135, der die Glaubens- und Gewissensfreiheit allen Bewohnern des Deutschen Reiches zusicherte.

In der öffentlichen Bekräftigung der Rechtsposition, die mit jenem Appell zum ruhigen Abwarten schloß, erklärte das Präsidium des Centralvereins den 85jährigen Paul von Hindenburg zum Felsen in der Brandung: »Wir sehen als den ruhenden Pol in der Erscheinungen

Flucht den Herrn Reichspräsidenten an, zu dessen Gerechtigkeitssinn und Verfassungstreue wir Vertrauen haben.« Das klang ein wenig wie lauter Gesang Hilfloser in der Finsternis, denn übertrieben stark konnte das Vertrauen in den greisen Feldmarschall nicht sein, wie die unmittelbar anschließende Bekräftigung des Rechtsstandpunkts zeigt: »Aber auch abgesehen davon sind wir überzeugt, daß niemand es wagen wird, unsere verfassungsmäßigen Rechte anzutasten. Jeder nachteilige Versuch wird uns in entschiedener Abwehr auf dem Posten finden.«[8]

Auf den Reichspräsidenten richteten sich im Frühjahr 1933 die Hoffnungen vieler. Vor allem den kleinen Leuten erschien er als mächtiger Gebieter, dessen Wort dem Treiben der Antisemiten Einhalt gebieten könne. Eine Berlinerin, Frieda Friedmann, klagte in einem Brief vom 23. Februar 1933 dem Reichspräsidenten ihr Leid. Es war kein Einzelschicksal:»Ich war 1914 verlobt, mein Verlobter fiel 1914. Zwei meiner Brüder Max und Julius Cohn fielen im Jahre 1916 und 1918. Mein letzter Bruder Willy kam erblindet durch Verschüttung aus dem Felde zurück. Er wurde wieder so weit hergestellt, daß er sich ohne Hilfe auf der Straße bewegen kann, seine Nerven jedoch sind futsch und er ist nicht als normal zu betrachten. Meinem Vater hat dies das Herz gebrochen und wenn ich meine arme Mutter sehe, jammert es mich, denn auch ich habe 1920 einen Kriegsbeschädigten geheiratet, mit dem ich aufgrund seiner Beschädigung sehr unglücklich lebe, so daß ich daran mein ganzes Leben lang trage. Alle haben das Eiserne Kreuz für Verdienste am Vaterland. Jetzt jedoch ist es in unserem Vaterlande so gekommen, daß auf der Straße öffentlich Broschüren gehandelt werden; ›Juden raus!‹ öffentliche Aufforderung zu Pogromen und Gewalttaten gegen die Juden. Wir sind Juden und haben unsere vollste Pflicht für das Vaterland erfüllt. Sollte Ew. Exzellenz da nicht Abhilfe schaffen können, und dessen eingedenk sein, was auch die Juden dem Vaterland geleistet haben? Ist die Judenhetze Tapferkeit oder Feigheit, wenn es im deutschen Staat bei 60 Millionen Menschen 1 % Juden gibt?«

Das Büro des Reichspräsidenten bestätigte umgehend den Empfang des Schreibens, Staatssekretär Meissner versicherte Frau Friedmann, daß der Herr Reichspräsident mit Anteilnahme vom schweren Kriegsschicksal der Familie Kenntnis genommen habe und mitteilen lasse,

daß er die erwähnten Ausschreitungen gegenüber jüdischen Reichs-
angehörigen lebhaft mißbillige und bedauere. Der Brief wurde auch
der Reichskanzlei zur Kenntnis gebracht und Hitler vorgelegt, der an
den Rand schrieb:»Die Behauptungen dieser Dame sind ein Schwin-
del! Es ist selbstverständlich nicht eine Aufforderung zum Pogrom
[so!] erfolgt!«[9]

So groß die Besorgnis bei den Vertretern der jüdischen Organisationen war, stärker war die Begeisterung eines beträchtlichen Bevölke-
rungsteils, der schlechte Zeiten für überwunden hielt und sich emotionalen Aufwallungen hingab, stimuliert durch nationale Reden, durch
Fackelzüge, durch Demonstrationen, die den Anbruch eines neuen
Zeitalters illustrierten. Selbst im kühlen Hamburg gingen die Wogen
hoch, als Nationalsozialisten und die Männer vom Stahlhelm gemeinsam durch die Straßen zogen:»Wir waren wie berauscht vor Begeisterung, geblendet vom Licht der Fackeln gerade vor unsern Gesichtern
und immer in ihrem Dunst, wie in einer süßen Wolke von Weihrauch.
Und vor uns Männer, Männer, Männer, braun, bunt, grau, braun, eine
Flut von einer Stunde und 20 Minuten. Im zuckenden Licht der Fak-
keln meinte man nur einige Typen zu sehen, die immer wiederkehrten,
aber es waren an 22–25000 verschiedene Gesichter!... ›Juda, verrecke‹, wurde auch mal gerufen und vom Judenblut gesungen, das
vom Messer spritzen solle.« Luise Solmitz, die diese Sätze am 6. Februar 1933 ins Tagebuch schrieb, fügte später hinzu:»Wer nahm das
damals ernst?!« Das war, als sich ihre Begeisterung für Hitler gelegt,
als sie sich vom Nationalsozialismus distanziert hatte. Sie war nämlich
mit einem Juden verheiratet. Ihr Mann war als Fliegeroffizier des Ersten Weltkriegs mit Göring persönlich bekannt und durfte sich deshalb
später dessen schützender Hand erfreuen, aber das änderte nichts
daran, daß die Familie dann von den Nürnberger Gesetzen betroffen
war, daß insbesondere die Tochter der Tagebuchschreiberin als »Halb-
jüdin« ihre Schule verlassen mußte. Das bewirkte schließlich die Be-
kehrung der Frau Solmitz vom Nationalsozialismus.[10]

Die optimistische Vermutung, daß die Judenfeindschaft der NSDAP
nicht in Judenverfolgung münden würde, teilten mit dem Centralverein auch andere Gruppen im deutschen Judentum. Im ›Israelit‹, dem
»Centralorgan für das orthodoxe Judentum« war zu lesen, daß das
Kabinett Hitler zwar eine »schwere stimmungsmäßige Belastung der

ganzen deutschen Judenheit« bedeute und darüber hinaus alle besorgt mache, die in der »Überspitzung des nationalistischen Rassen-Fanatismus unserer Tage ein Hemmnis auf dem Wege menschlicher Gesittung und weltgeschichtlichen Fortschritts erblicken«, aber man gab sich zuversichtlich, daß die neue Regierung nicht nach den Rezepten im ›Völkischen Beobachter‹ und im ›Angriff‹ vorgehen könnte oder das auch nur wollte, also »kurzer Hand die deutschen Juden ihrer verfassungsmäßigen Rechte entkleiden, sie in ein Rassen-Ghetto sperren oder den Raub- und Mord-Instinkten des Pöbels preisgeben« würde. Schon der Machtverhältnisse wegen, weil der Reichspräsident und »die Nachbarparteien« bremsen würden, aber auch im Bewußtsein einer europäischen Weltmacht, »die ja mitten im Konzert der Kulturvölker steht und bleiben will«, könne es nicht zu schlimm werden. Des Ernstes der Lage müsse man sich jedoch bewußt sein, schrieb der ›Israelit‹, denn je weniger die neuen Männer die versprochenen wirtschafts- und sozialpolitischen Wunder wirken könnten, desto näher läge für sie der Wunsch, »doch wenigstens ein paar Ansätze aus dem rassentheoretischen Programm der Partei in die politische Wirklichkeit umzusetzen«, und das könne »ohne sensationelle und kompromittierende Judengesetze auf dem Wege des ›trockenen Pogroms‹, der systematischen Aussperrung und Aushungerung der Juden im wirtschaftlichen und kulturellen Leben leicht geschehen«.[11]

Es gab aber auch Gruppierungen im deutschen Judentum, die sich bemühten, die neue Regierung in rosigem Licht zu sehen. Der ›Verband nationaldeutscher Juden‹ hatte sich längst weit rechts im politischen Spektrum der Weimarer Republik etabliert (entstanden war er aus einer Abspaltung des Centralvereins im Jahre 1921). Zur Reichstagswahl vom 31. Juli 1932 hatte der Verband die Parole ausgegeben »Wählt deutsch!« (und gemeint war die Deutschnationale Volkspartei): »Unser Vaterland ist dort, wo unsere Seele ist. Mit Deutschland sind wir verbunden durch die deutsche Kultur, die seit Jahrhunderten in unseren Familien heimisch ist, durch die deutsche Muttersprache, durch die Liebe zum deutschen Heimatboden, durch das Wissen um unsere Zugehörigkeit zum deutschen Volke. Wir sind Deutsche nicht um irgendwelcher Vorteile willen, sondern durch den Zwang des Gefühls. Diese unverbrüchliche Verbundenheit mit dem deutschen Volke kann uns nicht geraubt werden, nicht durch Drohungen irrege-

leiteter Judenfeinde, nicht durch Hirngespinste einiger dem Deutschtum künstlich entfremdeter Zionisten, nicht durch Angstpolitik einer
kleinen wurzellosen Zwischenschicht. Das Volksgefühl gibt den Aus-
schlag, nicht die sogenannte ›Rasse‹. Wer in seinem Gefühl zum deutschen Volke gehört, wählt am 31. Juli nicht für den vermeintlichen
Vorteil der Juden, er wählt für die deutsche Kultur und die deutsche
Zukunft.«[12]

Verschiedene Motive bestimmten die Haltung der ›nationaldeutschen
Juden‹, die Frontstellung gegen den Marxismus gehörte dazu, aber
auch das zwanghafte Bedürfnis, äußersten Patriotismus zu beweisen.
Daß der Verband unter Führung des Rechtsanwalts Max Naumann
sich von den Zionisten wie gegen die Ostjuden distanzierte, lag auf der
Hand, ebenso, daß er von den anderen Richtungen im Judentum mit
Argwohn betrachtet wurde. Nationalsozialismus ohne die antisemitischen Ingredienzen seiner Ideologie wäre dieser Richtung – und anderen patriotischen deutschen Juden bis hin zu jener kleinen Organisation, die sich »Deutscher Vortrupp-Gefolgschaft deutscher Juden«
nannte und sich besonders chauvinistisch gebärdete – schon recht gewesen.

Die »nationaldeutschen« Juden wurden, das lag in der Natur der Sa-
che, von der NSDAP höhnisch zurückgewiesen. Im Völkischen Beob-
achter konnten sie nachlesen, daß die »plumpen und verächtlichen
Anbiederungsversuche« des Verbands nationaldeutscher Juden die
Nationalsozialisten pathologisch anmuteten und daß die ultradeutsche
Gebärde sinnlos sei.[13]

Der Verband wurde im Herbst 1935 verboten, im Frühjahr 1935 hatte
Max Naumann noch in einem Brief an Hitler verlangt, bei der Wiedereinführung der Wehrpflicht die »nationaldeutschen Juden« den »Ari-
ern« gleichzustellen und nicht vom Waffendienst auszuschließen, und
er machte sich auch erbötig, dem Führer und Reichskanzler bei der
notwendigen »Abgrenzung zwischen den zuzulassenden nationaldeutschen Juden und den nicht zuzulassenden Fremdjuden« Anregungen
zu unterbreiten.[14]

In der Haltung zur Regierung Hitlers ließ sich der Verband nationaldeutscher Juden nicht leicht beirren, wie sich auch einer Äußerung
vom September 1934 noch entnehmen läßt: »Wir haben stets das Wohl
des deutschen Volkes und Vaterlandes, dem wir uns unauflöslich ver-

bunden fühlen, über unser eigenes Wohl gestellt. Deshalb haben wir
die nationale Erhebung vom Januar 1933 begrüßt, trotzdem sie für uns
selbst Härten brachte, denn wir sahen in ihr das einzige Mittel, den in
vierzehn Unglücksjahren von undeutschen Elementen angerichteten
Schaden zu beseitigen.«[15]

Auch der Reichsbund jüdischer Frontsoldaten übte sich in selbstver-
leugnender Loyalität zu einer Reichsregierung, die sich dadurch nicht
im mindesten beeindrucken ließ. Seine Hauptaufgabe sah der betont
national auftretende Reichsbund wie schon vor 1933 darin, auf die
12 000 jüdischen Gefallenen des Ersten Weltkriegs verweisend, der
antisemitischen Propaganda vom Drückebergertum der Juden entge-
genzutreten. Dazu diente in erster Linie die Zeitschrift »Der Schild«,
von der im August 1933 eine Sondernummer erschien, mit dem
Zweck, die Rechtsposition der jüdischen Deutschen eindringlich zu
beschwören. Die Diktion, in der dies geschah, hätte den Machthabern
gefallen müssen, auf jeden Fall gefallen sollen. Hauptmann a. D. Löwenstein betonte, daß die jüdischen Frontkämpfer auch nach dem
Krieg ihren Mann in den Kämpfen »gegen Chaos und Bolschewismus«
gestellt hatten, und er definierte das Recht und die Pflicht der deutschen Juden mit folgenden Worten: »Auf deutschem Boden ist das
geistige und körperliche Erbgut der deutschen Juden in fast zwei Jahr-
tausenden gewachsen; das innere Recht an diesem deutschen Boden
kann keiner uns streitig machen. Dieses Recht ist aber ebenso das
Fundament unserer Pflicht gegenüber Deutschland, an dessen nationalem Neubau wir mit all unseren Kräften mitwirken wollen und für
das wir allezeit nach innen wie nach außen in der Treue stehen, die das
Mark auch unserer Ehre ist.«[16] Die Ergebenheitsadresse, die der Bun-
desvorsitzende Löwenstein im Oktober 1933 anläßlich des Austritts
des Deutschen Reiches aus dem Völkerbund abgab, war nur ein weiteres Dokument der Illusionen: »Kameraden! Es geht um Deutschlands
Ehre und Lebensraum. Da übertönt in uns ein Gefühl alles andere. In
altsoldatischer Disziplin stehen wir mit unserem deutschen Vaterlande
bis zum Letzten!«[17]

Die öffentlichen Reaktionen der verschiedenen politischen oder ideologischen Richtungen im Judentum dürfen freilich nicht darüber hin-
wegtäuschen, daß die Mehrheit sicherlich ängstlich-abwartend, aber
vor allem indifferent die Ereignisse hinnahm. Es waren die wenigsten,

die auf die neue Regierung mit dem Gedanken an Auswanderung reagierten. Diejenigen, die sich politisch oder literarisch gegen die Hitlerbewegung exponiert hatten, wie der Schriftsteller Lion Feuchtwanger, der Pazifist Emil Gumbel, die deren Rache fürchten mußten, flohen natürlich ins Exil, und je prominenter sie waren, desto leichter fiel ihnen die Emigration. Aber die Mehrzahl fühlte sich persönlich nicht bedroht und dachte nicht an Auswanderung. Daß nur die Emigration lebensrettend war, und für viele, die später in Frankreich und Holland unter der deutschen Besatzung den Häschern der Gestapo in die Hände fielen, galt nicht einmal das – wer konnte das vor dem November 1938 wissen? Ganz abgesehen von den bürokratischen, juristischen und emotionalen Hindernissen, die der Auswanderung, je länger das NS-Regime dauerte, entgegenstanden.

Im Rückblick ist es nicht schwer festzustellen, daß die am frühesten von Maßnahmen der neuen Regierung Betroffenen die größeren Chancen hatten. Margot Bloch-Wresinski etwa, eine junge Sozialarbeiterin in Berlin, verlor im Mai 1933 ihre Stelle und schloß sich einem Jugendgefährten an, der schon zwei Monate vorher als Jude die Kündigung erhalten hatte. Er wollte sich »als Pionier zum Aufbau von Palästina melden«. Die jungen Leute bereiteten sich im Memelland in einem landwirtschaftlichen Lehrgut auf das Siedlerleben in Palästina vor, »Hachscharah«, Ertüchtigung, hieß dieses Training. Ende 1934 gingen sie in Haifa an Land, dann kamen sie nach Tel Aviv, »der ersten von Juden erbauten und nur von Juden bewohnten Stadt. Welches Erlebnis für uns! Alle Straßenbezeichnungen, alle Aufschriften an den Geschäften in hebräischen Buchstaben! Es ließ uns natürlich keine Ruhe, bis wir nicht dies und jenes entziffert hatten.«[18]

Die Wendung zum Zionismus und der Anschluß an den Hechaluz, die Pionierorganisation der jungen Juden für Palästina, war aber als Antwort auf den Nationalsozialismus die Ausnahme. Die Erinnerung des jungen Frankfurter Juden Georg Kiever an die Anfänge der NS-Zeit überliefert die typischere Reaktion. Die Wendung vieler Juden zum Zionismus war ihm ebenso unverständlich wie die Gleichschaltung der deutschen Gesellschaft. Er lebte in einem bewußt assimilierten Elternhaus, in dem auch keine tiefe Bindung zur jüdischen Religion bestand. Die Eltern waren eigentlich Freidenker: »Aber die Religion diente ihnen, besonders Mama, als eine Art Kitt, der die Familie zusammenhielt.« Der ethische Grundsatz bestand darin, daß man alles tun konnte, was mit dem Gewissen zu vereinbaren war. »Dem ganzen damaligen Rummel vom wiedererweckten jüdischen Bewußtsein stand ich ablehnend gegenüber. Dabei war anfänglich durchaus nicht eine betonte deutsche Haltung meinerseits ausschlaggebend, das kam erst später. Vorläufig war meine Absicht, in absehbarer Zeit einen technischen Beruf zu ergreifen wesentlicher.«[19]

Legalität und Loyalität

Ludwig Feuchtwanger, der Herausgeber und Redakteur der »Bayerischen Israelitischen Gemeindezeitung«, veröffentlichte Mitte Februar 1933 grundsätzliche Betrachtungen zur jüdischen Situation. Zum Ausgangspunkt nahm er »Die Lehren des Faschismus« von Mussolini, da »die Grundsätze des herrschenden italienischen Systems« der eben in Deutschland nach zehnjähriger Entwicklung »zur Herrschaft gekommenen Obrigkeit Modell und Vorbild« gewesen waren. Ludwig Feuchtwanger, der Bruder des Schriftstellers, verkannte nicht einige grundlegende Unterschiede zwischen Nationalsozialismus und Faschismus, die von unterschiedlicher historischer und sozialer Ausgangslage herrührten und die sich aus jüdischer Sicht am deutlichsten darin zeigten, daß dem Faschismus die antisemitisch-rassistische Komponente fehlte, was Juden nicht nur die Zustimmung zur sondern auch die aktive Beteiligung in der Mussolini-Bewegung ermöglichte. Weil er sich über den Charakter faschistischer Ideologie deswegen aber keinen Illusionen hingab, war das Ergebnis der Analyse um so eindeutiger. Als die vier wesentlichen Komponenten des Faschismus benannte Feuchtwanger die Verherrlichung von Kampf, Heldentum und Krieg als höchste menschliche Tugenden, die unbedingte Ablehnung sozialistischer Theorien, die ebenso strikte Verneinung des demokratischen Systems und die Verabsolutierung des Staates.

Feuchtwanger knüpfte an den Befund die beiden Fragen, die ihm als existentiell für die Zukunft des deutschen Judentums erschienen: Ob es, erstens, eine konstitutionell bedingte Neigung des deutschen Judentums zu Demokratie, Sozialismus, Pazifismus und zur liberalen Staatsauffassung gebe, ob also das Judentum der in Europa aufstei-

genden Bewegung des Faschismus feindliche Prinzipien vertrete. Das
warfen die nationalsozialistischen Antisemiten den Juden ja unter an-
derem vor, und die Bejahung der Frage wäre gleichbedeutend der
Konstatierung tödlicher Gefahr für alle Juden. Unter Hinweis auf die
weltanschauliche und politische Heterogenität der deutschen Juden
war diese Frage indes rasch und eindeutig zu verneinen (womit freilich
das Problem der Bedrohung nicht erledigt war, da sich die Gegner der
Juden ja kaum davon überzeugen lassen würden, daß ihre Gleichset-
zung vom Judentum mit Sozialismus, Bolschewismus und allen anderen bekämpften Auffassungen unsinnig war).

Die zweite Frage lautete: »Wie steht es mit dem alten unverbrüch-
lichen jüdischen Grundsatz: ›Jedes Gesetz der Regierung ist für die
Juden vorbehaltlos verbindlich‹ (dina d'malchutha dina) unter einer
Regierung, die ausschließlich von Parteien geführt wird mit dem Prinzip, die deutschen Juden nicht als gleichberechtigte Volksgenossen anzuerkennen?« Es war das Problem der Legalität des Regimes und der
Loyalität gegenüber einer Obrigkeit, die verfassungsrechtliche Maxi-
men nicht allzu ernst nahm – soviel war Mitte Februar 1933 klar erkennbar. Das Problem war, weil es die Frage nach dem Widerstand
implizierte, das ethische Kardinalproblem für alle Staatsbürger unter
nationalsozialistischer Herrschaft und blieb es über ihren Zusammenbruch hinaus.

Im Frühjahr 1933 ging es vor allem die Gegner und die potentiellen
Opfer der Nationalsozialisten an, und sie entschieden sich wie die Sozialdemokraten mehrheitlich dafür, in der Legalität zu bleiben. Exponierten Gegnern des Nationalsozialismus blieb die Flucht ins Ausland.
Als Organisation hatte sich im wesentlichen nur die KPD zum Kampf
aus der Illegalität heraus entschlossen. Die Kommunisten wurden
aber auch am sichtbarsten (und nach dem Reichstagsbrand ganz offiziell) verfolgt. Das traf für die Juden als gesellschaftliche Gruppe noch
nicht zu, denn die zahlreichen Übergriffe unmittelbar nach der
»Machtergreifung« konnten, auch wenn sie mancherorts pogromarti-
gen Charakter hatten, als Verfehlungen lokaler Nazi-Hitzköpfe deklariert werden, und so wurden die Schmähungen, Tätlichkeiten und
Überfälle, denen jüdische Bürger ausgesetzt waren, auch gesehen,
nicht zuletzt von den Vertretern des Judentums selbst.

Ludwig Feuchtwanger nannte die Dinge früher als andere beim Namen, als er die Frage nach der Legalität der judenfeindlichen Obrigkeit aufwarf, die »jeden Widerstand und jede Gegenwehr zum Unrecht und zur Rechtswidrigkeit, zur ›Illegalität‹« machte. Feuchtwanger zitierte keinen Geringeren als Carl Schmitt, der im Jahr vor Hitlers Machtbeginn das Problem von Legalität und Legitimität untersucht und darauf hingewiesen hatte, welche Möglichkeiten darin lagen, wenn die Mehrheit nach Willkür Legalität definieren konnte: Wer 51 von Hundert beherrscht, könne die restlichen 49 auf legale Weise illegal machen: »Er dürfte auf legale Weise die Tür der Legalität, durch die er eingetreten ist, hinter sich schließen und den parteipolitischen Gegner, der dann vielleicht mit den Stiefeln gegen die verschlossene Tür tritt, als einen gemeinen Verbrecher behandeln.«

Feuchtwanger, der am 15. Februar 1933 allenfalls ahnen konnte, daß nach den Märzwahlen 1933 und mit dem Ermächtigungsgesetz genau dieses geschehen würde, ließ seine Leser nicht im unklaren darüber, daß auch die Weimarer Verfassung die Möglichkeit bot, mittels qualifizierter Mehrheit die Juden auf »legale« Weise zu entrechten, wobei immerhin die Hoffnung bliebe, daß sich die Waage dann auch wieder nach der anderen Seite neigen könne. Er schloß seine Betrachtung mit resignierter Gelassenheit, aber trotz allem wohl in der Überzeugung, daß Legalität und Vernunft schließlich triumphieren müßten: »Die letzten Jahre haben uns gelehrt, nichts für unmöglich zu halten. Beteuerungen, Proteste oder den Appell an den Gerechtigkeitssinn zu unterlassen und mit kühlster Aufmerksamkeit, die verstärkt wird durch das Bewußtsein der völligen Aussichts- und Wirkungslosigkeit irgendeines praktischen Schrittes im gegenwärtigen Stadium den Gang der deutschen politischen Tragödie zu verfolgen. Über Menschen- und Bürgerrechte eines Teils des deutschen Volkes kann nicht abgezahlt werden. Ohne Furcht, ja zuversichtlich und gelassen schreiten wir den Ereignissen entgegen. Ein erhärtetes und völlig sicher gewordenes, geachtetes Judentum wird aus den Wechselfällen unseres staatlichen und politischen Lebens hervorgehen.«[20]

Nach der Reichstagswahl vom 5. März, die der NSDAP 43,9 Prozent und der Koalition mit den Deutschnationalen knapp die absolute Mehrheit brachte, wurden die Stimmen stärker, die eine Art Rückzug propagierten ins innere Exil, verbunden mit der Belebung jüdischer Tradition und der Neubesinnung auf jüdische Religiosität und jüdischen Geist. Im Israelitischen Familienblatt, das in den innerjüdischen Richtungsstreitigkeiten neutral war, konnte man Mitte März als Nutzanwendung aus dem Tagesgeschehen lesen, wenn es draußen gewittere, müsse man den Schutz seines Hauses, die Geborgenheit der jüdischen Familie und Gemeinde aufsuchen. »Die jüdische Familie ist die feste Burg, in die wir uns in der Stunde der Not flüchten. Aber diese Burg muß stark, mit Idealismus ausgestattet sein. Und die jüdische Gemeinde ist ihrem Ursprunge und ihrem Berufe nach eine erweiterte jüdische Familie, unserem Herzen ebenso nah und teuer wie jene.«

Geboten schien die Tugend der Entsagung, empfohlen als alte jüdische Kunst, und als notwendig wurde das Wiederfinden jüdischer Eigenart, die Bewahrung jüdischer Ehre und, als Voraussetzung dazu, die Überwindung der Zerrissenheit im Judentum propagiert: »Wenn je ein Waffenstillstand im Kampfe der Richtungen und Parteien not tat, dann heute. Die schwere Lage muß uns einig finden. Das jüdische Bewußtsein muß gestärkt, das Gefühl für jüdische Würde gesteigert werden.«[21]

Die Reaktionen auf den 1. April 1933: Protest und Plädoyer zu Vernunft und Anstand

Die von der NSDAP Ende März angekündigte und am 1. April 1933 in Szene gesetzte Boykott-Aktion brachte für die Juden nach den Wochen bangen Ahnens das erste tiefe Erschrecken und das erste Signal, daß die Nationalsozialisten bei den gewohnten Deklamationen ihres Antisemitismus nicht stehenbleiben würden. Das hatten die Juden mindestens gehofft, bis die NSDAP die »Greuelpropaganda« der ausländischen jüdischen Presse (von der sich der Centralverein und andere jüdische Organisationen in Deutschland verzweifelt distanzierten) zum Vorwand nahmen, um den Juden und den mehrheitlich nicht besonders antisemitisch eingestellten Nichtjuden die Grundlinien der künftigen offiziellen Judenpolitik zu demonstrieren.

Die Proteste und Verwahrungen, die Ende März von jüdischen Offiziellen verfaßt wurden, bestanden aus einer Mischung von feierlicher Zurückweisung der »ungeheuerlichen Anschuldigungen, die gegen uns deutsche Juden erhoben werden«, entschiedener Distanzierung von der ausländischen Presse, die mit ihrer Berichterstattung über die Judenpolitik der Hitlerregierung den Anlaß bot, und Appellen an Anstand und Vernunft. In keinem dieser Dokumente, die Regierungsstellen auf allen Ebenen bis hinauf zur Reichskanzlei zugestellt oder in der jüdischen Presse veröffentlicht wurden, fehlte der Hinweis auf die jüdischen Opfer im Ersten Weltkrieg. So schrieb Dr. Alfred Neumeyer als Präsident der Bayerischen Israelitischen Gemeinden »in tiefer Ergebenheit« an den neuen kurzzeitigen Ministerpräsidenten von Bayern, General von Epp: »Wir deutschen Juden haben stets für Deutschland gearbeitet, viele Tausende von uns haben im Krieg ihr Leben für Deutschland geopfert, das Wohl des Vaterlandes war uns stets die höchste Aufgabe. Wir können und wollen den Maßnahmen, die sich gegen uns wenden, nicht mit äußeren Mitteln entgegentreten. Aber wir werden sie standhaft ertragen im Bewußtsein, daß uns schweres Unrecht geschieht. Der göttliche Herrscher der Welt wird uns die Kraft dazu geben. Wir beten zu ihm, daß er unseren deutschen Volksgenossen bald die Einsicht schenken möge, daß der Weg zum großen Ziel des nationalen Wiederaufbaues Deutschlands nicht über die Unterdrückung der Juden geht.«[22]

An den frischgebackenen Oberpräsidenten der Provinz Hannover, den SA-Führer Viktor Lutze, schrieb der zweite Vorsitzende der Ortsgruppe Hannover des Reichsbunds jüdischer Frontsoldaten, als einstiger Frontkämpfer und Offizier könne er es nicht mit seiner Ehre vereinbaren »zuzusehen, wie gegen die jüdische Gemeinschaft ohne Unterschied ihrer Einstellung und Vergangenheit Vorwürfe gerichtet werden, die nicht nur ihre materielle Existenz vernichten, sondern was noch schlimmer ist, ihre Ehre in den Staub ziehen«.[23]

Weniger selbstbewußt wurde auf höherer Ebene agiert. Der Centralverein deutscher Staatsbürger jüdischen Glaubens hatte am 24. März eine Presseerklärung herausgegeben, in der es hieß: »Das deutsche Volk befindet sich seit Wochen in einem politischen Umschwung gewaltigen Ausmaßes. Hierbei ist es zu politischen Racheakten und Ausschreitungen auch gegen Juden gekommen. Die Reichsregierung wie die Länderregierungen haben sich mit Erfolg bemüht, möglichst schnell Ruhe und Ordnung wiederherzustellen. Der Befehl des Reichskanzlers, Einzelaktionen zu unterlassen, hat seine Wirkung getan.«[24]

Der Völkische Beobachter hielt aber auch diesen Beschwichtigungsversuch für eine jüdische Frechheit und prophezeite:»Auch dieser Central-Verein mit dem irreführenden Namen ›deutscher Staatsbürger jüdischen Glaubens‹ wird sich an die Tatsachen gewöhnen müssen, die die wahrhaft berechtigte Ausschaltung des Judentums auf allen Gebieten des deutschen Lebens mit sich bringen.«[25]

Die Zionistische Vereinigung für Deutschland erhob in ihrer Erklärung vom 26. März weltweiten Einspruch »gegen jede deutschfeindliche Propaganda«, gegen »alle nicht der Wahrheit entsprechenden Greuelmeldungen und gewissenlose Sensationsnachrichten«, und die Jüdische Rundschau beteuerte am Tag vor dem Boykott noch einmal, die »Greuelpropaganda« im Ausland sei nicht jüdischen Ursprungs: »Gewissenlose Sensationsjäger und Elemente, die im Trüben fischen, haben Nachrichten erfunden, denen der Stempel der Lüge aufgedrückt war.« Es sei richtig, daß eine antideutsche Propaganda sich dieser Nachrichten bedient habe, aber es hieße, »dem deutschen Volk Sand in die Augen streuen, wollte man ihm einreden, daß seine außenpolitischen Feinde Juden sind.«

Ob man in der Redaktion der Jüdischen Rundschau den folgenden Satz wirklich glaubte, muß dahingestellt bleiben: »Wir sind überzeugt, daß auch große Teile der nationalsozialistischen Partei und selbst ihre höchsten Führer, die in dieser Zeit mit anderen Geschäften überlastet sind, die wirklichen Zusammenhänge nicht entsprechend würdigen.« Vermutlich wußten die Redakteure es besser, wollten aber nichts unversucht lassen, den Schaden zu begrenzen. Die Mahnung zur Vernunft wurde immerhin mit einiger Skepsis artikuliert, wenn es hieß, die NSDAP habe heute die unbeschränkte Macht in Deutschland und könne den angeordneten Boykott durchführen. Die deutschen Juden würden dann zur Auswanderung gezwungen, aber auch ein solcher beispielloser Vorgang würde der Hilfe von legitimierten völkerrechtlichen Instanzen bedürfen, aber man könne nicht glauben, daß solches geschehe, weil sich die Machthaber doch nicht der Wahrheit verschließen könnten, der Tatsache nämlich, daß das Judentum keinen Kampf gegen oder in Deutschland erstrebe. Man wolle friedlich den alltäglichen Beschäftigungen nachgehen und bei der politischen Gestaltung Deutschlands bei aller Loyalität die gebotene Zurückhaltung üben. Freilich wäre es Heuchelei, jetzt zu sagen, daß die »nationale Revolution« von den Juden freudig begrüßt worden sei, weil der jetzt siegreiche deutsche Nationalismus im Zeichen radikaler Judenfeindschaft stehe. Trotzdem habe das nationale Judentum – gemeint waren die Zionisten – volles Verständnis »für jede nationale Bewegung und besonders auch für jede Erhebung gegen einen unerträglichen, die Ehre eines Volkes verletzenden Druck«.[26]

Stellungnahmen innerhalb der jüdischen Gemeinden waren darauf abgestimmt, Trost zu spenden, Zuversicht zu stärken und die Hoffnung zu verbreiten, daß das Eintreten für den Fortbestand der bürgerlichen Gleichberechtigung der Juden in Deutschland wenn nicht Erfolg haben würde, so doch wenigstens in Besonnenheit und Würde geschehe. »Verzagt nicht! Schließt die Reihen!«, rief der Vorstand der Frankfurter Israelitischen Gemeinde seinen Gemeindemitgliedern zu: »Kein ehrenhafter Jude darf in dieser Zeit fahnenflüchtig werden. Helft uns, das Vätererbe zu bewahren, und wenn die Not der Zeit den Einzelnen hart anfaßt, so gedenkt der Worte, die wir am bevorstehenden Pessachfest, dem Fest der Befreiung, von altersher sprechen: ›Von Geschlecht zu Geschlecht sind sie gegen uns aufgestanden, uns zu vernichten. Aber der Heilige, gelobt sei Er, hat uns aus ihrer Hand errettet.‹«[27]

Die offizielle Reaktion der Repräsentanten des deutschen Judentums auf die Boykott-Ankündigung bestand in einem Appell an den Reichskanzler, in dem sie beteuerten, wie sie sich »mit allen Fasern ihres Herzens der deutschen Heimat verbunden« fühlten. Das Plädoyer, Rechtsverwahrung und Hilferuf in einem, schloß mit Beschwörungen: »Wir rufen dem deutschen Volke, dem Gerechtigkeit stets höchste Tugend war, zu: Der Vorwurf, unser Volk geschädigt zu haben, berührt aufs tiefste unsere Ehre. Um der Wahrheit willen und um unserer Ehre willen erheben wir feierlich Verwahrung gegen diese Anklage. Wir vertrauen auf den Herrn Reichspräsidenten und auf die Reichsregierung, daß sie uns Recht und Lebensmöglichkeit in unserem deutschen Vaterlande nicht nehmen lassen werden. Wir wiederholen in dieser Stunde das Bekenntnis unserer Zugehörigkeit zum deutschen Volke, an dessen Erneuerung und Aufstieg mitzuarbeiten unsere heiligste Pflicht, unser Recht und unser sehnlichster Wunsch ist.«[28]

Joachim Prinz, der junge zionistische Rabbiner und Jugendführer, der

als feuriger Kanzelredner großen Zulauf hatte, gestaltete den Sabbat-
gottesdienst im Berliner Friedenstempel vor dem Boykott-Tag zur
dramatischen Demonstration jüdischen Selbstverständnisses. Sein
Kollege, Rabbiner Hans Tramer, hat überliefert, welchen Eindruck
das machte:

»Prinz ist hereingekommen,

Rief den Schammes (Synagogendiener),

Ließ die drei ältesten Männer in der Synagoge aufrufen.

Sie mußten die Tora ausheben.

Sie standen zwei neben ihm, einer vor ihm.

Er hat dann vor offener Lade den Brief verlesen.

Hat die Tora feierlich einheben lassen.

Hat dann 40 Minuten oder eine Stunde gesprochen: ›Wir Juden werden unser Judentum verteidigen, wir haben keine Waffen, denn das ist
unsere Waffe.‹ –

Dreht sich um und reißt den Toraschrein auf!«[29]

Rabbi Prinz beließ es nicht bei der dramatischen Geste. Bis zu seiner
Auswanderung nach New York im Jahre 1937 wurde der unerschro-
ckene Mann mehrfach verhaftet, weil er die Kanzel immer wieder zum
Forum jüdischer Selbstbehauptung und der Anklage gegen die nationalsozialistische Diktatur machte.

Selbstbewußtsein demonstrierte auch ein jüdischer Bürger in Berlin
mit seiner Reaktion auf eines der Nürnberger Gesetze vom Herbst
1935. Das »Gesetz zum Schutze des deutschen Blutes und der deutschen Ehre« verbot Juden das Hissen der Reichsflagge, erlaubte ihnen
statt dessen (was höhnisch gemeint war) das »Zeigen der jüdischen
Farben«. Martin Fried-Landes ließ sich eine Fahne aus blauem und
weißem Tuch nähen, die den Davidstern zeigte. Am jüdischen Neu-
jahrsfest hängte er das Unikum aus dem Fenster. Die Presse, auch
»Der Angriff«, berichteten über das Ereignis, die Fahne nahm Fried-
Landes 1939 mit in die Emigration nach Australien, vor einigen Jahren
schenkte er sie der jüdischen Abteilung des Berlin-Museums.[30]

Die Wendung nach innen – »Ja-Sagen zum Judentum«

Die jüdischen Reihen schlossen sich auch nach dem 1. April 1933 nur zögernd. Das Bedürfnis nach Positionsbestimmung, nach Definition des jüdischen Selbstverständnisses, nach der Wiederbelebung jüdischer Eigenart wurde allenthalben artikuliert und – streng nach Richtungen geschieden – zur wichtigsten Forderung der Zeit erhoben. In der jüdischen Presse taucht folgender Gedankengang verschiedentlich auf: Der Nationalsozialismus sei Ausdruck der Selbstbesinnung der deutschen Menschen, er stehe für die nationale Wiedergeburt des deutschen Wesens, und die Antwort auf jüdischer Seite müsse (schon weil der Antisemitismus der Nationalsozialisten eine solche erzwinge) in der Rückbesinnung auf traditionelle jüdische Werte und Leistungen bestehen.

Das wurde von den einzelnen Fraktionen im Judentum ganz unterschiedlich verstanden. Die Zionisten warfen den Leuten vom Centralverein vor, sie erschöpften sich in der Aufzählung der Leistungen und Verdienste, die das deutsche Judentum zugunsten der deutschen Nation erbracht habe, um mit dem Goethe-Wort »Wenn ich dich liebe, was geht's dich an« zu resignieren. Die Zionisten verlangten statt Opportunismus und Sentimentalität ein energisches Bekenntnis zum Judentum und die Auseinandersetzung in »der Judenfrage« mit dem »Deutschtum«, die sie sich freilich ehrenvoller gedacht hatten: »Wir hätten gewünscht, daß die Initiative rechtzeitig von den Juden ausgegangen wäre oder daß wenigstens in einem Stadium, wo die Zuspitzung der Lage bereits offenkundig war, die deutschen Juden das Wesen des Geschehens begriffen hätten.«[31]

Besonders kritisch äußerten sich auch die jungen Juden, die sich in der zionistischen Jugendbewegung engagierten und nach bewußt-jüdischen Antworten auf die nationalsozialistische Herrschaft suchten. Im Rundschreiben des Kreises »Werkleute – Bund deutsch-jüdischer Jugend« wurden Ende April 1933 die Motive dargelegt, warum diese jungen Leute, die bisher als Juden entschieden in Deutschland engagiert waren, jetzt entschlossen waren, einen Kibbuz in Palästina aufzubauen. Sie wollten nichts übereilen, sich aber auch nicht richtungslos treiben lassen und »vor allem nicht der bei Eltern heute recht häufigen Panikstimmung nachgeben«. Aber auch die Bitterkeit über die Zerrissenheit innerhalb der deutschen Judenheit war deutlich artikuliert: »Wir meinen, daß die vielen Mißstände, die wir heute im deutschen Judentum sehen, ganz weitgehend an seiner jüdisch-geistigen Substanzlosigkeit liegen. Denn wir sind enttäuscht von den deutschen Juden. Wir hatten gehofft, daß die jüdische Antwort auf das Geschehen nur eine sein würde: restlose Solidarität, innere Einkehr, Revision der bisherigen Überzeugungen, echte Sorge um die Gemeinschaft. Statt dessen sehen wir Verneinung, krassen Egoismus, bei großen Organisationen mangelnden Mut zum wirklichen Neudenken, Schimpfen statt Besinnung.«[32] Die Werkleute standen ideologisch dem Haschomer Hazair nahe, einer in Galizien gegründeten zionistischen Jugendgruppe, die ihren politischen Standort links von der Sozialdemokratie und in ihrem lebensreformerischen Anspruch elitäre Züge hatte. Aber Werkleute und Haschomer Hazair waren, trotz ihrer geringen Zahl, erfolgreich als Siedler. Kibbuzim wie Hasorea und Daliah sind Beweise dafür.[33]

Von orthodoxer Seite wurde die Erneuerung aus dem Geist der jüdischen Religion propagiert, gipfelnd im Aufruf zur Teschuwo (Umkehr und Buße). Kritik an der Uneinigkeit der Juden mischte sich mit Sendungsbewußtsein, wenn es hieß: »Warum schweigen die Führer, die Berufenen in diesen schicksalsträchtigen Tagen... wahrlich, stünde heute die Orthodoxie da, markvoll, kernig und geschlossen, jene zahlreichen liberalen, assimilierten, pseudojüdischen Kreise würden aufhorchen, Sicherheit suchen und Richtschnur bei den Getreuen der Thora.«[34]

Der Eifer der Frommen ging weit, und die Notwendigkeit der Erneuerung aus dem Geist der Religion wurde auch aus der Ablehnung von Zionismus und Assimilantentum begründet. Es sei ein tragisches Verhängnis, daß der Nationalsozialismus »bei der Prüfung seiner Beziehungen zum deutschen Judentum überhaupt noch nicht auf die historische jüdische Religion und deren Repräsentanten, die deutsch-jüdische Orthodoxie« gestoßen sei, denn der geschichtliche Sinn des jüdischen Menschen in der deutschen Gegenwart könne nur von der historischen jüdischen Religion erfaßt und gedeutet werden. Selbstbesinnung und Selbsterneuerung des deutschen Judentums müsse daher nur in der Wiederanknüpfung an die religiösen Traditionen bestehen. Dann werde auch das deutsche Volk, das sich soeben auf seine eigene Geschichte besinne,»Deutschlands Juden verstehen, wenn sie in ihrer geschichtlich beglaubigten Gestalt, als Menschen der überlieferten Religion, in seiner Mitte weilen.«[35]

Die traditionell-gesetzestreuen und orthodoxen Rabbiner Deutschlands deuteten in einem Aufruf im April die Ereignisse des Frühjahrs 1933 als höhere Fügung, die in harter Sprache zur deutschen Judenheit spreche,»um durch Heldenmut in Leid und Kummer uns auf eine höhere Stufe sittlichen religiösen Menschentums emporzuheben«. Zwei Wege zur Umkehr zu beschreiten, forderten die Rabbiner in erster Linie, die Heiligung des Sabbats und die Beachtung der Speisegesetze. In der Mißachtung dieser Religionsgesetze sahen sie historische Schuld, die zu überwinden den Anfang der Umkehr bedeute.[36]

Die Widrigkeiten des Alltags wurden aber bald für gesetzestreue Juden zu großen Problemen. Welche Konsequenzen hatte etwa das Verbot ritueller Schlachtung (Shehitah), das aus reiner Schikane ergangen war? Rabbiner Jacob J. Weinberg, Dozent am orthodoxen Rabbinerseminar in Berlin, reiste, um das Problem zu klären, wie die jüdischen Speisegesetze nun einzuhalten seien, im Herbst 1933 nach Polen, um die führenden rabbinischen Autoritäten zu konsultieren. Die Reise blieb nicht verborgen, und in Deutschland wurde, auch in der Presse, vermutet, Weinberg habe sich ins Ausland begeben, um mit seinen Amtskollegen Boykottmaßnahmen gegen Deutschland zu erörtern.[37]

Die Veränderung der Lebensumstände im nationalsozialistischen Deutschland traf die frommen Juden ja in doppelter Hinsicht, mit der beruflichen Situation war auch das religiöse Leben tangiert. Das galt insbesondere für die Landjuden, die Viehhandel trieben: Wenn sich nun keine nichtjüdischen Arbeitskräfte oder hilfsbereite Nachbarn mehr fanden, die am Sabbat die Kühe molken, mußte der Rabbiner klären (und dabei die wirtschaftlichen Existenzprobleme der Betroffenen abwägen), ob sie von der Beachtung des religiösen Gesetzes der Arbeitsruhe am Sabbat suspendiert würden, ob der Schaden tragbar sei; denn gegen Überlassung der Milch hätten die nichtjüdischen Helfer die Kühe schon gemolken. Das hätte immerhin die Quälerei des Viehs, die der Rabbi ebenfalls bedachte, verhindert, aber eine empfindliche Schädigung der jüdischen Besitzer bedeutet. Diese Probleme standen u. a. in Würzburg und Fulda zur Debatte, nachdem die christlichen Nachbarn den Juden die traditionelle Hilfe am Sabbat verweigert hatten.[38]

Die Jüdische Rundschau wurde im Frühjahr 1933 zum geistigen Wegweiser für die deutschen Juden durch eine Folge von Artikeln, die mit dem vielzitierten Aufsatz »Tragt ihn mit Stolz, den gelben Fleck!« aus der Feder des Chefredakteurs Robert Weltsch einen bedeutenden Auftakt hatte.[39] Der 1. April könne und müsse der Tag des jüdischen Erwachens und der jüdischen Wiedergeburt sein. Daß der jüdische Neubeginn im Zeichen des Zionismus stehen müsse, verstand sich für die Jüdische Rundschau und ihre Leser von selbst. Die Zionisten waren nach dem 1. April 1933, an dem den deutschen Juden nachdrücklich demonstriert wurde, daß ihr Heimatrecht in Deutschland ausgelöscht werden sollte, die einzige Fraktion der deutschen Judenheit, die eine Perspektive bot. Die Durchhalteparolen der CV-Zeitung waren wenig tröstlich. »Haltung!« lautete dort die Losung, und der Historiker Ismar Elbogen propagierte unter dieser Überschrift den Merksatz: »Denken wir an die Geschichte unserer Väter, die immer wieder solche Katastrophen erlebt und dennoch den Lebenswillen nicht aufgegeben haben!«[40]

Die Schlußfolgerung lautete, die Lage der deutschen Juden sei nur so lange verzweifelt, als sie an sich selbst zweifelten, eine Gemeinschaft gehe nicht unter, solange sie sich nicht selbst aufgebe. In die Praxis umgesetzt bedeutete das Wohlfahrtsmaßnahmen und Existenzsicherung auf bescheidenem Niveau, Berufsumschichtung und andere Anstrengungen der jüdischen Selbsthilfe wie Wirtschaftsberatung, genossenschaftliche Zusammenschlüsse, Arbeitsvermittlung. Dieser Weg wurde in den folgenden Jahren beschritten. Mit bewundernswertem Einsatz bemühten sich Organisationen wie die »Zentralstelle für jüdische Wirtschaftshilfe« oder der »Zentralausschuß der deutschen Juden für Hilfe und Aufbau« um ein Notdach. Zukunftsweisend konnten diese Anstrengungen aber nicht sein, und mehr und mehr war diese Arbeit von der bitteren Erkenntnis getränkt, daß es für Juden in Deutschland keine Existenzmöglichkeiten mehr gab. Daß die Vertreter der Juden den Lebensraum, der blieb (wenngleich er immer kleiner wurde), verteidigten und daß viele sich an ihr Dasein in Deutschland klammerten, war nur natürlich.[41]

Unter den vielen Denkschriften, die von Vertretern der Juden an die

Reichsregierung adressiert wurden, gab es auch eine vom Oktober 1933, die die orthodox-jüdischen Organisationen verfaßt hatten. Wegen ihrer strengen Gesetzestreue galten sie den liberalen und assimilierten Juden als weltfremd und altmodisch, sie standen auch im Rufe besonderer Leidensfähigkeit. Wenn es Versuche zur Anpassung oder gar Anbiederung an die Verhältnisse gegeben hatte, so gehörte die Eingabe der orthodoxen Juden an Hitler sicher nicht dazu. Nach der Zurückweisung der antijüdischen Propagandaphrasen wurde die Lage der Juden in Deutschland nach einem halben Jahr NS-Herrschaft beschrieben und als unerträglich bezeichnet, eine Bilanz, die mit der Bemerkung schloß, die deutsche Regierung könne leicht in den Verdacht geraten, sie betreibe bewußt die Vernichtung des deutschen Judentums. Wenn dies aber zutreffe, dann zögen es die Vertreter der Orthodoxie allerdings vor, der Realität ins Auge zu sehen.»Wenn Sie, Herr Reichskanzler, und die von Ihnen geführte nationale Regierung, wenn die verantwortlichen Mitglieder der Reichsleitung der NSDAP sich in der Tat als Endziel die Ausmerzung des deutschen Judentums aus dem deutschen Volke gesetzt haben sollten, dann wollen wir uns nicht länger Illusionen hingeben und lieber die bittere Wahrheit erfahren.«[42]

Die Erkenntnis, daß die Basis jüdischen Lebens in Deutschland verlorenging, war im Frühjahr 1933 noch nicht besonders verbreitet. Der Schock der Boykott-Aktion stärkte freilich die Autorität der Zionisten, die – je radikaler sich das NS-Regime gab und je bedrohlicher die Situation für die Juden in Deutschland wurde – sich darauf berufen konnten, mit ihrer Propaganda zur Stärkung des jüdischen Selbstbewußtseins und zur Gründung einer eigenen Nation auf palästinensischem Boden auf dem richtigen Wege zu sein, und zwar schon seit langer Zeit. Die Leitartikel in der Jüdischen Rundschau, die zur Erneuerung des Judentums aufriefen, gaben in der Folgezeit auch vielen Nichtzionisten moralischen Halt. Unter dem Titel »Ja-Sagen zum Judentum« wurde konstatiert, das Gemeinschaftsgefühl unter Juden sei stärker geworden. Jüdische Menschen, die vor kurzem noch achtlos und gleichgültig aneinander vorbeigingen, seien einander nähergekommen. »Man empfindet den Juden als Schicksalsgenossen, als Bruder. Jüdische Menschen können wieder miteinander sprechen.«

Aber darum ging es nicht in erster Linie. Die weltanschaulichen Differenzen im Judentum verschwanden keineswegs plötzlich in der Versenkung, die Funktionäre des Centralvereins warnten auch weiterhin davor, sich in Gruppenisolation – gemeint war: ins Ghetto – zu begeben durch die bewußte und demonstrative Hinwendung zum Jüdischen. Die Zionisten hatten mit ihrem Appell »Ja-Sagen zum Judentum« eine Aufbruchstimmung erzeugt, die nicht nur nach Taten – etwa der Hachscharah, der Ertüchtigung fürs Siedlerleben – drängte, sondern auch zur Suche nach einem neuen jüdischen Selbstgefühl, einer Bestimmung des Standorts: »Wir Juden, die wir die jüdische Gemeinschaft nicht als ›aufgezwungen‹ betrachten, sondern als eine natürliche geschichtliche Gegebenheit, zu der wir innerlich ja sagen und aus der heraus wir unser gesamtes Leben gestalten wollen, nehmen für uns in Anspruch, die deutsche Bildung und Kultur, in der wir aufgewachsen sind, als unentwindbaren Besitz zu behalten und als deutsche Bürger für das Ganze einzustehen.«[43]

In einem anderen Artikel – »Mach unsere Rücken wieder gerade!« – findet sich die Mahnung (sie galt nicht zuletzt dem liberalen Judentum) zum jüdischen Erwachen, ganz unabhängig von der deutschen Judenpolitik und einer theoretisch denkbaren Wiederherstellung der formalen Gleichberechtigung. Harte Arbeit müßten die Juden an sich selbst leisten mit dem Ziel eines neuen, selbstbewußten Judentums. Ebensowenig wie die Taufe als Eintrittsbillet in die deutsche Gesellschaft eine brauchbare Lösung jüdischer Probleme gewesen sei, könne man jetzt darauf vertrauen, sich durch individuellen Übertritt in andere geographische Gefilde zu retten. Die Bemerkung, daß die Völker andere Sorgen hätten als das Los der deutschen Juden, sollte sich außerdem nur zu bald für viele als bittere Wahrheit herausstellen. Die Übersiedlung nach Palästina allein bringe aber auch noch nicht das Heil, wenn nicht die bewußte Hinwendung zum Judentum damit verbunden sei.[44]

Eine »Wendung nach innen« wollten auch die Anhänger des Centralvereins, die Akzente lagen freilich auf der Forderung nach jüdischer Solidarität in schwerer Zeit, beim Knüpfen eines neuen sozialen Netzes. Das Zauberwort aber hieß jüdische Kultur. Die Forderung nach neuer Definition des Begriffs und nach Aktivitäten im Felde der jüdischen Kultur sollte zweierlei bewirken, die Festigung der jüdischen Position nach innen und die Bewahrung der Errungenschaften von Emanzipation und Assimilation nach außen.[45]

Einheit in später Stunde

In einer Grußadresse zu Leo Baecks 60. Geburtstag charakterisierte Max Kreutzberger, der Direktor der Zentralwohlfahrtsstelle der deutschen Juden in Berlin, den Zustand des Judentums in Deutschland als »ein Bild chaotischer Verwirrung, innerer Standortlosigkeit und mangelnder Zielstrebigkeit«.[46] Das war im Mai 1933. Zu dieser Zeit arbeiteten jedoch führende Männer aus allen Lagern des deutschen Judentums mit Eifer daran, das jüdische Leben neu zu strukturieren, organisatorisch mit dem Ziel eines für alle Richtungen repräsentativen Dachverbands, kulturell in der Hoffnung auf die Zusammenfassung der Kräfte zur Artikulation jüdischen Selbstbewußtseins und sozial, um der Notwendigkeit zu wirtschaftlicher Selbsthilfe und Fürsorge zu entsprechen. Auf dem letztgenannten »Tätigkeitsfeld kamen mit der Gründung des Zentralausschusses für Hilfe und Aufbau« im April 1933 die Dinge am schnellsten in Fahrt. Einmal gab es bereits Organisationen wie die »Zentralwohlfahrtsstelle der deutschen Juden« oder den »Hilfsverein der deutschen Juden« und das Palästina-Amt der Jewish Agency, zum anderen war angesichts der äußeren Bedrohung die Einigung auf ökonomischem und sozialem Gebiet leichter als in den politisch und ideologisch besetzten Bereichen. So waren im Zentralausschuß alle wichtigen jüdischen Organisationen vertreten, der Central-Verein, die Zionistische Vereinigung für Deutschland, der preußische Landesverband jüdischer Gemeinden, die Jüdische Gemeinde Berlin, der Jüdische Frauenbund und die orthodoxe Landesorganisation der Agudas Jisroel. Dem Zentralausschuß präsidierte der prominente Rabbiner Leo Baeck, die Richtung bestimmten Jüngere wie der Generalsekretär Max Kreutzberger, der freilich schon 1935 nach Palästina auswanderte. Salomon Adler-Rudel, der 1936 aus Deutschland ausgewiesen wurde, und Friedrich Brodnitz, der 1937 in die USA emigrierte. Sein Nachfolger Paul Eppstein kam 1944 in Theresienstadt ums Leben.

Der Zentralausschuß bildete in den sechs Jahren, die ihm bis 1938/1939 blieben, ein eindrucksvolles und alle Lebensbereiche umfassendes Selbsthilfewerk, finanziert von den jüdischen Gemeinden im Deutschen Reich, aber auch großzügig subventioniert von ausländischen Hilfsorganisationen wie dem American Joint Distribution Com-

mittee und der Central British Fund und gespeist aus den Sammlungs-
erträgen der Jüdischen Winterhilfe.[47]

Das Arbeitsprogramm mußte in Reaktion auf die fortschreitende öko-
nomische und soziale Diskriminierung der Juden in Deutschland immer wieder erweitert und neu definiert werden. So erhielt der Bereich
Bildung und Erziehung nach dem Erlaß der Nürnberger Gesetze größere Bedeutung als mit einem eigenen jüdischen Schulwerk nicht nur
jüdische Gemeinschaft und jüdisches Bewußtsein, sondern gleichzeitig die Auswanderungsfähigkeit durch Hinführung zu praktischen Berufen durch Unterricht in hebräisch gefördert wurde. Auswanderungsvorbereitungen und die Hilfe für Auswanderungswillige spielten
naturgemäß eine große Rolle, aber auch die Maßnahmen zur Berufsumschichtung, das heißt die Vermittlung von meist manuellen Kennt-
nissen und Fähigkeiten, mit denen sich die aus ihren Berufen Ver-
drängten – etwa die aus dem öffentlichen Dienst, im Bereich der
Presse usw. Entlassenen oder die brotlos gewordenen Freiberufler –
die künftige Existenz sichern sollten. Die ganze Skala der Wohlfahrts-
pflege und Wirtschaftshilfe mußte, da ja die jüdischen Deutschen
zunehmend aus dem öffentlichen System der sozialen Sicherung
ausgegrenzt wurden, vom »Zentralausschuß für Hilfe und Aufbau«
übernommen werden, und das angesichts der rapide zunehmenden
Verarmung der deutschen Juden.[48]

Darlehenskassen, Arbeitsvermittlung, Wirtschaftshilfe für besondere
Berufsgruppen, Gesundheitsfürsorge, Altenpflege, Anstaltswesen,
Kriegsopferfürsorge bildeten im Organisationsplan die wichtigsten
Positionen. Die Leistungen waren bewundernswert, und sie demon-
strierten Selbstbehauptungskraft und Solidarität in einer von Tag zu
Tag bedrohlicher werdenden Umgebung.

Nicht weniger bewunderungswürdig waren die Anstrengungen im kulturellen und geistigen Leben, die der »Kulturbund Deutscher Juden«
ab Mitte Juli 1933 unternahm. Die Kulturorganisation, als deren Prot-
agonist Kurt Singer (Arzt und Musiker und bis Frühjahr 1933 Inten-
dant der Städtischen Oper Berlin), der junge Regisseur Kurt Bau-
mann, der Musikkritiker Julius Bab und viele andere mit Hingabe
wirkten, hatte auch eine soziale Funktion, nämlich die der Künstler-
hilfe, um entlassenen jüdischen Musikern, Schauspielern und anderen
Künstlern Arbeit und Publikum zu bieten. Dem Selbstverständnis

nach war der Kulturbund Deutscher Juden (ab 1935, als sich die Juden
nicht mehr deutsch nennen durften, hieß er »Reichsverband der Jüdischen Kulturbünde in Deutschland« und von 1938 bis 1941 firmierte er
noch unter dem Namen »Jüdischer Kulturbund in Deutschland«) aber
eine Demonstration selbstbewußten und sich – wenigstens im Geistigen – selbst behauptenden deutschen Judentums. Bei allem program-
matischen Streit, der die kurze Geschichte des Kulturbunds durchzog,
war diese Organisation auch die wichtigste Bastion deutsch-jüdischer
Assimilation.[49]

Die Eröffnung des Kulturbund-Theaters in Berlin am 1. Oktober 1933
mit Lessings »Nathan der Weise« sollte Zeichen setzen, der Opernbe-
trieb hatte wenig später mit Mozarts Hochzeit des Figaro Premiere.
Mehr und mehr bekamen die vielfältigen Aktivitäten des Kulturbunds
auf der Bühne und im Konzertsaal, in der Erwachsenenbildung, bei
Kunstausstellungen und Rezitationen die Funktionen des Trostes, der
Ablenkung im immer schwieriger werdenden jüdischen Alltag. Der
Kulturbund war eine Mitgliederorganisation, und die Zugehörigkeit
bedeutete für viele deutsche Juden die einzige Möglichkeit, an irgendeiner Form kulturellen Gemeinschaftslebens teilzunehmen, nachdem
ihnen Mitwirkung und Teilhabe am deutschen Kulturbetrieb verwehrt
wurden. Die Möglichkeit bot sich freilich vor allem in Berlin und den
großen Städten des Deutschen Reiches. Und es war ein kulturelles
Ghetto, in dem die Juden Entspannung und Trost suchten.[50]

Das schwierigste Problem der Selbstdarstellung des deutschen Judentums bildete der ebenso dringende wie unter dem Druck der Verhältnisse eilig und im letzten Moment vollzogene Bau eines gemeinsamen
Daches über den politisch, soziologisch und religiös so verschiedenen
Organisationen, Richtungen und Gruppierungen. Dem Zusammen-
schluß im Dachverband, der es der deutschen Judenheit ermöglicht
hätte, schon vor Hitlers Machtantritt mit einer Stimme zu sprechen,
waren vielfältige Hindernisse entgegengestanden, nicht nur die religiösen Gegensätze zwischen der Orthodoxie, den liberalen, den konservativen Gemeinden, auch das föderalistische Bewußtsein der süddeutschen Landesverbände, das mit den Organisationsvorstellungen
des »Preußischen Landesverbands jüdischer Gemeinden« kollidierte,
die unterschiedlichen und stets vehement gegeneinander artikulierten
Interessen der großen Verbände, nämlich des Centralvereins deut-

scher Staatsbürger jüdischen Glaubens und der Zionistischen Vereinigung für Deutschland, aber auch des besonderen Standpunktes des mitgliederstarken Reichsbunds jüdischer Frontkämpfer, die kleineren Gruppierungen bis hin zu den Sekten gar nicht gerechnet. Die 1928 gegründete Arbeitsgemeinschaft der jüdischen Landesverbände des Deutschen Reiches und die 1932 daraus hervorgegangene Reichsvertretung waren kaum lebensfähig und gar nicht in der Lage, die Interessen der deutschen Juden insgesamt zu artikulieren, geschweige denn zu vertreten.

Leo Baeck war am 25. Juni 1933 demonstrativ als Präsident der Reichsvertretung jüdischer Landesverbände zurückgetreten, um den Weg zu einer Neugründung freizumachen. Daran arbeiteten seit April 1933 fünf prominente Juden, nämlich der Bankier Carl Melchior und Rabbiner Leo Baeck als Neutrale, Dr. Löwenstein vom Reichsbund jüdischer Frontsoldaten, Dr. Blumenfeld als Vertreter der Zionistischen Vereinigung und Dr. Julius Brodnitz im Namen des Centralvereins.

In Essen wurde der Vorsitzende der Synagogengemeinde, der Bankier Georg Hirschland initiativ, um zwischen den divergierenden Auffassungen der süddeutschen Landesverbände, der übermächtigen Berliner Gemeinde, der Rabbinerverbände, der Jugendorganisationen zu vermitteln. Die Sondierungen, Gespräche, Verhandlungen zogen sich bis in den Herbst hinein, es wurde um Führungspositionen gestritten und um Personen. Der Reichsbund jüdischer Frontsoldaten beanspruchte die Leitung der Dachorganisation, weil die Ausnahmeregelungen für Weltkriegsteilnehmer im »Gesetz zur Wiederherstellung des Berufsbeamtentums« die Illusion nährten, dieser jüdische Personenkreis würde von den Nationalsozialisten grundsätzlich und dauernd bessergestellt und sei daher zur Repräsentation deutschen Judentums besonders geeignet. Die Zionisten fühlten sich aus anderen Gründen unterrepräsentiert, und kritisiert wurden in verschiedenen Lagern auch die beiden Kandidaten, die gemeinsam die Spitze der künftigen jüdischen Vertretung bilden sollten: Leo Baeck als Präsident und der Stuttgarter Rechtsanwalt Dr. Otto Hirsch als geschäftsführender Vorsitzender. Hirsch war Präsident des Oberrats der Israelitischen Religionsgemeinschaft Württembergs und gehörte dem Centralverein an, er ist 1941 im KZ Mauthausen umgekommen. Gegen das Führungsduo Baeck und Hirsch wehrten sich die Berliner Gemeinde, aber auch die Zionisten.

Im September 1933 war die Einigung erzielt, nur die Orthodoxen des Halberstädter Verbands hielten bis 1937 weiterhin Distanz, und Präsident Baeck veröffentlichte das Programm der »Reichsvertretung der deutschen Juden«. Im wesentlichen sah er drei Aufgaben, nämlich Erziehung im Geiste des Judentums in Schule und Beruf, Sicherung der wirtschaftlichen Existenz und Förderung der Auswanderung aus Deutschland.[51]

Bis 1943 hat die Reichsvertretung der deutschen Juden (ab 1935 unter der geänderten Bezeichnung »Reichsvertretung der Juden in Deutschland«) die Belange der deutschen Juden vertreten, nach dem Novemberpogrom 1938 nicht mehr als frei gewählte Körperschaft, sondern als vom nationalsozialistischen Herrschaftsapparat verordnete und eingesetzte »Reichsvereinigung der Juden in Deutschland«. Aber auch in dem von der Sicherheitspolizei ernannten Vorstand blieben (mit Leo Baeck als Vorsitzendem) vier Männer der Einigungsstunde von 1933. Durch Auswanderung und Verhaftung dezimiert, durch immer neue Schikanen der Gestapo diskriminiert arbeitete die Reichsvereinigung bis zum 10. Juni 1943. An diesem Tag wurde sie von der Gestapo geschlossen und die letzten Mitarbeiter mit Leo Baeck nach Theresienstadt deportiert. Die schlimmste Diskriminierung hatte schließlich darin bestanden, daß die Repräsentanz des deutschen Judentums ab 1935 auch dazu mißbraucht wurde, bei der nationalsozialistischen Judenverfolgung erzwungene administrative Hilfsdienste zu leisten.[52]

Daraus läßt sich kein Vorwurf konstruieren. Wesentlich war, daß sich 1933 zum erstenmal in der Geschichte des deutschen Judentums Vertreter der verschiedenen Richtungen zusammengefunden hatten, um die Interessen der existentiell bedrohten Gemeinschaft gemeinsam zu vertreten und die spät gefundene Einheit zu demonstrieren.

Aktionen und Reaktionen
Der Novemberpogrom

Der Sachschaden betrug einige hundert Millionen Reichsmark, die Zahl der Todesopfer – durch Mord, als Folge von Mißhandlung, Schrecken, Verzweiflung – ging, die Selbstmorde nicht gerechnet, mindestens in die Hunderte, und der moralische Schaden des Ereignisses dauert bis heute an.

Die materielle Bilanz des Pogroms vom 9. November 1938, für den sich der so harmlos klingende Begriff »Reichskristallnacht« einbürgerte, wurde unmittelbar nach den Ereignissen gezogen, am 12. November in Berlin unter dem Vorsitz von Hermann Göring, dem zweiten Mann im Staate Hitlers. 7500 zerstörte jüdische Geschäfte wurden gemeldet, fast alle Synagogen waren abgebrannt oder zerstört (nach amtlichen Angaben waren 191 jüdische Gotteshäuser durch Feuer, weitere 76 durch menschliche Gewalt vernichtet worden, nach neueren Forschungen sind weit über 1000 Synagogen und Gebetshäuser insgesamt dem Pogrom zum Opfer gefallen), Schaufensterscheiben im Wert von vielen Millionen waren in der Nacht zum 10. November zerschlagen worden, und geplündert hatten die Helden der Schreckensnacht nach Kräften. Das wurde von den nationalsozialistischen Machthabern zwar energisch bestritten – der »Volkszorn« und die »gerechte Empörung« der Deutschen hätten mit trivialem Diebstahl nicht das Geringste zu tun – aber ein einziges Juweliergeschäft in Berlin hatte zum Beispiel der Versicherung einen Schaden von 1,7 Millionen Reichsmark gemeldet, entstanden durch vollständige Ausplünderung.[1] Auch in den Tagen nach dem 9. November wurde jüdisches Eigentum gestohlen und für manche alte Schuld wurden Quittungen erpreßt, bis hin zu unentgeltlichen Grundstücksübereignungen, die verängstigten Juden abgetrotzt wurden.

Bei den Brandstiftungen und Beraubungen, bei der Mißhandlung und Verhöhnung jüdischer Menschen war es aber nicht geblieben. In den

Tagen danach wurden im ganzen Deutschen Reich etwa 30000 jüdische Männer, und zwar überwiegend besser situierte, verhaftet und in die drei Konzentrationslager Dachau, Buchenwald und Sachsenhausen eingeliefert. Was das für die Betroffenen bedeutete, ist, trotz zahlreicher Augenzeugenberichte, kaum darstellbar. Daß die Aktion auf einige Wochen begrenzt war, daß sie »nur« der Einschüchterung diente und der Pression zur Auswanderung, aber (noch) nicht der Vernichtung der Juden – diese Feststellungen wiegen weniger gegenüber der Katastrophe, die der Aufenthalt im KZ für die bürgerliche Existenz, für die Zerstörung der bisherigen Lebensform und im Bewußtsein der Opfer darstellte. Die meisten kamen Wochen später zwar wieder frei, aber als »einst gesunde Menschen verließen sie nicht zu selten diese von Gott verdammte Stätte alt und gebrochen. Nicht selten war es, daß ihnen die Freiheit… schwerer wurde als man es ahnen mochte.« So steht es im Bericht eines Mannes, der, von den allgemeinen Mißhandlungen abgesehen, davongekommen war und der wenig später auswandern konnte.[2]

Die Zerstörungen und Verwüstungen dieser Novembertage waren noch nicht das Ärgste, aber sie leiteten es ein. Bis zum 9. November 1938 hatte sich das NS-Regime mit drohenden Gebärden, mit der Diskriminierung und schrittweisen Entrechtung der deutschen Juden begnügt: Mit der Boykott-Aktion am 1. April 1933, mit den Nürnberger Gesetzen von 1935, die die Juden zu Bürgern zweiter Klasse degradierten, mit der Verdrängung aus Berufen und gesellschaftlichen Positionen. Das alles war in scheinbar legalen Formen vor sich gegangen, mit Hilfe von Gesetzen, Verordnungen, Erlassen und Bestimmungen.[3]

Schon zwei Monate nach der Machtübernahme hatte die Hitler-Regierung im April 1933 das »Gesetz zur Wiederherstellung des Berufsbeamtentums« erlassen. Das Gesetz bezweckte genau das Gegenteil von dem, was die Bezeichnung vortäuschte, denn es diente als Handhabe zur Entfernung politischer Gegner aus dem öffentlichen Dienst, und betroffen waren auch alle Beamten jüdischer Herkunft. Hinzu kam, daß der »Arierparagraph« sinngemäß in der Folgezeit auch in berufsständischen Vereinigungen und allen möglichen anderen Organisationen angewendet wurde: Juden waren damit ausgegrenzt.

Ebenfalls im April 1933 wurde mit einem Gesetz gegen die Überfüllung der deutschen Schulen und Hochschulen der jüdische Anteil in den Bildungsanstalten begrenzt, das war die Vorstufe der Ausschaltung. Im Oktober 1933 wurden Juden mit Hilfe des Schriftleitergesetzes aus den Presseberufen entfernt. Im Mai 1935 wurden alle Juden vom Wehrdienst ausgeschlossen, und im September 1935 wurden die »Nürnberger Gesetze« erlassen. Das erste von ihnen, das »Reichsbürgergesetz«, machte die deutschen Juden zu Bürgern minderen Rechts, zu Staatsangehörigen zweiter Klasse, und das andere, das »Gesetz zum Schutz des deutschen Blutes und der deutschen Ehre«, verbot u. a. die Eheschließung zwischen Juden und Nichtjuden. (Außereheliche sexuelle Beziehungen wurden von nun an als »Rassenschande« geächtet und drakonisch bestraft.) Die Nürnberger Gesetze waren an sich schlimm genug, sie bildeten aber auch die Handhabe zu weiterer Diskriminierung. Vor allem das Reichsbürgergesetz diente mit den zahllosen Ausführungsbestimmungen und Durchführungsverordnungen bis zum Ende der NS-Herrschaft immer wieder aufs neue zur Beschränkung der Rechte der jüdischen Minderheit.

Ab März 1936 gab es für kinderreiche jüdische Familien keine Beihilfe mehr, im Oktober 1936 wurde es jüdischen Lehrern verboten, Privatunterricht an Nichtjuden zu erteilen. Damit verloren die Betroffenen meist die letzte Einnahmequelle, die sie nach dem Berufsverbot im Staatsdienst noch gehabt hatten. Ab April 1937 durften Juden an Universitäten nicht mehr den Doktortitel erwerben, im September 1937 verloren alle jüdischen Ärzte die Krankenkassenzulassung, im Juli 1938 verloren sie auch die Approbation, das heißt die Erlaubnis zur Berufsausübung, das gleiche Schicksal traf wenig später die Rechtsanwälte und andere Berufsgruppen.

Ende April 1938 waren alle Juden gezwungen worden, ihr Vermögen zu deklarieren, im Juli wurde eine besondere Kennkarte für Juden eingeführt, im August erging die Verordnung zur Führung der zusätzlichen Zwangsvornamen Sara bzw. Israel, als weitere Brandmarke wurde Anfang Oktober ein rotes »J« in die Reisepässe der Juden gestempelt. Das waren längst nicht alle Maßnahmen, und hinzu kamen die Schikanen, die man sich auf lokaler Ebene ausgedacht hatte, etwa die Tafeln am Ortseingang, daß Juden hier unerwünscht seien, die Parkbänke mit der Aufschrift »Nur für Arier« und anderes mehr.[4]

Im Herbst 1938, nach fünfeinhalb Jahren nationalsozialistischer Herrschaft, hatten sich für die deutschen Juden aufgrund staatlich geplanter und verordneter Diskriminierungen die Existenzbedingungen drastisch verschlechtert. Daß es noch schlimmer kommen würde, mochten viele nicht glauben, andere waren aber auch überzeugt, daß die angekündigte Drohung einer »Lösung der Judenfrage« wahrgemacht würde, niemand aber glaubte nach allem, was bereits geschehen war, an den spontanen Volkszorn, wie er angeblich am 9. November 1938 zum Ausbruch gekommen war.

Wie häufig in der Geschichte des Dritten Reiches bildete ein marginaler Anlaß, ein ganz peripheres Ereignis, den Anfang der verhängnisvollen Entwicklung. Im März 1938, nach dem »Anschluß« Österreichs, hatte die polnische Regierung die Gültigkeit der Pässe aller Auslandspolen in Frage gestellt, wenn sie mehr als fünf Jahre ohne Unterbrechung im Ausland gelebt und die Verbindung mit dem polnischen Staat verloren hatten. In Warschau fürchtete man im Frühjahr 1938 die Rückkehr der rund 20 000 Juden polnischer Staatsangehörigkeit, die seit langem in Österreich ansässig waren, aber jetzt möglicherweise nicht unters nationalsozialistische Regime kommen wollten.

Das polnische Gesetz trat am 31. März 1938 in Kraft, aber es wurde noch nicht angewendet. Erst im Herbst, unmittelbar nach dem »Münchener Abkommen«, erging am 15. Oktober eine polnische Verordnung, die die Überprüfung der Pässe der Auslandspolen vorsah. Alle konsularischen Pässe, das heißt alle im Ausland ausgestellten Dokumente, sollten ab dem 31. Oktober 1938 nur noch dann zur Einreise nach Polen berechtigen, wenn sie einen besonderen Vermerk der Überprüfung in den polnischen Konsulaten bekommen hatten. Das betraf nun auch die rund 50 000 polnischen Juden, die (und viele von ihnen seit Jahrzehnten) im Deutschen Reich lebten. Die Mehrzahl von ihnen sollte nach den Intentionen der Regierung in Warschau Ende Oktober, exakt am 30. des Monats, staatenlos werden. Danach hätte auch die deutsche Reichsregierung keine Möglichkeit mehr gehabt, die ihr lästigen Ostjuden über die Ostgrenze abzuschieben, da Polen sie dann nicht mehr als Bürger anerkannte.

Nachdem Verhandlungen zwischen Berlin und Warschau fehlgeschlagen waren – die Polen hatten zweimal abgelehnt, ab 31. Oktober Besitzer polnischer Pässe ohne den Prüfungsvermerk ins Land zu lassen –

übergab das Auswärtige Amt am 26. Oktober die Angelegenheit der Gestapo: Alle polnischen Juden sollten in den nächsten vier Tagen abgeschoben werden. Die Gestapo machte sich unverzüglich und mit aller Brutalität ans Werk. Ca. 17 000 Juden wurden an die polnische Grenze deportiert und nach Polen getrieben. Nachdem Warschau die Grenze schloß, irrten die Unglücklichen im Niemandsland zwischen Deutschland und Polen hin und her. Unter diesen Juden mit ungültigem polnischen Paß befand sich die Familie Grünspan. Ein Sohn, der 17jährige Herschel, lebte damals in Paris und entging so der Deportation. Am 3. November erhielt er eine Postkarte von seiner Schwester mit einer Schilderung des Geschehens. Der staatenlose, sich illegal in Paris herumtreibende Jüngling löste wenige Tage später Ereignisse aus, deren Dimension er nicht entfernt erkennen konnte.[5]

Denn der Pogrom, für den sein Revolverattentat auf einen Beamten der Deutschen Botschaft in Paris zum auslösenden Moment wurde, markierte die Wende zur Barbarei, in dieser Nacht wurden die Errungenschaften der Aufklärung, der Emanzipation, der Gedanke des Rechtsstaats und die Idee von der Freiheit des Individuums zuschanden, und in diesem November 1938 wurde den Juden in Deutschland und zugleich der Weltöffentlichkeit, auf die man bisher noch Rücksicht genommen hatte, demonstriert, daß bürgerliche Rechte und Gesetze für diese Minderheit nicht mehr galten. Mit keinem anderen Ereignis hat das NS-Regime so zynisch demonstriert, daß es auch auf den Schein rechtsstaatlicher Tradition nun keinen Wert mehr legte. Antisemitismus und Judenfeindschaft, wie sie als Bestandteil der nationalsozialistischen Ideologie schon immer propagiert worden waren, schlugen jetzt um in die primitiven Formen physischer Gewalt und Verfolgung. Die »Reichskristallnacht« bildete den Scheitelpunkt des Wegs zur »Endlösung«, zum millionenfachen Mord an Juden aus ganz Europa.

Die Ereignisse des 9. November waren aber auch in einer anderen Dimension noch schlimmer als die Pogrome, die aus religiösen und wirtschaftlichen Motiven oder aus antisemitischer Aggression seit dem Mittelalter, zuletzt in Osteuropa, stattgefunden hatten. Der Novemberpogrom 1938 war alles andere als eine spontane Aufwallung, er war inszeniert, und zwar von staatlichen Stellen und auf höchster Ebene. Den Anlaß geboten hatte Herschel Grünspan, der am 7. November den Legationssekretär der Deutschen Botschaft in Paris, Ernst vom Rath, anschoß. Herschel Grünspan hatte mit der Tat protestieren wollen gegen die brutale Austreibung der Juden polnischer Nationalität aus Deutschland Ende Oktober 1938. Die Leiden seiner Familie bildeten sein Motiv, nichts anderes. Neu aufgelegte Spekulationen aus jüngster Zeit darüber, daß Grünspan und vom Rath sich gekannt hätten und daß dem Attentat höchst private Motive zugrunde gelegen hatten, sind weder beweisbar noch relevant. Entscheidend für die folgenden Ereignisse waren nicht der Attentäter und sein Opfer, sondern (wie beim Reichstagsbrand 1933) die Möglichkeiten, die sich den Nationalsozialisten nach solch einer Tat boten.[6]

Den Nationalsozialisten war die Tat hochwillkommen, sie wurde zur Verschwörung des »Weltjudentums« gegen das Deutsche Reich emporstilisiert und diente zur Einleitung der endgültigen Ausgrenzung der deutschen Juden aus allen sozialen und ökonomischen Zusammenhängen. Goebbels benutzte das Attentat zunächst zu einer antisemitischen Pressekampagne.[7] Die dadurch erzeugte Stimmung hatte sich vereinzelt schon am 7. und am 8. November in Ausschreitungen gegen Juden und jüdische Institutionen entladen. In Hessen geschah das in mehreren Orten, u. a. in Kassel. Aber auch in Magdeburg-Anhalt gab es schon pogromartige Ereignisse.[8] In Wachenbuchen bei Hanau befahl der Bürgermeister, das jüdische Schulhaus zu demolieren und den jüdischen Lehrer zu attackieren.[9]

Im Laufe des 9. November waren in manchen Orten bereits ortsfremde Aktivisten am Werk, die Ausschreitungen gegen Juden provozierten. Aber der reichsweit inszenierte Pogrom begann erst nach der Goebbelsrede vor den »Alten Kämpfern« der NSDAP im Alten Rathaus zu München. Die Führer der NSDAP waren wie jedes Jahr an diesem Tag in München versammelt, um des Hitlerputsches von 1923 zu gedenken. Um 21 Uhr war die Nachricht vom Tod Ernst vom Raths gekommen. Gegen 22 Uhr, nachdem Hitler sich entfernt hatte, stimulierte der Reichspropagandaleiter die NSDAP- und SA-Führer, redete von Vergeltung und Rache und vermittelte den Eindruck, sie seien zu Aktionen aufgerufen. Der Stabschef der SA hielt seinen Leuten anschließend noch eine eigene Rede. Über die Gaupropagandaämter und von diesen weiter zu den Kreis- und Ortsgruppenleitungen bzw. zu den SA-Stäben im ganzen Reich gaben sie, nun schon in der Form des Befehls, telefonisch die Stimmung weiter. Wenig später brannten die ersten Synagogen.[10]

Durch Fernschreiben an alle Dienststellen der Gestapo und des SD in der Nacht (1.20 Uhr) übermittelte Heydrich (nach Rücksprache mit Himmler, der sich wiederum mit Hitler besprochen hatte) der Polizei Richtlinien für das Verhalten während der zu erwartenden »Demonstrationen gegen die Juden«. Darin hieß es u. a., daß nichtjüdisches Eigentum unbedingt zu schützen sei (»Synagogenbrände nur, wenn keine Brandgefahr für die Umgebung«), daß Juden ausländischer Staatsbürgerschaft nicht belästigt werden dürften, daß nicht geplündert werden dürfe. Archivmaterial der israelitischen Kultusgemeinden sollte sichergestellt werden. Angeordnet war die Festnahme und Inhaftierung von so vielen Juden als möglich, und zwar sollten sie wohlhabend, gesund, männlich und nicht zu hohen Alters sein. Das betraf insgesamt etwa 30000 Männer, die in den folgenden Tagen in die drei Konzentrationslager Dachau, Buchenwald und Sachsenhausen eingeliefert wurden.[11]

Der Pogrom ließ sich indes nicht ganz so präzise steuern wie geplant. Einiges war von vorneherein nicht unter Kontrolle der Regie: Es wurde nicht nur im großen Stil geplündert, auch blieben Juden ausländischer Nationalität keineswegs verschont, es gab Tote und Schwerverletzte, die in Haft genommenen Juden wurden grob mißhandelt. Vor allem aber war es schwierig, die an vielen Orten der Kontrolle entgleitenden Ereignisse zu stoppen. Der Pogrom dauerte über das am 10. November offiziell verkündete Ende hinaus an – mit Gewaltakten, Plünderungen, antisemitischen Demonstrationen bis zum 13. November.

Um die Mär vom spontanen Volkszorn aufrechtzuerhalten, agierten die sonst so Uniformfreudigen beim Pogrom meist in Räuberzivil; Ortsgruppenleiter der NSDAP (häufig waren sie gleichzeitig auch Bürgermeister) und andere Würdenträger überwachten das Treiben an vielen Orten persönlich, während sich das Bürgertum in der Mehrzahl angewidert vom Vandalismus oder einfach nur erschreckt, ängstlich und verstört im Hintergrund hielt. Die Feuerwehren taten ihre Pflicht nichtjüdischem Eigentum gegenüber, sie achteten nämlich darauf, daß die Flammen von den Synagogen nicht auf Nachbargebäude übergriffen. Die Raserei, die sich in den nächsten Tagen fortsetzte, ergriff schließlich auch solche, die mit den Zielen der Nationalsozialisten oder mit Politik überhaupt nichts im Sinn hatten. Die »Reichskristallnacht« wurde auch zum Ventil für niedere Instinkte, für Mord- und Zerstörungslust. Andere artikulierten dagegen vorsichtig ihren Unmut über die Aktion, die meisten freilich weniger aus Mitleid mit den jüdischen Mitbürgern, sondern wegen der sinnlos vernichteten Sachwerte.

Darin waren sich brave Bürger, die die Juden weniger geräuschvoll und ohne Beteiligung des Straßenpöbels aus der deutschen Gesellschaft entfernen wollten, mit Hermann Göring einig. Als Beauftragter für den Vierjahresplan fungierte Göring als quasi Superwirtschaftsminister des Dritten Reiches, und in dieser Eigenschaft machte er Goebbels für die Inszenierung der Pogrome heftige Vorwürfe: Ihm tat es um die Sachwerte leid, um die Rohstoffe und Devisen, die zur Behebung der Schäden eingesetzt werden mußten.

Den typischen Verlauf der Ereignisse gibt die folgende Schilderung, basierend auf einem Interview, das in London – im Exil – aufgenommen wurde. Emmy Golding berichtet über die Pogromnacht in einem kleinen Ort bei Köln und ihre Folgen für die Familie. Ihr Vater, Siegmund Kaufmann, betrieb Viehhandel und eine Metzgerei:»Er lebte mit seiner Frau und zwei Töchtern in der Nähe von Euskirchen, war ein angesehener Bürger, der den ersten Weltkrieg mitgemacht hat und dem nicht weniger als drei Orden verliehen wurden: Das Eiserne Kreuz – Die Finnische Freiheitsmedaille – Die Verwundungsmedaille. Der Beginn der Judenverfolgungen und die damit verbundenen Aufregungen begannen 1936, als ein Kriegerdenkmal eingeweiht wurde. Die verschiedenen Vereine zogen am Denkmal vorbei; selbstverständlich auch die jüdischen Verbände. Plötzlich stürzten sich die Nazis auf die Juden, verprügelten sie und warfen sie aus den Reihen heraus. Als am 9. November 38 ihr kleiner Heimatort von Pogromen heimgesucht wurde, schleppte man den damals 61jährigen Siegmund Kaufmann weg, während seine Frau und die beiden Töchter auf die Straße gejagt wurden. Das Haus wurde vollkommen demoliert, das ganze Geschirr zerschlagen, die Möbel kaputt gehauen, die Teppiche zerschnitten. Die Synagogen brannten. Kein ›Arier‹ hatte gewagt, die Juden zu beherbergen, aus Angst vor Strafe. Man konnte deutlich spüren, daß kein Haß da war, sondern nur Mitleid. Es war ja ein kleines

Städtchen, und jeder kannte jeden. Ein katholischer Pfarrer hatte sogar zwei Verwandte von Siegmund Kaufmann für eine Nacht aufgenommen. Die Polizei hat geholfen, jüdische Leute aufzufinden, die ihnen für diese Nacht Unterkunft gewährt haben. Frau Kaufmann und ihre Töchter gingen am nächsten Tag in ihr zerstörtes Haus zurück. Sie hatten nur das eine Ziel vor Augen, den Vater zu befreien. Siegmund Kaufmann wurde an jenem denkwürdigen 9. (10.) November, morgens um 10 Uhr verhaftet. Erst kam er nach Zülpich ins Gefängnis, dann in ein Sträflingsheim bei Köln. Von dort transportierte man ihn nach Dachau. Seine Kleider wurden ihm abgenommen; er mußte einen Sträflingsanzug tragen. Die Gefangenen lagen auf Pritschen eng aneinandergepreßt. Das Essen bestand aus einer Wassersuppe, in der einige Gemüsestückchen schwammen. Gearbeitet hat Kaufmann nicht, aber täglich mußte man sich zum Appell anstellen, und sie wurden gezwungen, Übungen zu machen. Er ist auch nicht mißhandelt worden; aber es wurde ihm erzählt, daß die Juden eine ganze Nacht unbeweglich still stehen mußten, weil ein Jude irgendeines Vergehens beschuldigt wurde. Frau Kaufmann und ihre Tochter Emmy haben die drei Orden des Vaters dem Gesuch beigelegt, das ihnen ein Verwandter, ein Rechtsanwalt, aufgesetzt hat. Sie sind damit auf die Gestapo gegangen und haben wirklich die Freilassung von Siegmund Kaufmann erwirkt. Herr Kaufmann wurde nach 8 Tagen entlassen, und ihm wurden seine Kleider wiedergegeben. Doch bevor er Dachau verließ, mußte er sich verpflichten, nichts zu erzählen, was er in Dachau gesehen hat, und es wurde ihm gedroht, daß er wieder eingesperrt würde, wenn er das Versprechen nicht hielte. Siegmund Kaufmann kam nach Hause zurück, wurde gezwungen, Land und Haus zu verkaufen und seine Metzgerei zu schließen. Eines Tages ließ ihn der Bürgermeister Weidner rufen: Er hätte die Steuern nicht bezahlt und müßte deshalb 5000 Mark erlegen. Herr Kaufmann hatte aber die Steuern bezahlt, und es gelang ihm, den Erpresser mit 500 Mark zu befriedigen. Dieser Bürgermeister Weidner hatte auf diese Weise auch bei anderen Juden Gelder erpreßt und sich auf deren Kosten bereichert. Die Familie Kaufmann ist dann bald nach England ausgewandert, nur mit einem Koffer ausgerüstet kamen sie in London an.«[12]
Soweit der Bericht, der für viele steht: Ganz ähnlich waren die Erfah-

rungen von Zehntausenden deutscher Juden, nur endeten nicht alle so relativ glimpflich mit der Auswanderung.

Man kann den Novemberpogrom als ein Ritual öffentlicher Demütigung deuten, als inszenierte Entwürdigung einer Minderheit, gegen die latente Haß- und Neidgefühle mobilisierbar waren. Im Ausland wurde die Verletzung elementarer deutscher Tugenden wie Respekt vor privatem Eigentum, Sparsamkeit, Achtung religiöser Stätten und nachbarschaftliches Verhalten (womit die ganze Skala von Zurückhaltung bis Hilfsbereitschaft gemeint ist) mit Verwunderung registriert – die alltäglichen Normen bürgerlichen Verhaltens im Rechtsstaat schienen für den Novemberpogrom suspendiert. Zutreffend an solchen Vermutungen, die sich in den Spalten der internationalen Presse fanden, war, daß das Deutsche Reich vor aller Welt demonstrierte, daß es kein Rechtsstaat mehr war. Aber an den spontanen Volkszorn glaubte natürlich niemand, und die bürgerlichen Konventionen galten weiter, nur eben nicht mehr für die Juden in Deutschland.

Die Aufforderung zum Pogrom durch die NSDAP kam einem bei vielen Parteigenossen seit der »Kampfzeit der Bewegung« brachliegenden Aktionsbedürfnis entgegen. Die in der SA, der SS, im NSKK und anderen Gliederungen der Partei Organisierten waren zum Vandalismus aufgefordert, den sie nun im guten Glauben ausleben durften. Antisemitismus, das Bewußtsein, an einer parteikonformen Machtdemonstration teilzuhaben, und die Erinnerung an die Kampfzeit vor 1933 bildeten die Hauptmotive der Aggression, des Vandalismus gegen Sachen und Menschen. Viele bekamen es jedoch nach den Exzessen mit der Angst, vor allem jene, die Körperverletzungen oder gar Morde begangen hatten. Festzuhalten bleibt: Die SA, die in den größeren Städten die Szene beherrscht, verfährt nicht nach Goebbels' Konzept der Provokation, das die »spontane Erhebung des Volkes« vorspiegeln soll, sondern nach bekannter Weise der Straßenschlacht. Wo die politischen Leiter der NSDAP den Pogrom steuern, geht es in der Regel weniger brutal zu.

Der Vandalismus der am organisierten Pogrom Beteiligten sprang aber auch über auf Unbeteiligte, als Frucht antisemitischer Propaganda, als Folge der Pressekampagne nach dem Grünspan-Attentat, oder – was am häufigsten und am wahrscheinlichsten war – aus dumpfer Aggression, Sensations- und Zerstörungslust, wie sie durch den

Pogrom entfesselt wurden. Beispiele sind gerade aus kleineren Orten überliefert (vielleicht auch deshalb, weil die Anonymität der Täter dort weniger gewährleistet war als in der Großstadt. Jedenfalls ist der Novemberpogrom keine großstädtische Angelegenheit gewesen).

In der hessischen Kleinstadt Assenheim wurde beispielsweise ein 17jähriger Hilfsarbeiter, der mit der NSDAP und mit Politik überhaupt nichts im Sinn hatte, von der Pogromstimmung erfaßt. Er kam gerade auf Urlaub von der Arbeit am Westwall und bemerkte den Volksauflauf in seinem Heimatort. In der Ortsmitte forderte der Ortsgruppenleiter – am hellichten Tag des 10. November – auf, in das Haus eines Juden einzudringen. Der junge Mann macht mit, gerät in einen Vernichtungsrausch und schlägt schließlich mit der Axt auf den Bewohner des Hauses ein.[13] In Büdingen drangen am frühen Nachmittag des 10. November Kinder und Jugendliche in jüdische Wohnungen ein und zerstörten was sie konnten, während eine größere Menschenmenge durch die Stadt zog und Gewalttätigkeiten beging.[14]

Viele weitere Beispiele finden sich in den Akten der Gerichte, die sich nach 1945 mit den Ereignissen der »Reichskristallnacht« beschäftigten. Sie stehen dafür, daß der Pogrom für nicht wenige zum Ventil für Mord- und Zerstörungsgelüste wurde, daß niedere Instinkte öffentlich abreagiert wurden.

Kaum reputierlicher waren die Reaktionen von Schadenfreude und Genugtuung über das Schicksal der Juden, die sich in Plünderungen, Erpressungen, Denunziationen äußerten und vor allem auf Bereicherung zu Lasten der rechtlos werdenden Juden zielten: Es ging um die Übernahme der zu arisierenden Geschäfte, um Wohnungen, Arztpraxen usw. Diese Reaktionen setzten erst nach dem Pogrom ein, sie waren aber von Dauer. Typische Beispiele sind die Erpressungsmanöver, denen die Juden im Zuge ihrer Auswanderungsvorbereitungen ausgesetzt sind. In Euskirchen wird ein Mann zum Bürgermeister bestellt, der 5000,– RM fordert wegen angeblicher Steuerschulden.[15] Ein vor der Abreise in die Emigration stehendes Berliner Ehepaar wird von einem langjährigen Bediensteten zu einer weiteren Vermögensüberschreibung genötigt (er war schon reich bedacht worden), um seine Drohung, er werde bei der Gestapo irgend etwas Ausreisehinderndes angeben, zu entkräften. Verängstigten Ehefrauen, die um ihre Männer im KZ bangen, werden im November 1938 Geldsummen abgepreßt, die angeblich der Befreiung der inhaftierten wohlhabenden Juden dienen sollen.[16]

In wieder eine andere Kategorie gehörten diejenigen, denen bei aller grundsätzlichen Billigung der nationalsozialistischen Judenpolitik deren Formen zuwider waren. Es war ja, wenn man von der Boykottaktion gleich nach der Machtübernahme im Frühjahr 1933 absieht, das einzige Mal, daß das Regime die Judenfeindschaft und die Bereitschaft zu physischer Gewalt gegen die jüdische Minderheit öffentlich derart exzessiv demonstrierte. Da waren viele Bürger einig, daß diese Art der »Lösung der Judenfrage« zu brutal, zu pöbelhaft, zu unzivilisiert war. Es gab auch Bedauern um die vielen vernichteten Sachwerte. Bauern äußerten Unmut über sinnlos vergeudete Lebensmittel. In den amtlichen Berichten von der Gendarmeriestation bis zu den Regierungspräsidenten kam dieser Ärger immer wieder zur Sprache.

Ein Beispiel aus dem Bericht des Regierungspräsidenten von Niederbayern und der Oberpfalz zeigt die Ambivalenz von Mißbilligung und Zustimmung: »Die gegen das Judentum gerichteten gesetzlichen Maßnahmen fanden... vollstes Verständnis. Um so weniger Verständnis brachte der Großteil der Bevölkerung für die Art der Durchführung der spontanen Aktion gegen die Juden auf; sie wurde vielmehr bis weit in Parteikreise hinein verurteilt. In der Zerstörung von Schaufenstern, von Ladeninhalten und Wohnungseinrichtungen sah man eine unnötige Vernichtung von Werten, die letztes Endes dem deutschen Volksvermögen verloren gingen und die in krassem Gegensatz stehe zu den Zielen des Vierjahresplans, insbesondere auch zu den gerade jetzt durchgeführten Altmaterialsammlungen. Auch die Befürchtung wurde laut, daß bei den Massen auf solche Weise der Trieb zum Zerstören wieder geweckt werden könnte. Außerdem ließen die Vorkommnisse unnötigerweise in Stadt und Land Mitleid mit den Juden aufkommen.«[17] In der Weigerung, zum Winterhilfswerk zu spenden, weil mit Billigung der Partei so viele Sachwerte zerstört wurden, kamen in ländlichen, insbesondere katholischen Gegenden Regimekritik und Widerwille zum Ausdruck, ausgelöst durch den Pogrom.

In ziemlich erheblichem, wenngleich nicht exakt meßbarem Umfang wurden aber auch Mitleid und Solidarität mit den Opfern des Pogroms empfunden und sogar artikuliert. Man schämte sich der Exzesse, wollte keinen Anteil daran haben und war in der Ablehnung einig, und zwar fast öffentlich. Ein Beispiel für viele: In Köln stand am Tag nach dem Pogrom eine Menschenmenge vor den Trümmern der Synagoge an der Roonstraße und beobachtete die Demontage des Davidsterns auf der Kuppel. Ein Passant verfolgte in ohnmächtigem Zorn die Dinge:»Wieder schloß ich die Augen für einen Moment, aber dann nahm ich wahr, daß ich nicht allein stand. Es gab noch Bürger, die mit Abscheu, Ekel und Entsetzen still protestierend Zeugen dieses erbärmlichen Schauspiels gewesen sind. Ich bin sicher, daß sie mit mir dachten: Das also ist das Volk, das sich dünkt und den Anspruch erhebt, ein Kulturvolk zu sein. Ich habe mich nie in meinem Leben so geschämt wie an jenem Tage.«[18]

Für manche war der Pogrom Anlaß zu heimlicher Sympathiekundgebung für die jüdischen Nachbarn, für einige auch zu anhaltendem Widerstand und fortdauernder Hilfe. Zu nennen wären die Gruppen, die vor allem in Berlin bis 1945 Juden versteckten, sie ernährten und schützten. Die Gräfin Maltzan, die Gruppe um Ruth Andreas-Friedrich und Aktivitäten anderer Personen gehen auf die Scham vom November 1938 zurück.[19]

Man kann konstatieren, daß der inszenierte Pogrom nicht die Billigung der Mehrheit des deutschen Volkes gefunden hat. Die Motive waren unterschiedlich, sie reichten von der Sorge um die Zerstörung des Rechtsbewußtseins, von der Mißbilligung der Übergriffe auf fremdes Eigentum über das Empfinden, diese Vorgänge stünden im Gegensatz zur deutschen kulturellen Tradition. Dazu kam die berechtigte Befürchtung, das brutale Vorgehen schade dem deutschen Ansehen im Ausland. Andere waren aus humanitären Gründen entsetzt oder empfanden das ohnmächtige Gefühl der Beschämung und einige nahmen den Pogrom zum Anlaß aktiver Gegnerschaft gegen das Regime. Eine höhergestellte, dem Nationalsozialismus gegenüber grundsätzlich positiv eingestellte Persönlichkeit schrieb zwei Tage nach dem Pogrom anonym an Goebbels:»Weinen könnte man, schämen muß man sich, ein Deutscher zu sein... Und niemand traut sich, ein Wort dagegen zu sagen, wenn auch 85% der Bevölkerung empört ist wie nie.«[20]

Das hieß nicht, daß die judenfeindliche Politik grundsätzlich und mehrheitlich von den Deutschen abgelehnt wurde; sie sollte jedoch in Form von Gesetzen und Verordnungen, auf einer formal-legalen Grundlage vollzogen werden. Solange der Rahmen des bürgerlichen Formenkanons einigermaßen eingehalten wurde, konnte die Politik der Ausgrenzung, Enteignung und Verdrängung der jüdischen Minderheit aus Deutschland mit erheblichem Konsens in der Bevölkerung rechnen.

Das Grünspan-Attentat mußte von den Machthabern geradezu als Geschenk des Schicksals zum richtigen Zeitpunkt empfunden werden, denn auch die Vorbereitungen für die endgültige Ausschaltung der Juden waren gerade beendet. Im April 1938 war die Anmeldepflicht für jüdisches Vermögen über 5000,– RM verordnet worden, ab Juni mußten jüdische Wirtschaftsbetriebe gekennzeichnet sein, um deren »Arisierung« einzuleiten. Am 14. Oktober 1938 hatte Göring in einer Konferenz über die Produktionsziele im bevorstehenden gigantischen Wirtschafts- und Rüstungsprogramm erklärt, »die Judenfrage müßte jetzt mit allen Mitteln angefaßt werden, denn sie müßten aus der Wirtschaft raus«.[21]

Knapp einen Monat später, in der Sitzung am 12. November, als die Bilanz des Pogroms gezogen wurde (und bei welcher Gelegenheit Göring Goebbels die wirtschaftlichen Schäden und die beim Pogrom zerstörten Werte vorhielt), wurde der weitere Kurs der nationalsozialistischen Politik gegenüber den Juden festgelegt. Goebbels durfte in den folgenden Tagen und Wochen propagandistisch unterfüttern, was als Vollstreckung des Volkswillens deklariert wurde, nämlich zuerst die Enteignung, dann die Ghettoisierung und schließlich die Deportation und Vernichtung der deutschen Juden, die nicht das Glück hatten, dem deutschen Herrschaftsbereich noch zu entkommen. Die Enteignung der Juden war am 10. November 1938 schon beschlossene Sache, die vollständige »Arisierung« der deutschen Wirtschaft von Hitler entschieden. Umstritten war vor allem noch, wer den Gewinn einstreichen sollte, der Staat oder die NSDAP. Göring, als Beauftragter für den Vierjahresplan, trug in der Sitzung vom 12. November den Sieg über den Reichspropagandaminister Goebbels davon, der die Kassen der Partei mit dem Geld der Juden hatte füllen wollen.

Einig waren sich die im Reichsluftfahrtministerium versammelten Minister und Beamten, daß die Juden nicht nur für die Schäden haften sollten, die beim Pogrom angerichtet wurden – wobei durch die Beschlagnahme der Versicherungssumme sichergestellt war, daß sie auch tatsächlich geschädigt waren –, sondern daß den deutschen Juden darüber hinaus eine »Buße« auferlegt wurde, über deren Höhe nicht lange diskutiert wurde: Eine Milliarde Reichsmark wurde festgesetzt, tatsächlich waren es schließlich 1,12 Milliarden.

Die »Arisierung« erst aller jüdischen Einzelhandelsgeschäfte, dann der Fabriken und Beteiligungen wurde an diesem 12. November beschlossen[22], ehe die Herren über Maßnahmen berieten, wie die Juden endgültig aus der deutschen Gesellschaft ausgegrenzt und isoliert werden sollten. Die Ideen reichten vom Verbot des Betretens deutschen Waldes über die Beseitigung aller Synagogen zugunsten von Parkplätzen, über Vorschriften zum Benutzen der Eisenbahn bis zum Judenbann in Anlagen und zur äußeren Kennzeichnung der Juden durch eine bestimmte Tracht wie im Mittelalter (Göring hielt Uniformen für zweckmäßig) oder wenigstens durch ein Abzeichen.

Die meisten dieser Vorschläge wurden in der Folgezeit realisiert, als, unmittelbar nach dem Pogrom, die vollständige Entrechtung der Juden durch einen Katarakt von Anordnungen und Erlassen, Befehlen und Verboten eingeleitet wurde. Die physische Vernichtung bildete dann nur noch die letzte Station des Weges, der im November 1938 bewußt und öffentlich eingeschlagen war.

Überleben in Deutschland
Drei jüdische Schicksale

I.

Frühjahr 1935. Ein kleines Mädchen wagt auf der Straße nicht, an einem Pferd vorbeizugehen, das mit seinen Vorderhufen auf dem Bürgersteig steht. Ihre Schwester sagt beruhigend zu ihr: Geh doch, das Pferd weiß ja nicht, daß wir jüdisch sind.

Die Momentaufnahme aus dem Leben der Juden in Deutschland ist nachzulesen in einem Beitrag der Jüdischen Rundschau, der zwei Jahre nach Hitlers Machtübernahme dem gerade aktuellen Problem der Umschulung jüdischer Kinder gewidmet war. Jüdische Eltern standen vor der Entscheidung, ihre Kinder aus den allgemeinen Schulen zu nehmen und sie in jüdischen Lehranstalten unterrichten zu lassen. Der Verlust der gewohnten Umgebung wurde kaum aufgewogen durch die Linderung des Gefühls, verachtet und gefährdet zu sein, die Übergangsschwierigkeiten waren beträchtlich: Die Kinder fühlten sich in der betont jüdischen Umgebung fremd, sie litten unter der Sehnsucht nach der alten Klasse (»Mutti, darf ich nicht manchmal über den Zaun gucken, wenn meine frühere Klasse Turnen hat?«) und am gestörten Selbstwertgefühl (»Ich bin ja doch nur ein Jude«). Aber die Familien hatten – im Frühjahr 1935 – noch die Auswahl, ein paar Jahre später war jüdischen Kindern der Besuch allgemeiner Schulen verboten, dann (1941) waren jüdische Schulen nur noch in ein paar Großstädten geduldet, schließlich, im Sommer 1942, wurden sämtliche jüdischen Schulen geschlossen.

Im März 1935, als in der jüdischen Presse die psychologischen Probleme der Umschulung diskutiert wurden, waren die Nürnberger Gesetze noch nicht erlassen, waren die deutschen Juden noch nicht offiziell per Gesetz und Verordnung zu Bürgern zweiter Klasse erniedrigt worden. Menschen minderen Rechts waren sie bereits, das hatte die

Boykott-Aktion am 1. April 1933 gezeigt, das konnten sie täglich in der Zeitung lesen, auf der Straße erleben, am Arbeitsplatz erfahren.

Aber viele verloren auch schon gleich nach Beginn der nationalsozialistischen Herrschaft ihren Arbeitsplatz, und zwar nicht nur diejenigen, die mit Hilfe des zynischen Gesetzes zur »Wiederherstellung des Berufsbeamtentums« aus dem Staatsdienst entfernt wurden. Der »Arierparagraph« wurde in Analogie dazu auch in anderen Bereichen zunehmend angewendet. Die Ausgrenzung traf bald die Journalisten, dann Schriftsteller und Künstler, Steuerhelfer, Apotheker, Ärzte, Rechtsanwälte, Vieh- und Getreidehändler, Immobilienmakler und schließlich, nach dem Novemberpogrom 1938, alle jüdischen Geschäftsleute, vom kleinen Kaufmann bis zum Fabrikanten.

Gegen eine halbe Million deutscher Bürger war die amtliche Judenfeindschaft gerichtet. Als kollektives Geschick ist die Verfolgungsgeschichte der Juden heute im allgemeinen Bewußtsein, in den Lehrbüchern, in Gedenkreden präsent, und die Bilanz der Verfolgung ist traurig genug: Nur etwa die Hälfte der deutschen Juden entkam durch rechtzeitiges Auswandern und – was lebenswichtig war – durch die weitere Flucht aus den Nachbarländern Hitlerdeutschlands. Warum nicht alle auswanderten? Die Antwort ist nicht sehr schwer: weil sie entweder keine Gelegenheit dazu hatten oder weil die bürokratischen Hürden unüberwindlich waren oder weil die meisten vor der »Reichskristallnacht« nicht an die mörderischen Ziele der NS-Rassenpolitik glauben mochten und weil das Regime zuletzt, 1941, die Auswanderung derer, die man vernichten wollte, verbot.

Ein Drittel der deutschen Juden wurde in die Ghettos und Vernichtungslager im besetzten Osten deportiert und erfuhr dort die letzte Konsequenz der nationalsozialistischen Ideologie, den Völkermord. Ein kleiner Rest überdauerte die NS-Herrschaft in den Lagern, andere überlebten als Partner in »Mischehen« – aber nur, wenn die Solidarität des nichtjüdischen Partners den Diskriminierungen standhielt, und ganz wenige retteten sich zuletzt im Untergrund, aber wiederum nur, wenn sie Freunde und Helfer hatten, die keine Juden waren. Als kollektives Schicksal blieb das jüdische Leben im Staat Hitlers ein die Nachgeborenen zwar bedrückendes, jedoch abstraktes Stück Historie. Die Wirklichkeit besteht hingegen aus Einzelgeschicken, aus dem je eigenen alltäglichen Kampf um die Existenz, um Selbstbehauptung, Auswanderung oder das nackte Leben.

II.

Dr. Ludwig Misch, Musikwissenschaftler und ausgebildeter Kapellmeister, wurde am 1. April 1933 vom Berliner Lokalanzeiger entlassen. Er war zugleich bei der Rundfunk-Programmzeitschrift »Europa-Stunde« Musikkritiker und Musikredakteur gewesen. Misch reiste mit einem Empfehlungsschreiben Wilhelm Furtwänglers auf der Suche nach einer Tätigkeit nach Paris. Der Aufenthalt erbrachte jedoch nicht mehr als eine Kostprobe vom elenden Emigrantenleben. Im Herbst 1933 kehrte Misch nach Berlin zurück, gründete einen Chor, die »Neue Madrigalvereinigung«, suchte Engagements bei Veranstaltungen des Reichsbunds jüdischer Frontsoldaten, bei jüdischen Logen, bei der jüdischen Gemeinde. Die Einnahmen waren gering, sie wurden gleichmäßig unter den Mitgliedern des Chors verteilt.

Etwas Lebensunterhalt verdiente Misch als Musikkritiker des Berliner jüdischen Gemeindeblatts, vorübergehend auch des Israelitischen Familienblatts. Im April 1935 fand er eine Stelle als Musiklehrer an einer jüdischen Privatschule. Dem Verlust der Wohnung folgte jedoch der Entzug der Unterrichtserlaubnis. Der abermals zu Hilfe gerufene Furtwängler intervenierte beim Kultusministerium, und ab Ostern 1937 durfte Dr. Misch wieder als Musiklehrer, halb an der alten Schule, halb an einer anderen jüdischen Privatschule, tätig sein. Anfang 1939 wurde die eine Lehranstalt aufgelöst, weil die Inhaberin auswanderte, im Herbst 1939 war die andere am Ende. Es fand sich bis zum Frühjahr 1941 noch einmal eine Stelle an einer dritten jüdischen Schule; auch für das »Jüdische Nachrichtenblatt«, das letzte bescheidene Organ, das nach dem Verbot der jüdischen Presse Ende 1938 noch existierte, schrieb er Musikkritiken über die spärlicher werdenden Aufführungen des jüdischen Kulturbunds.

Am 1. April 1941 erhält Misch einen Arbeitsplatz in der Hauptverwaltung der Jüdischen Gemeinde in der Abteilung »Wohnungsberatung«, der es obliegt, jüdische Mieter aus »arischen« Häusern in jüdische Quartiere umzusiedeln, also möglichst viele Menschen auf kleinstem

Raum zusammenzupferchen. Das ist schon das Vorspiel zum letzten Akt: der Ghettoisierung folgt die Kennzeichnung mit dem Judenstern im Herbst 1941 und dann die Deportation.

Dr. Misch ist davon nicht unmittelbar bedroht, denn er ist mit einer Nichtjüdin verheiratet. Seine jüngere Schwester war in letzter Minute ins Ausland entkommen, die ältere glaubte sich geschützt durch ihre Arbeit bei der »Paltreu«, einer Institution, die mit der Billigung der Machthaber zeitweise eine begrenzte Auswanderung nach Palästina betrieb. Ellen Misch besaß auch das begehrte Affidavit eines US-Bürgers, das unerläßlich war für die Emigration nach Amerika. Aber der Konsul in Berlin verlangte die Hinterlegung einer Geldsumme durch den Bürgen in den Vereinigten Staaten und verweigerte, da der nicht in der Lage war, das Visum. Das war das Todesurteil für Ellen Misch, sie wurde ins Vernichtungslager deportiert.

Zum Alltag der Juden, auch der in »Mischehe« lebenden, gehörten die verbotenen Parkbänke, die Stadtteile, die sie nicht betreten durften, die Lebensmittelkarten, auf denen die Abschnitte für Fleisch, für Obst und vieles andere mit einem »J« ungültig gestempelt waren. Als das Ehepaar Misch, ohne des Obstverbots für »Nichtarier« zu gedenken, geschenkte Erdbeeren auf dem Balkon verzehrt, kommt die Polizei. Die Leute im gegenüberliegenden Haus haben sie denunziert. Die Polizisten sind menschlicher als die Nachbarn und unternehmen nichts weiter.

Es gibt immer noch verstohlene Signale der Sympathie mit den Entrechteten, es gibt »Arier«, die Juden weiterhin wie Menschen behandeln, aber die demonstrativen Gesten der Solidarität sind selten geworden. Sie waren in der Anfangszeit des NS-Regimes noch häufiger zu beobachten. Am Tag des Boykotts 1933 etwa, als ein hoher Offizier die SA-Posten vor dem jüdischen Zigarrengeschäft in Berlin beiseite schob und dort einkaufte, was er zuvor nie getan hatte. Brauchte es zu solchen Gesten anfangs nur Zivilcourage, so wurde es immer gefährlicher, als Judenfreund zu gelten. Ein Gestapo-Erlaß vom Herbst 1941 bedrohte »deutschblütige Personen« deswegen mit »Schutzhaft«, im Klartext hieß das: Einweisung ins KZ.

Ludwig Misch wurde im März 1943 zur Zwangsarbeit im Reichssicherheitshauptamt, der Gestapozentrale, eingesetzt, erst um jüdische Bücher zu katalogisieren, die aus ganz Europa zusammengeraubt waren, dann zu Aufräumungs- und Evakuierungsarbeiten nach den Luftangriffen. Ende 1944 wurde im Zuge einer »Entehrungsaktion« gegen »deutschblütige Frauen jüdischer Männer« auch Frau Misch zur Zwangsarbeit verpflichtet, sie mußte in der Packerei eines Verlages schwere körperliche Arbeit verrichten. Im April 1945 endet mit der Flucht der SS-Bewacher, die in den Wochen vor dem Zusammenbruch ihrer Herrschaft ganz leutselig zu den Zwangsarbeitern geworden sind, die Zeit der Bedrohung für das Ehepaar Misch.

III.

Julius Loewy war 1900 in Hofgeismar bei Kassel zur Welt gekommen, er wurde im September 1918 noch Soldat, machte dann das Abitur und begann in Würzburg Zahnmedizin zu studieren. Er wird Mitglied in der schlagenden Verbindung »Salia«, die in den 80er Jahren des vorigen Jahrhunderts gegründet war als betont jüdische Antwort auf den Antisemitismus der meisten akademischen Korporationen. Nach dem Examen kann sich Loewy als junger Assistenzarzt und Vertreter von Kollegen bis Anfang 1936 in Hamburg beruflich entfalten. Als Kriegsteilnehmer ist er von manchen Diskriminierungen noch ausgenommen, aber die Zulassung zu Krankenkassen bekommen jüdische Ärzte und Zahnärzte nicht mehr. Da die Chancen zur Auswanderung so schlecht sind und weil Loewy als deutscher Patriot sein Vaterland auch nicht verlassen will, gründet er mit seinen Ersparnissen eine Privatpraxis an bester Adresse, am Jungfernstieg 2 in Hamburg. Nach günstigem Start wagen es aber immer weniger Patienten, ihn aufzusuchen. Bis zum 9. November 1938 hält er sich gerade über Wasser.

Das Berufsverbot für jüdische Zahnärzte, Tierärzte und Apotheker wurde im Januar 1939 verfügt, aber Dr. Loewy praktizierte schon seit 10. November nicht mehr, dem Tag, an dem er verhaftet und ins Konzentrationslager gesperrt wurde. Das gleiche Schicksal traf rund 30 000 jüdische Männer, die im Zuge des inszenierten Pogroms und des damit verbundenen Rituals der Demütigung verhaftet wurden. Es handelte sich fast ausnahmslos um wohlsituierte Männer. Sie kamen in der Regel bald wieder frei, die KZ-Erfahrung sollte sie zur Auswanderung nötigen. Unter den Mißhandlungen und Schikanen zerbrach die bürgerliche Existenz, der Entlassung folgten Auflösung und Flucht. Das war schwer genug zu bewerkstelligen. Julius Loewy, der durch den Schock des Lagers für Wochen die Stimme und fürs Leben die Gesundheit verlor, bemühte sich verzweifelt um die Einreiseerlaubnis – egal für welches Land. Die Behörden von USA, Australien, Griechenland, Holland, Luxemburg und sämtlichen britischen Kolonien bat er um das Visum, und in letzter Minute, Ende Juli 1939, bekam er die Erlaubnis für Indien. Die Auflösung der Praxis betrieb der jüdische Zahnarzt mit größter Hast, denn ein nichtjüdischer Kollege hatte ihm gedroht, wenn er die Räume nicht vor Weihnachten 1938 übernehmen könne, würde er ihn mit Gewalt hinauswerfen.

Am 24. August 1939 verläßt Dr. Loewy mit kleinem Gepäck und zehn Reichsmark Ausreisegeld (mehr war damals nicht erlaubt) sein Vaterland Richtung England. Am 3. September kommt seine Frau mit dem letzten Schiff aus Holland nach. Dann ist Krieg. Das Umzugsgut geht verloren, Loewy kommt ins Internierungslager auf die Insel Man, die Weiterreise nach Indien bleibt ein Traum. Nach der Internierung, 1941, darf er als Assistent in einer Klinik arbeiten, später wird er britischer Staatsbürger und läßt sich als Zahnarzt in London nieder. Knappe zehn Jahre bleiben ihm, dann versagt seine Gesundheit. Im Sommer 1957 muß er sich als Invalide zur Ruhe setzen, wegen der späten und dauernden Folgen einer kurzen Haft im deutschen KZ.

IV.

Lola Alexander hatte nach dem Besuch des Lyzeums in Berlin-Steglitz im väterlichen Laden gelernt und sich dann selbständig gemacht. Als in der »Reichskristallnacht« ihr Geschäft zugrunde ging, war sie 31 Jahre alt. Bis 1941 verdiente sie sich mit Gelegenheitsarbeiten, etwa als Zeitungsträgerin, das Nötigste, dann wurde sie, wie ihre Zwillingsschwester Tana, als Zwangsarbeiterin in eine Rüstungsfabrik verpflichtet. Sie hatte Glück. Als sie im Herbst 1941 nach der Einführung des Judensterns einen Nervenschock erlitt, gab sich ihr Vorgesetzter als Regimegegner zu erkennen, Ende Januar 1943 forderte er sie auf, sich der bevorstehenden Deportation durch Flucht in den Untergrund zu entziehen. Lola wurde in einer Leihbücherei untergebracht, als ausgebombte Kriegerwitwe mit falschem Ausweis getarnt. Das größte Problem war – neben der ständigen Furcht vor Denunziation – der Hunger, denn mit der Aufgabe der wahren Identität gingen auch die Lebensmittelkarten verloren. Untergetauchte Juden blieben ganz auf die Hilfe ihrer Freunde angewiesen. Obdach und Brot wurden immer unter Lebensgefahr gewährt.

Lolas Retter wurde im Sommer 1944 verhaftet, als seine Widerstandsgruppe aufflog. Eine jüdische Freundin war denunziert worden, Lola mußte von Tag zu Tag neue Gastgeber suchen. Sie war, weil sie nicht-jüdische Freunde fand, die einzige Überlebende der Familie. Ihre Mutter hatte um der Deportation zu entgehen 1942 Selbstmord begangen, ihre Schwester Tana war im Februar 1943 vom Arbeitsplatz im Rüstungsbetrieb weg in den Osten deportiert worden.

V.

Überleben war schwer. In den erbärmlichen Verhältnissen des in der »Mischehe« geschützten Zwangsarbeiters, als Häftling, den Gefahren der Illegalität ausgesetzt oder den Sorgen des Exils preisgegeben: Zur existentiellen Not kamen die Zweifel an der Identität. Sie hatten sich ja alle nicht weniger als Deutsche denn als Juden gefühlt, sie waren nicht weniger deutsch gewesen als die »Deutschblütigen«, und sie litten um so mehr daran, ohne Schuld verstoßen, für fremd- und bösartig erklärt, verfolgt zu sein. Und schwer wurde den Überlebenden auch das Weiterleben in der Zeit nach Hitler, in der Trauer um die Verlorenen und um das Verlorene, quälend blieb das Bewußtsein, zu den wenigen zu gehören, die entronnen waren.

»Evakuierung«
Deportation und Vernichtung der Juden aus Bayern

Am 23. November 1941 bestätigte Martha Sara Handburger, geborene Engelhardt, durch ihre Unterschrift, daß ihr seitens der Geheimen Staatspolizei, Staatspolizeistelle Nürnberg-Fürth, Außenstelle Würzburg eröffnet worden war, sie würde am 27. November evakuiert und ihr gesamtes Vermögen sei beschlagnahmt. Die Unterschrift steht auf einem vervielfältigten Schriftstück unter der Überschrift »Eröffnung!«, das Dokument ist ordentlich datiert, mit der Signatur eines Kriminalinspektors versehen, und es enthält außer der handschriftlich eingetragenen Evakuierungsnummer 239 der Martha Handburger ihre letzte Adresse in Würzburg: Hindenburgstraße 21.[1]

Drei Tage vor der »Evakuierung« waren die dazu ausersehenen Juden aus Würzburg vorgeladen worden, um Verhaltensmaßregeln für das Bevorstehende in Empfang zu nehmen, um über den letzten Akt der Vernichtung der Reste ihrer bürgerlichen Existenz belehrt zu werden. Zur Kenntnis nehmen mußte Martha Handburger (und weiteren 201 Würzburger Juden wurde das gleiche mitgeteilt), daß ihr »gesamtes Vermögen rückwirkend ab 15. Oktober 1941 staatspolizeilich beschlagnahmt« war und daß »die seit dieser Zeit getroffenen Verfügungen über Vermögensteile (Schenkungen oder Verkäufe) wirkungslos sind«. Befohlen war die Anfertigung einer Vermögenserklärung, die auch die in der Zwischenzeit verkauften oder verschenkten Gegenstände nebst Namen und Adressen der neuen Besitzer enthalten mußte. Der Vermögensaufstellung beizufügen waren sämtliche relevanten Urkunden wie Schuldscheine, Wertpapiere, Versicherungspolicen, Kaufverträge usw.

Der solchermaßen angekündigte Raub jüdischen Vermögens, bei dem die Beraubten zu bürokratischen Handlangerdiensten gezwungen wurden, war formal legalisiert durch die elfte Verordnung zum »Reichsbürgergesetz«. Dieses, eines der »Nürnberger Gesetze« von

1935, hatte alle deutschen Juden zu Staatsangehörigen zweiter Klasse degradiert, und mit den Durchführungsverordnungen waren ihre Rechte Zug um Zug beschnitten worden, um schließlich alle, die nicht rechtzeitig hatten auswandern können, ins Ghetto zu treiben. Die elfte Verordnung (die am 25. November 1941 in Kraft trat) bestimmte, daß und unter welchen Umständen Juden die deutsche Staatsangehörigkeit verloren, und definierte die Einzelheiten; dieser Verlust erfolgte nämlich automatisch mit »der Verlegung des gewöhnlichen Aufenthalts ins Ausland«.[2]

Der Zweck der Bestimmung war eindeutig, denn in § 3 hieß es schlicht, »das Vermögen des Juden... verfällt mit dem Verlust der Staatsangehörigkeit dem Reich«, und damit jede Möglichkeit, der Beraubung zu entgehen, ausgeschlossen war, hatte das für die Angelegenheiten der Juden zuständige Referat des Reichssicherheitshauptamts – der Gestapozentrale in Berlin also – eine Verfügungsbeschränkung über das bewegliche jüdische Vermögen erlassen. Auch diese Anordnung[3], datiert vom 27. November 1941, galt rückwirkend, nämlich ab 15. Oktober 1941. Ihre Absicht war, Vermögensverschiebungen vor der Deportation der Juden zu verhindern.

Waren die juristischen Konstruktionen des rückwirkenden Verlusts von Staatsangehörigkeit und Vermögen schon dubios genug, so kam noch hinzu, daß die Verlegung »des gewöhnlichen Aufenthalts« ins Ausland ja keineswegs mehr im Belieben der Juden stand. Die Auswanderung, die noch 1938/39 von den NS-Behörden forciert worden war, wurde im Herbst 1941 förmlich verboten, und die Evakuierung, zu der in Würzburg erstmals im November 1941 befohlen wurde, war, auch wenn die Betroffenen noch nicht wußten, was mit ihnen geschehen würde, keineswegs von ihnen erstrebt. Um die letzte Lücke in dem Netz zu schließen, das dazu diente, die deutschen Juden zu fangen, um schließlich ihre Existenz zu vernichten, definierte das Reichsministerium des Innern Anfang Dezember 1941 in einer geheimen Anordnung zur Durchführung der 11. Verordnung zum Reichsbürgergesetz den Begriff »Ausland« für den Deportationsfall: »Der Verlust der Staatsangehörigkeit und der Vermögensverfall trifft auch diejenigen... Juden, die ihren gewöhnlichen Aufenthalt in den von den deutschen Truppen besetzten oder in deutsche Verwaltung genommenen Gebieten haben oder in Zukunft nehmen, insbesondere auch im Generalgouvernement und in den Reichskommissariaten Ostland und Ukraine.«[4]

Der Rahmen für die Entfernung der Juden aus Deutschland war mit diesen legislatorischen Akten geschaffen, und ausprobiert hatte man die Deportation von Juden aus dem Reichsgebiet an verschiedenen Stellen auch schon. Die Vertreibung jüdischer Bevölkerung im großen Stil hatte es unmittelbar nach dem Ende des Polenfeldzugs im Herbst 1939 schon gegeben anläßlich der Annexion westpolnischer Gebiete. Die im annektierten »Gau Wartheland« ansässigen polnischen Juden waren in die Gegend von Lublin und in andere Gebiete des »Generalgouvernements« vertrieben worden, wo sie in Lagern ein elendes Leben führten.[5] Ein knappes halbes Jahr nach dem Beginn des Krieges wurden in Pommern erstmals deutsche Juden deportiert: Am 12. Februar 1940 waren 1000 Juden aus Stettin und Umgebung nachts aus den Wohnungen geholt und in drei Dörfer bei Lublin abgeschoben worden. 360 Juden aus dem Regierungsbezirk Schneidemühl teilten im März 1940 ihr Schicksal. Die Aktion war damit begründet worden, daß der Wohnraum aus »kriegswirtschaftlichen Gründen dringend benötigt« wurde.[6] Überlebt haben diese Deportation nur ganz wenige, die meisten fielen den im Frühjahr 1942 beginnenden Massenmorden zum Opfer.

Eine andere Aktion, Ende Oktober 1940 in den Gauen Baden und Saarpfalz (und damit teilweise auf damals noch bayerischem Territorium) durchgeführt, entsprang der Initiative der beiden NSDAP-Gauleiter Robert Wagner (Baden) und Josef Bürckel (Saarpfalz). Die beiden hatten, da sie in Personalunion auch Chefs der Zivilverwaltung von Elsaß und Lothringen waren, besondere Vollmachten, und daraus leiteten sie die Berechtigung ab, etwa 6500 Juden von der Gestapo verhaften zu lassen. Von Sammelplätzen in größeren Städten aus wurden sie per Eisenbahn ins unbesetzte Südfrankreich transportiert, wo die Vichy-Regierung – nicht ohne Protest in Berlin – sie internierte. Obwohl viele während des Transports oder bald danach starben, überlebte etwa ein Drittel der bei der »Bürckel-Aktion« Deportierten. Beide Aktionen, die in Pommern wie die in Südwestdeutschland, waren regional begrenzt und blieben vorerst ohne Nachfolge. Den deutschen Juden blieb noch eine letzte Atempause. Die Aktionen selbst muß man aber, ebenso wie die Deportationen aus Österreich nach dem »Anschluß«, als Probefälle für die generelle Abschiebung aller Juden aus dem Deutschen Reich ansehen.[7]

Die systematischen, bürokratisch geregelten und bis ins Detail programmierten Deportationen von Juden aus Deutschland begannen Mitte Oktober 1941. Die Judenpolitik des NS-Regimes war zu dieser Zeit in ihre letzte Phase eingetreten, nunmehr zielstrebig und ausschließlich darauf gerichtet, das europäische Judentum physisch zu vernichten. Seit Sommer 1941 war Gestapo-Chef Reinhard Heydrich im Besitz einer Vollmacht Hermann Görings, dem formal für die »Judenfrage« im Deutschen Reich letztinstanzlich Zuständigen, die zwei Aufträge enthielt, und zwar erstens den, »alle erforderlichen Vorbereitungen in organisatorischer, sachlicher und materieller Hinsicht zu treffen für eine Gesamtlösung der Judenfrage im deutschen Einflußgebiet in Europa«, und zweitens sollte Heydrich »in Bälde« einen Gesamtentwurf im Hinblick auf die angestrebte »Endlösung der Judenfrage« vorlegen.[8]

Neben den Planungen Heydrichs existierte seit Beginn des Rußlandfeldzugs aber schon ein Teil der realen Vernichtungsmaschinerie in Gestalt der »Einsatzgruppen der Sicherheitspolizei und des SD«. Es waren Einheiten, die dem Oberbefehl des Reichsführers SS Heinrich Himmler unterstanden und die, wie es in einem Befehl vom Frühjahr 1941 hieß, berechtigt waren, »im Rahmen ihres Auftrages in eigener Verantwortung gegenüber der Zivilbevölkerung Exekutivmaßnahmen zu treffen«. Man muß das ganz wörtlich verstehen, denn die Einsatzgruppen hatten die Aufgabe, »weltanschauliche Gegner« zu exekutieren, nämlich Funktionäre der kommunistischen Partei der Sowjetunion, »Juden in Partei- und Staatsstellungen« und sonstige radikale Elemente«.[9]

Das war im Polenfeldzug, aber auch schon nach dem Anschluß Österreichs und nach dem Einmarsch in die Tschechoslowakei, erprobt worden, als Einsatzkommandos der Sicherheitspolizei potentielle Gegner wie Intellektuelle, Geistliche, Politiker usw. liquidierten. Ab Sommer 1941, nach Beginn des Rußlandfeldzugs, agierten die Einsatzgruppen – es gab vier mit einer Gesamtstärke von 3000 Mann – als Mordkommandos, die unter der Zivilbevölkerung im Baltikum, in Weißruthenien, in der Ukraine und auf der Krim Massaker in kaum vorstellbarer Größenordnung verübten. Zwischen Juni 1941 und

April 1942 wurden von den Einsatzgruppen fast 560 000 Menschen ermordet, darunter praktisch die ganze jüdische Zivilbevölkerung der eroberten Gebiete. Männer, Frauen und Kinder wurden in Wälder oder aufs freie Feld getrieben, erschossen und in Massengräbern verscharrt.

Während die Einsatzgruppen der SS im Osten längst Massenmord im großen Stil an polnischen, ukrainischen und russischen Juden begingen, bereitete die Gestapo im Westen die Deportationen vor. Schon vor der Wannsee-Konferenz, bei der dann am 20. Januar 1942 die organisatorischen Details der Abschiebung und Ermordung der europäischen Juden besprochen wurden[10], lief die dazu notwendige Maschinerie auf vollen Touren.

Das Merkblatt, das der Würzburgerin Martha Handburger am 23. November 1941 in die Hand gedrückt worden war, bewies ja, wie effizient der Apparat arbeitete, wie genau alles geplant und durchdacht war bis hin zu den Transportkosten, die man den Opfern noch auferlegte. Frau Handburger war auch über folgende Einzelheiten belehrt worden: »Für die in meinem Besitz befindlichen Lebensmittelkarten habe ich mir für mindestens drei Wochen Marschverpflegung und für weitere vier Tage Mundvorrat zu beschaffen. Mir ist bekannt, daß ich keinen weiteren Anspruch auf Lebensmittel mehr habe, wenn ich diese vorzeitig verbrauchen sollte. Weiter wurde mir eröffnet, daß ich meinen Transportkoffer – Höchstgewicht 50 kg (kein sperrendes Gut!) – am 26. 11. 1941 zwischen 8 und 10 Uhr zum Güterbahnhof Aumühle zu verbringen habe; außerdem muß mein Ghettogepäck ab 25. 11. 1941 zur Abholung durch das jüdische Arbeitskommando bereitstehen. Für Transportkosten habe ich 60 Reichsmark mitzuführen.«[11]

Verlangt war von den zur Deportation Bestimmten auch die Ablieferung aller Wertsachen, Urkunden nebst der Vermögenserklärung »in einem festen offenen Briefumschlag«, versehen mit genauer Adresse und Evakuierungsnummer im Laufe des 24. November. Bis zum 26. November, an dem sie sich zwischen 14 und 16 Uhr in der Stadthalle zum Abtransport melden mußten, blieb den Unglücklichen noch Zeit, ihre Wohnung in Ordnung zu bringen, das hieß, sie so herzurichten, »daß sie nach meinem Verlassen am 26. 11. 1941 polizeilich versiegelt werden kann (Abstellung von Gas-, Licht- und Wasserleitungen usw.!). Verderbliche Waren habe ich zu entfernen. Das Feuer in den Öfen muß gelöscht werden. Die Wohnung habe ich in sauberem Zustand zu hinterlassen; die Gas- und Lichtrechnungen sind bei den städtischen Werken vorher noch zu begleichen. Den Hausverwalter werde ich von meiner Evakuierung verständigen. Sämtliche Zimmer- und Hausschlüssel habe ich mit einem Anhänger, auf dem meine Würzburger Anschrift verzeichnet ist, zu versehen und bei meinem Eintreffen in der Stadthalle der Staatspolizei-Außendienststelle Würzburg zu übergeben.«

In den Akten der Würzburger Gestapo, die jetzt im dortigen Staatsarchiv aufbewahrt werden, befinden sich die wenigen persönlichen Dokumente, die das Ende der bürgerlichen Existenz des Ehepaars Martha und Adolf Handburger anzeigen: Die gemeinsame handschriftliche Vermögenserklärung, aus der hervorgeht, daß die Handburgers außer bescheidenem Hausrat und Kleidungsstücken 2788,– Reichsmark auf der Bank und Wertpapiere über 1700,– Reichsmark besessen hatten, ärztliche Zeugnisse, die entstanden sind im Zusammenhang mit einer Verletzung, die Adolf Handburger beim Arbeitseinsatz in einer Baufirma erlitten hatte, eine Geburtsurkunde, eine Bescheinigung über Ausbildung im Luftschutz und eine vorgedruckte Benachrichtigung des Amerikanischen Generalkonsulats in Stuttgart vom 21. April 1941, in der mitgeteilt wurde, daß der Antrag auf Einwanderung in die USA zur Kenntnis genommen wurde. Das einzig Individuelle an diesem Dokument war die Registrierungsnummer 25 404, die für zwei Personen ausgestellt war. Die Inhaber dieser Nummer waren identisch mit den Inhabern der Evakuierungsnummern 238 und 239 der Würzburger Gestapo, für die die Akte Handburger mit dem Vermerk der Evakuierung »nach Ostland« auf Grund eines Erlasses des Reichsführers SS [12] geschlossen wurde. Die dem Akt beigefügten Schriftstücke »wurden am 27. 11. 1941 anläßlich der körperlichen Durchsuchung der Obengenannten in Nürnberg vorgefunden und sichergestellt«.

Die 202 Würzburger Juden, unter ihnen 40 Kinder und Jugendliche, hatten sich pünktlich am 26. November in der Stadthalle eingefunden; sie waren genau kontrolliert worden, wobei sie eines Teiles ihrer Habe verlustig gingen. Die Gestapo führte Listen über die Fotoapparate, Messer, Scheren, Briefmarken und andere Gegenstände, die den Juden abgenommen wurden. Um vier Uhr in der Frühe des 27. November werden die Juden, die die Nacht im Saal der Stadthalle verbracht hatten, zum Bahnhof Aumühle getrieben. Vier Personen- und zwei Güterwagen stehen für sie bereit, sie werden an einen Güterzug gehängt, der um 5.50 Uhr Würzburg verläßt und um 10.36 in Nürnberg ankommt.[13] Das Lager Langwasser ist die letzte Station auf deutschem Boden. Hier wird der endgültige Transport zusammengestellt. Aus Nürnberg sind 535 Juden zur Deportation bestimmt, am Nachmittag des 27. November kommen 106 aus Bamberg dazu, Mitglieder der Coburger und Bayreuther jüdischen Gemeinde machen das Tausend voll.

Stundenlang dauert die sorgfältige Durchsuchung und Ausplünderung in Nürnberg-Langwasser. In einem Raum werden die Koffer durchsucht und unerlaubte Gegenstände (Schmuck, Geld und vieles andere) beschlagnahmt. Im nächsten Raum müssen alle Dokumente und Wertsachen (soweit sie nicht schon am Heimatort abgeliefert worden sind) abgegeben werden. Übrig bleiben Kennkarte, Uhr und Ehering. Im dritten Raum wird eine peinliche körperliche Durchsuchung vorgenommen. Die Gestapo will ganz sicher gehen, daß nichts geschmuggelt wird. Im vierten Saal wird durch Zustellungsurkunde der Vermögensverlust amtlich gemacht, und die Kennkarten erhalten im letzten bürokratischen Akt den Stempel »Evakuiert«. Im Barackenlager, bewacht von SS-Männern, während jüdische Helfer für Ordnung und Sauberkeit sorgen müssen, bleibt nur das Warten auf weiteres. Am 29. November um 12.30 Uhr wird der Zug marschbereit gemeldet, um 15 Uhr setzt er sich in Bewegung. Das Ziel ist Riga, die ehemalige Hauptstadt Lettlands, jetzt unter deutscher Verwaltung im »Reichskommissariat Ostland« gelegen.

Man hatte die deportierten Juden glauben gemacht, sie würden zur Ansiedlung im Osten evakuiert, und ihnen aufgegeben, bestimmte Umzugsgüter und Ausrüstungsgegenstände mitzubringen. Diese Sachen wurden mit Hilfe jüdischer Freiwilliger, die von der israelitischen Kultusgemeinde ausgewählt waren, verladen. In Würzburg wurde u. a. folgendes »Ghetto-Gepäck« zur Bahn gebracht: 15 Nähmaschinen, 29 Öfen mit Ofenrohren, 50 Scheiben Fensterglas, je eine Ausrüstung für Metzger, Schuhmacher, Feinmechaniker, Friseur, Graveur, Damenschneider, Herrenschneider, Bauwerkzeug...[14]

Die Fahrt nach Riga dauert drei Tage und drei Nächte. Zum Hunger und Durst kommen die Quälereien durch die begleitende SS-Mannschaft. Auf der Station Skirotava bei Riga wird der Zug entladen; unter Schlägen und Mißhandlungen deutscher und lettischer SS marschieren die Juden zum Lager »Jungfernhof«, einem ehemaligen Gutsbetrieb. In Scheunen und Baracken werden die Menschen untergebracht. Es ist eisigkalt, die sanitären Verhältnisse sind desolat, das Essen völlig unzureichend. Von den fünftausend Menschen, die hier zusammengepfercht sind – außer dem Transport aus Bayern kommen vier weitere Deportationszüge an, zwei aus Wien, einer aus Hamburg, einer aus Württemberg –, sterben täglich zwanzig bis dreißig. Schließlich sind es so viele, daß die Leichen auf Scheiterhaufen verbrannt werden müssen, begraben kann man sie nicht, weil der Boden hart gefroren ist.[15]

Das Lager Jungfernhof wurde, ebenso wie das Ghetto in Riga, für die meisten Deportierten zur letzten Station. Herbert Mai, einer der wenigen Überlebenden, der als damals Zwölfjähriger mit seinen Eltern mit dem Transport vom 27. November 1941 nach Jungfernhof gekommen war, berichtete, was am 27. März 1942 geschah: »Um sechs Uhr in der Früh mußten alle auf dem Hof antreten. Die dablieben, wurden in einer großen Baracke eingesperrt, Männer und Frauen getrennt. Ich und mein Vater waren dabei und meine Mutter auch. Es waren zu der Zeit 6000 Menschen im Lager. Jetzt kamen die großen geschlossenen Omnibusse und luden die Menschen ein. An diesem Tag wurden 5000 abgefahren.«[16]

Die Zurückgebliebenen erfahren Wochen später von Einheimischen und auf Umwegen, daß alle, die angeblich zum »Arbeitseinsatz« gefahren waren, noch am Tag des Abtransports in einem Wald bei Riga erschossen wurden. Der Einsatzgruppe A fallen diese Massenmorde zur Last, von denen Zivilisten berichteten, daß sie wie am Fließband abgelaufen seien. Deportierte, die zur Zwangsarbeit in der Landwirtschaft eingesetzt waren, hörten von einheimischen Bauern, daß die Opfer ihre Kleider ablegen mußten, ehe sie die Stege betreten mußten, die über großen Gräben errichtet waren. Von den Geschossen der Mörder getroffen, stürzten sie ins Massengrab.

Wegen der Anonymität, in der diese Vorgänge sich abspielten, und weil die Einsatzgruppen die Spuren ihres Tuns verwischten, ist es in den meisten Fällen so gut wie unmöglich, das individuelle Schicksal der Deportierten nach dem Verlassen des Heimatorts zu belegen. Sicher ist nur, daß fast alle grausam umgebracht wurden. Eine Rigaer Bürgerin gab 1944 vor sowjetischen Untersuchungsbehörden ihre Eindrücke zu Protokoll: »Mein Haus ist nur einen bis anderthalb Kilometer vom Walde entfernt; daher konnte ich sehen, wie die Menschen in den Wald gebracht wurden, konnte ich hören, wie sie erschossen worden sind. Ich weiß, daß die Deutschen einmal innerhalb von zwei Tagen mehr als 10000 Menschen erschossen haben. Das war am Karfreitag und am Samstag vor Ostern 1942. Gebracht wurden die Menschen in Omnibussen bzw. grauen Fahrzeugen. Es kamen jeweils vier bis fünf Omnibusse bzw. Kraftfahrzeuge, sie kamen in Abständen von einer halben bis zu einer ganzen Stunde. Die Omnibusse und die Autos waren mit Juden überfüllt. An diesen beiden Tagen, Freitag und Samstag, fuhren sie Tag und Nacht. Allein am Freitag habe ich innerhalb von etwa zwölf Stunden 41 Omnibusse gezählt, die Menschen in den Wald brachten. Etwa 20 bis 30 Minuten später kamen sie leer aus dem Wald zurück. Tag und Nacht hörten ich und andere Einwohner die Schüsse aus den Gewehren und automatischen Waffen. Mit den Fahrzeugen, die aus dem Wald zurückkamen, wurden die Kleider der Ermordeten wegtransportiert.«[17]

Am Ostersonntag war es still, und die Zeugin ging, wie viele andere Einheimische, in den Wald, um die Massengräber zu besichtigen: »Erschossen worden waren auch Juden aus dem Ausland. Das konnte man an den verschiedenen zurückgebliebenen Gegenständen erkennen. Nahezu neben jedem Grab befand sich eine Feuerstelle, auf der die Faschisten unbrauchbare Gegenstände verbrannt hatten. An der Asche konnte man sehen, daß Kleidung verbrannt worden war, denn in der Asche lagen Knöpfe, Schnallen, Brillenfutterale und die Fassungen von Brillen, die metallenen Bestandteile von Damenhandtaschen, Brieftaschen und Geldbörsen sowie viele persönliche Gebrauchsgegenstände. An den Feuerstellen und neben den Gräbern wurden verschiedene Papiere, Fotografien und Ausweise gefunden. An Hand der Ausweise und der Fotografien war festzustellen, woher die Menschen stammten, denn auf der Rückseite der Fotos waren der Stempel des Fotografen und die Stadt zu erkennen. Mithin war es mir möglich festzustellen, daß die hier erschossenen Menschen aus Österreich, Ungarn, Deutschland und anderen Ländern hierher gebracht worden waren.«[18]

Schon vor dem Transport aus Franken war eine Deportation bayerischer Juden erfolgt. Eintausend Menschen hatten am 20. November 1941 München verlassen, ihr Ziel war ebenfalls Riga. In München befand sich der Sammelplatz für die Juden aus ganz Altbayern und Schwaben. Ein Barackenlager in Milbertshofen (Knorrstraße 148), das im Frühjahr 1941 auf einem 14500 Quadratmeter großen Areal von jüdischen Zwangsarbeitern errichtet worden war, diente als Durchgangs- und Kontrollstation für die Deportation.

In München ging es, wie in Berichten Überlebender bezeugt ist, vor allem bei der Ausplünderung der Opfer wohl noch brutaler zu als in Würzburg oder Nürnberg. Die Münchner Gestapo ermunterte die zur Deportation Vorgeladenen, möglichst viel Geld und Wertsachen mitzubringen, die dann beim Appell in Milbertshofen konfisziert wurden. Ein Kriegsblinder beschrieb seine Behandlung: »Fremde Arme ergriffen mich, wortlos wurde ich irgendwohin geführt, dort öffnete man vor meinen Augen, die nichts sahen, gewaltsam meine beiden Handkoffer. Taschenmesser, Wäsche, Zigaretten, die Blindenuhr nicht ausgenommen, riß man mir weg. Desgleichen nahm man mir mein Geld und alle Ausweispapiere. Erst später merkte ich, was alles fehlte. Die Schlösser meiner Koffer waren unbrauchbar gemacht. Nach langem Drängen gab man mir die Blindenuhr zurück.«[19]

Else Behrend-Rosenfeld war Leiterin der jüdischen »Heimanlage« im Kloster der Barmherzigen Schwestern im Münchner Stadtteil Berg am Laim, einer Art Altersghetto. Im April 1942 erhielt sie den Deportationsbefehl. Ehe sie in letzter Minute zurückbleiben durfte, durchlief sie die ganzen Vorbereitungen zum Abtransport in Milbertshofen. Nach dem Befehl, im Gänsemarsch in die Baracke zur Prüfung durch die Gestapo zu gehen, spielte sich diese Szene ab: »Hinter einer durch Tische gebildeten Schranke saß ein Mann, der mich kurz anwies: ›Handtasche ausschütten.‹ Ich kehrte den Inhalt meiner Tasche vor ihm auf den Tisch. Er ergriff zunächst meine Kennkarte und legte sie auf einen Stapel schon vorhandener... Er griff zu den wenigen Photos, die ich besaß... Rrratsch! Er hatte sie mitten durchgerissen und warf sie hinter sich... Er öffnete mein Portemonnaie, das einige Münzen enthielt... Ich machte mich daran, den übrigen Inhalt meiner Ta-

sche wieder einzupacken, aber eine Handbewegung von ihm hinderte mich. ›Nichts da, weitergehen, der nächste‹, brüllte er.«[20]
Über die Durchgangsstation Milbertshofen wurden dreitausend bis viertausend Juden deportiert, 2991 davon aus München. Dem Transport nach Riga folgte am 3. April 1942 einer mit dem Ziel Piaski[21] bei Lublin, deportiert wurden dabei 343 Münchner Juden und 433 aus Schwaben, außerdem 213 Juden, die am Tag zuvor über die Sammelstelle Regensburg gekommen waren. Mit einer Ausnahme, einem Transport am 13. März 1943 nach Auschwitz, war das Ziel aller weiteren – insgesamt vierzig – Deportationen aus München das Ghetto Theresienstadt. 1674 Personen wurden nach den Unterlagen des Internationalen Suchdienstes zwischen dem 3. Juni 1942 und dem 23. Februar 1945 aus München an diesen Bestimmungsort in Nordböhmen gebracht.[22]
Theresienstadt war offiziell als »Altersghetto« und privilegierter Ort für die deutschen Juden deklariert. Die Infamie ging soweit, vielen Juden durch »Heimeinkaufsverträge« Altersversorgung und Ruhesitz in Theresienstadt vorzugaukeln, während es tatsächlich nur um die Expropriierung der Unglücklichen ging. Die Zustände im schrecklich überfüllten Theresienstadt, einer ehemaligen österreichischen Festung, waren nicht viel besser als die in den Konzentrationslagern, und die Sterblichkeit unter den überwiegend älteren Bewohnern war entsprechend. Für viele bildete aber auch Theresienstadt nur eine weitere Station auf dem Leidensweg, der erst in Auschwitz endete. Von den über 141000 Menschen, die aus ganz Deutschland, Österreich, Dänemark u. a. Ländern nach Theresienstadt geschickt wurden, waren nach der Befreiung am 9. Mai 1945 noch 16832 übriggeblieben.[23]
Aus Franken gingen im Frühjahr 1942 zwei Deportationszüge nach Izbica bei Lublin. Am 24. März waren es 650 Juden aus Nürnberg und 335 aus Würzburg, vier Wochen später, am 25. April, mußten ihnen 856 Leidensgenossen aus Würzburg und 105 aus Bamberg folgen. Über das individuelle Geschick der meisten gibt es, von wenigen Berichten Überlebender abgesehen, so gut wie keine Quellen.[24] Die Menschen waren in den Augen ihrer Verfolger allenfalls statistische Größen, deren Untergang als anonyme Masse beschlossen war und so vollzogen wurde. Herkunft und Namen waren, wenn die Türen der Eisenbahnwaggons geschlossen waren, für die Mörder ohne Bedeu-

tung; in den Ghettos und Durchgangslagern des Ostens vermischten sich die Einzelschicksale zur Massentragödie, die mit den gewöhnlichen Mitteln des Historikers kaum darstellbar ist. Die Quellen, die zur Verfügung stehen – zum Beispiel Deportationslisten der Gestapo, statistische Berichte der Einsatzgruppen, Fahrpläne u. a. Unterlagen der Eisenbahn[25] –, reichen wohl aus, die Größenordnung des grauenhaften Geschehens zweifelsfrei zu belegen, aber die Spur des einzelnen verliert sich meist im dunkeln. Es besteht auch keine Hoffnung, daß dieses Dunkel jemals noch erhellt werden könnte. Zu viele Beweise haben die Mörder selbst vernichtet, zu wenige Menschen, die Bericht hätten erstatten können, blieben übrig, zu schnell änderte sich auch immer wieder die Szenerie der nationalsozialistischen Massenmorde.

Das »Reichsjuden-Ghetto« in Riga-Skirotava wurde am 2. November 1943 aufgelöst, man muß annehmen, daß alle Ende 1941 dorthin Deportierten den Erschießungsaktionen der Einsatzgruppe A zum Opfer gefallen sind. Von den nach Piaski und Izbica Verbrachten muß man vermuten, daß sie im Frühjahr 1943 in den Gaskammern der Vernichtungslager Belzec und Sobibor den Tod fanden. Aus Piaski, 20 Kilometer südöstlich von Lublin gelegen, wurden im Juni 1942 6000 Menschen nach Trawniki transportiert, im November 1942 ging ein Transport unbekannter Größe ins Vernichtungslager Sobibor, im Februar / März 1943 wurde das Lager liquidiert, die Insassen kamen nach Trawniki und ins Vernichtungslager Belzec. Trawniki war ein Durchgangslager im Distrikt Lublin, das von 1941 bis 1943 existierte. Unter den 10000 Juden, die über Trawniki in Vernichtungslager gebracht wurden, befanden sich auch 1713 aus dem Gebiet der heutigen Bundesrepublik. Mehr weiß man darüber nicht.

Das Gedenkbuch für die jüdischen Opfer des nationalsozialistischen Regimes, das nach sorgfältiger Auswertung aller amtlichen Unterlagen 1987 veröffentlicht wurde, enthält die Namen von 128091 Opfern der Judenverfolgung zwischen 1933 und 1945 aus dem Gebiet der Bundesrepublik und Berlins. Bei nicht weniger als 80498 Personen ist das Todesjahr nicht bekannt, und bei 13234 Opfern war der Todesort nicht bestimmbar, wenn das Deportationsziel nicht in den Akten festgehalten wurde oder wenn es dort nur hieß evakuiert »in den Osten« oder »nach Polen«.[26]

Die Deportierten, deren Ziel Izbica war, ein Durchgangslager in der Nähe der polnischen Stadt Krasnystaw im Distrikt Lublin, verbrachten dort selten längere Zeit, die meisten wurden nach kurzem Aufenthalt in die Vernichtungslager weitertransportiert, nach Belzec, Chelmno, Sobibor, Majdanek oder Treblinka. Von den fränkischen Juden, die im Frühjahr 1942 mit Ziel Izbica aus ihrer Heimat verschleppt wurden, kam das letzte Lebenszeichen aus diesem Ort.

Im September 1942 wurden noch einmal 884 Juden aus Franken nach Theresienstadt deportiert. Die Übriggebliebenen kamen fast ausnahmslos am 17. und 18. Juni 1943 nach Auschwitz, es waren 16 Menschen aus Bamberg, 70 aus Nürnberg/Fürth und 57 aus Würzburg. Die Deportation nach Auschwitz bedeutete für die meisten unmittelbar den Tod. Die Züge fuhren direkt ins Lager Auschwitz II (Birkenau), wo an der berüchtigten Rampe die »Selektion« stattfand. Je nach Konstitution wurden die Opfer direkt in die Gaskammern befohlen und ermordet oder es blieb ihnen eine Frist, in der die Reste ihrer Arbeitskraft noch ausgebeutet wurden.

Nach der Volkszählung vom Juni 1933 hatten in Bayern rund 35 500 Juden gelebt. Zu Beginn des Zweiten Weltkriegs waren es noch etwa 10 000. Von diesen wurden 8376 ab Herbst 1941 bis Februar 1945 deportiert[27], fast ausnahmslos sind sie umgekommen – gestorben auf dem Transport, zugrunde gegangen unter den unmenschlichen Zuständen in den Ghettos und Durchgangslagern, zu Tode gequält, erschossen oder in den Gaskammern der Vernichtungslager ermordet.

Deutsche gegen Hitler
Widerstand, Verweigerung, Kampf gegen die nationalsozialistische Herrschaft

I.

Widerstand gegen fremde Eroberer, gegen feindliche Okkupation gilt als notwendig, moralisch gerechtfertigt, er gehört zu den patriotischen Pflichten. So hatten die Männer und Frauen der Resistance gegen die deutsche Herrschaft überall in Europa während des Zweiten Weltkriegs die Zustimmung und den Beifall ihrer Landsleute, während die jeweiligen Kollaborateure mit dem Nazi-Regime verachtet waren – mit ihnen wurde nach dem Krieg ohne Erbarmen abgerechnet, in Norwegen und Frankreich ebenso wie in den Niederlanden oder in anderen Ländern Europas.

Ganz anders verhielt es sich mit dem Widerstand in Deutschland selbst. Die Nationalsozialisten hatten bei ihrem Machtantritt 1933 zwar keineswegs die Mehrheit der deutschen Wähler hinter sich, aber sie wußten durch ihre Herrschaftstechnik, die Lockung und Zwang höchst wirkungsvoll verband, sowohl Gegner und Oppositionelle – das waren Sozialdemokraten, Kommunisten, Liberale und Demokraten – als auch ihre anfänglichen Verbündeten und Machtteilhaber – die Konservativen – auszuschalten. Die Mehrheit des Volkes konnten die Nationalsozialisten dann für ihre Ziele – nicht unbedingt für ihre Methoden – begeistern, und die Erfolge in der Außenpolitik, die Scheinerfolge in der Wirtschafts- und Sozialpolitik und der innere Frieden, der bis über den Beginn des Zweiten Weltkriegs hinaus im Deutschen Reich zu herrschen schien – das alles gab den Nationalsozialisten recht und festigte ihre Herrschaft. Daß die Gegner des Regimes in Konzentrationslagern und Gefängnissen saßen oder emigriert waren, brauchte alle diejenigen, die der NS-Herrschaft insgesamt oder teilweise zustimmten, nicht zu interessieren.

Entscheidend für den Erfolg und die Stabilisierung des Regimes war

auch, daß die bürgerlichen Parteien und die Mehrheit der Sozialdemokraten und Gewerkschafter sich überrumpeln ließen und der Auflösung und dem Verbot ihrer Organisationen im Sommer 1933 keinen
Widerstand entgegensetzten. Exponenten der Sozialdemokratie, der
Gewerkschaften und aus dem politischen Katholizismus gerieten zwar
in die Konzentrationslager, aber die Mehrheit ihrer Anhänger machte
ihren Frieden mit dem Hitler-Regime oder verhielt sich doch wenigstens abwartend und passiv. Angesichts der Möglichkeiten zum Terror, die der Staat in Händen hatte, konnte man dem einzelnen auch
kaum einen Vorwurf aus solcher Haltung machen. Und viele gaben
sich außerdem der trügerischen Hoffnung hin, die NS-Herrschaft
könne ja nicht lange dauern – wegen des Dilettantismus ihrer Funktionäre, wegen der überspannten außen- und militärpolitischen Ziele,
wegen des Auslands, das die Provokationen und Exzesse der Nationalsozialisten nicht endlos hinnehmen werde.

Eine politische Gruppierung reagierte anders auf die Machtübernahme
der Nationalsozialisten: Die Kommunisten gingen im Frühjahr 1933
mit ihrer Organisation in den Untergrund und versuchten, aus der Illegalität die Propaganda gegen den Nationalsozialismus fortzusetzen und
Widerstand zu leisten. Andere linkssozialistische Organisationen hatten sich ebenfalls auf die Illegalität vorbereitet, und wenig später fanden sich auch Sozialdemokraten im Kampf gegen das Regime und damit im Untergrund. Viele Sozialdemokraten hatten aber, während die
Parteileitung noch zögerte, die Sphäre der Legalität zu verlassen, ihren
Kampf gegen Hitler fortgesetzt – einen Kampf, den sie Jahre vorher
begonnen hatten, um seine Herrschaft zu verhindern.

Die Kommunisten bildeten zur Zeit des Untergangs der Demokratie
in Deutschland 1932/33 eine politische Kraft von beachtlicher Größe:
Rund 300 000 Menschen waren in der Kommunistischen Partei organisiert. Ende 1933 waren zwischen 60 000 und 100 000 von ihnen in Gefängnissen oder Konzentrationslagern inhaftiert. Bis Ende der 30er
Jahre war es den Nationalsozialisten gelungen, so ziemlich alle Aktivitäten der untergetauchten Kommunisten zu unterbinden. Terror und
Aussichtslosigkeit und 1939 der Hitler-Stalin-Pakt lähmten die kommunistische und die sozialistische Widerstandsbewegung, die sich bis in
die Kriegsjahre hinein damit begnügen mußte, ihre Kader beisammen-
zuhalten und abzuwarten. Auftrieb und neues Selbstvertrauen gewan-

nen diese Gruppen nach dem deutschen Überfall auf die Sowjetunion 1941. In den früheren Hochburgen im Ruhrgebiet, in Berlin, in Sachsen machten sie sich auch wieder bemerkbar.

Bemerkenswert ist es, daß der kommunistische und der sozialistische Widerstand gegen das Naziregime noch lange nach 1945 auf Anerkennung und Würdigung in der westdeutschen Nachkriegsgesellschaft verzichten mußte. Mit der Etablierung des 20. Juli als nationalem Gedenktag des Widerstands in der Bundesrepublik war die Erinnerung an das Attentat der Offiziere auf Hitler am 20. Juli 1944 in höherem Maße und auf höherer Ebene legitimiert. Die Traditionspflege anderer Richtungen, Aktivitäten und Gruppen wurde in den Hintergrund gedrängt. Das Geschichtsbild prägend blieben lange Zeit die Verschwörung der konservativen Militärs – mit Graf Stauffenberg als zentraler Heroenfigur – und die ebenfalls konservativ orientierten untereinander korrespondierenden Widerstandskreise um Carl Goerdeler, die Opposition ranghoher Diplomaten mit Ulrich von Hassell, die prominenten Militärs Ludwig Beck, Wilhelm Canaris, Erwin Rommel.

Von der Nachwelt sanktioniert war auch der Kreis um den schlesischen Rittergutsbesitzer Graf Hellmuth James von Moltke, dem Sozialisten wie Theodor Haubach und Adolf Reichwein und Kirchenmänner ebenso angehörten wie der Jesuitenpater Alfred Delp oder von evangelischer Seite Eugen Gerstenmaier.

Vom Goerdeler-Kreis wie von den Kreisauern muß noch die Rede sein, weil beide Gruppen politische Programme und Ordnungsvorstellungen für das Deutschland nach Hitler ausarbeiteten, also über den Umsturz und Tyrannenmord hinaus planten. Der Kreisauer Kreis, der nach der Verhaftung des Grafen Moltke im Januar 1944 zerfiel und dessen Mitglieder sich der Goerdeler-Gruppe anschlossen, wurde in den Strudel des gescheiterten Attentats vom 20. Juli 1944 gerissen, und viele wurden hingerichtet.

Festzuhalten bleibt, daß »Widerstand« gegen Hitler im westlichen Nachkriegsdeutschland noch lange Zeit gleichgesetzt wurde mit den Bestrebungen der konservativen Politiker, Diplomaten und Militärs, die am 20. Juli 1944 kulminierten. Anderer Widerstand galt als nicht legitim, und folgerichtig erhob sich Protest, als ein hervorragender Vertreter der Nachkriegsdemokratie, der Sozialdemokrat Herbert Wehner, einmal die alljährliche offizielle Gedenkrede zum Widerstand halten wollte. Die Legitimation dazu wurde ihm bestritten, weil er, als er gegen Hitler kämpfte, Kommunist gewesen war. Umgekehrt ist in der DDR antifaschistischer Widerstand weitgehend synonym mit der Opposition der Kommunisten.

Oft wird behauptet, daß der Widerstand gegen Hitler für die Deutschen jahre- oder gar jahrzehntelang nach der nationalsozialistischen Zeit ignoriert wurde, daß für dieses Thema kein Interesse bestand oder daß es abgewehrt und verdrängt worden sei. Das ist falsch, wie sich leicht feststellen läßt, wenn man die wichtigen Zeitschriften der ersten Nachkriegsjahre durchblättert, die »Frankfurter Hefte« etwa oder »Die Wandlung«, »Die Gegenwart«, »Ost und West« und viele andere. In allen diesen Zeitschriften, deren Themen Kultur, Literatur und Politik bildeten, spielte die Auseinandersetzung mit dem Nationalsozialismus eine wichtige Rolle, in der Erörterung der Frage, wie es dazu gekommen war, ebenso wie in Beiträgen darüber, was man zur Verhinderung des Unheils in der Vergangenheit hätte und in der Gegenwart und Zukunft würde tun müssen. Aber auch in Büchern wurde der Widerstand früh thematisiert, am frühesten in Erlebnisberichten wie Hans Bernd Gisevius' »Bis zum bitteren Ende« (Zürich 1946) und Fabian von Schlabrendorffs »Offiziere gegen Hitler« (Zürich 1946). Die erste eigenständige historiographische Behandlung des Gegenstands ist auch heute noch ein Standardwerk, verfaßt von Hans Rothfels im amerikanischen Exil und erstmals in Chicago 1946 auf englisch, dann 1949 in Deutschland erschienen und seither mehrfach überarbeitet und erweitert: »Die Deutsche Opposition gegen Hitler« mit dem bezeichnenden Untertitel »Eine Würdigung«. Von diesem Buch sind bis heute – Ende 1989 – in der Taschenbuchausgabe 146700 Exemplare verkauft worden. Zwei weitere Klassiker der Widerstandsliteratur sind in der ersten Hälfte der 50er Jahre erschienen, nämlich Eberhard Zellers »Geist der Freiheit« (München 1952), in dem die verschiedenen Versuche, Hitler durch Staatsstreich oder Attentat zu beseitigen, in Porträts geschildert werden. Und zu nennen ist auch Gerhard Ritters große Biographie (erstmals 1954 veröffentlicht) »Carl Goerdeler und die deutsche Widerstandsbewegung«.

Gemeinsam war freilich allen historiographischen Bemühungen in den ersten zwei Nachkriegsjahrzehnten, daß sie sich mit hervorragenden Personen des deutschen Widerstands oder mit ganz bestimmten Grup-

pen – der Armee, den Kirchen, mit der konservativen Elite – beschäftigten. Der alltägliche Widerstand der kleinen Leute, das stille
Beharren in der Anständigkeit, die verborgene Hilfe für Verfolgte in-
teressierte die Historiker noch nicht. Erst Ende der 60er Jahre erschienen in der Bundesrepublik zwei exemplarische Studien, die den
Arbeiterwiderstand in Dortmund (Kurt Klotzbach: Gegen den Nationalsozialismus. Widerstand und Verfolgung in Dortmund 1930–
1945, Hannover 1969) und in Essen (Hans-Josef Steinberg: Widerstand und Verfolgung in Essen 1933–1945, Hannover 1969) zum
Gegenstand hatten. In beiden Büchern wurde deutlich, daß der Widerstand der organisierten Arbeiterschaft lange vor Hitlers Machtantritt begonnen hatte und ab 1933 in Formen weitergeführt wurde, die
weniger spektakulär waren als die Planungen der konservativen Eliten, die aber als praktizierte Solidarität in der Verfolgung manches
Leben retteten, Hoffnung bewahrten oder wenigstens Sand ins Getriebe des nationalsozialistischen Herrschaftsapparats brachten.
Von den Aktionen des Arbeiterwiderstands wurde in der deutschen
Gesellschaft nach Hitler auch deshalb zunächst wenig Notiz genommen, weil die Bestürzung über das im deutschen Namen Geschehene
viele in der Stummheit verharren ließ, in die sie sich vor Jahren begeben hatten, und viele andere sich bei der Verarbeitung des Geschehe-
nen traditionell dafür interessierten, was die gebildeten und vermeint-
lich zur Herrschaft berufenen Stände getan hatten. Und das waren nun
einmal die Widerstandsgruppen der Militärs, Beamten, Diplomaten,
Kirchenmänner und Gutsbesitzer gewesen.

II.

Zum frühen Widerstandsbild hat am meisten wohl ein Theaterstück
beigetragen, das 1946 in Zürich Uraufführung hatte und wenig später
zu einem riesigen Erfolg auf allen Bühnen Nachkriegsdeutschlands
wurde: »Des Teufels General« von Carl Zuckmayer. Im amerikanischen Exil fast zeitgleich zu den Ereignissen verfaßt, schildert das
Stück die Geschichte eines zu später Einsicht gekommenen Hitler-
Mitläufers, der um der Karriere als General willen die Augen vor den
Verbrechen des Regimes verschließt, bis er mit dem Widerstands-

kampf seines besten Freundes konfrontiert wird. General Harras zieht die Konsequenz aus den Sabotageaktionen seines Freundes, des Chefingenieurs Oderbruch, und wählt in einem defekten Flugzeug den Heldentod nach dem Motto: »Wer auf Erden des Teufels General wurde und ihm die Bahn gebombt hat – der muß ihm auch Quartier in der Hölle machen.«

Man hat, in gehörigem Abstand vom Erfolg des Stückes, eingewendet, der Dramatiker Zuckmayer habe die politischen und moralischen Dimensionen des Stoffes trivialisiert und das Problem des Widerstands gegen ein Unrechtsregime verniedlicht. Das ist richtig, denn der General Harras ist keineswegs als charakterlich überzeugende Figur gezeichnet, sondern als menschlich sympathischer und apolitischer Haudegen, wie es viele Hitlergenerale waren. Aber das Theaterstück erlaubte den Deutschen nach dem Krieg, ein kleines Stück Wirklichkeit wiederzuerkennen, denn die Figuren des Stücks hatten ja reale Vorbilder, vom Fliegergeneral Udet bis zu den klischeehaft vorgeführten Chargen. Und das Theaterstück brachte die Diskussion über ein Problem in Gang, das den Deutschen als einem Volk, das seine jeweilige Obrigkeit und den Gehorsam ihr gegenüber sehr ernst nimmt, in diesem Zusammenhang am wichtigsten ist. Die Frage nämlich, ob Widerstand überhaupt legitim sein könne, ob Widerstand erlaubt sei, bewegte die Deutschen intensiv.

Mit dem Problem der Legitimität, ob Widerstand gegen die Staatsgewalt, gegen die Regierung erlaubt – und daher ehrenhaft – sei, waren auch die konservativen Vertreter der Opposition gegen Hitler und den Nationalsozialismus selbst konfrontiert. Schon in den Jahren der NS-Herrschaft hatten die Widerständler immer gegen ihre Skrupel ankämpfen müssen, die ihnen Konspiration gegen die Obrigkeit und gewaltsame Opposition gegen den Staat eigentlich verboten. Beamten- und Soldateneide waren beileibe nicht das einzige Hemmnis.

Nach Kriegsausbruch kam der Zweifel hinzu, ob es nicht Verrat am Vaterland sei, wenn man gegen seine Führung frondiere, ob man damit nicht das Geschäft der Feinde zum Schaden der eigenen Nation betreibe. Daß der Krieg absichtlich und mutwillig von Hitlerdeutschland herbeigeführt worden war, spielte in solchen Überlegungen eine untergeordnete Rolle. Von der Sowjetunion fühlten sich die Deutschen bedroht auch ohne Rücksicht darauf, daß man sie überfallen hatte und daß die Rote Armee einen Verteidigungskrieg gegen die Deutsche Wehrmacht als Angreifer führte. Das Dilemma zwischen Vaterlandsliebe und Haß auf die politischen Machthaber machte die Situation für die Männer und Frauen des bürgerlichen Widerstands bis weit in die Kreise der Arbeiterbewegung hinein so schwierig und unterschied sie so gründlich von der Situation der Resistance etwa in Jugoslawien, Dänemark, Polen, Griechenland und allen anderen von Deutschland okkupierten Ländern.

Schon im Oktober 1939 beschrieb Ulrich von Hassell, ein prominenter Vertreter des konservativen Widerstands, den Konflikt, der sich, je länger der Krieg dauerte, verschärfte: »Der Zustand, in dem sich mitten in einem großen Kriege Deutschlands die Mehrzahl der politisch klardenkenden, einigermaßen unterrichteten Leute befinden, die ihr Vaterland lieben und sowohl national wie sozial denken, ist geradezu tragisch. Sie können einen Sieg nicht wünschen und noch weniger eine schwere Niederlage, sie müssen einen langen Krieg fürchten, und sie sehen keinen wirklich realen Ausweg. Letzteres deshalb, weil man nicht das Vertrauen haben kann, daß die Führung der Wehrmacht Einsicht und Willen genug besitzt, um sich im entscheidenden Augenblick einzusetzen...«

Zu den Zielen des konservativen Widerstands gehörte die Beseitigung der Hitlerherrschaft, um politisch zu retten, was zu retten war, nach Möglichkeit sogar Früchte der hitlerschen Politik wie etwa den Anschluß Österreichs oder den Verbleib der Sudetengebiete beim Deutschen Reich. Im Juli 1943 entwarf Carl Goerdeler, der politische Kopf der Verschwörung gegen Hitler, einen Brief an den Generalfeldmarschall von Kluge, um ihn zum Widerstand zu bewegen, wenn ein militärischer Sieg nicht mehr möglich sei. Er, Goerdeler, übernehme die Verantwortung dafür, »daß die Möglichkeit noch vorhanden ist, zu einem für uns günstigen Friedensschluß zu kommen, wenn wir Deutschen uns selbst wieder verhandlungsfähig machen. Daß mit Verbrechern und Narren kein Staatsmann dieser Welt verhandeln kann, weil er nicht leichtfertig das Geschick seines Volkes Narrenhänden anvertrauen kann, ist doch selbstverständlich... Wer dem deutschen Volke heute verkünden kann, daß der Krieg in der Luft beendet ist, der hat das Volk hinter sich, und es wird niemand wagen, gegen ihn eine Stimme zu erheben oder einen Finger zu rühren... Zu einem solchen

Handeln, in dem man einfach die Dinge beim richtigen Namen nennt und Verbrecher packt, stehe ich auf jede Gefahr hin zur Verfügung.«

Gegenüber dem außen- und militärpolitischen Pragmatismus des Goerdeler-Kreises hatte die Studentengruppe in München, die sich »Weiße Rose« nannte, seit Sommer 1942 in ihren Flugblättern Fanale gesetzt, die nicht an irgendwelche Staatsräson, sondern nur an Ethos und Moral appellierten: »Es gärt im deutschen Volk: Wollen wir weiter einem Dilettanten das Schicksal unserer Armeen anvertrauen? Wollen wir den niederen Machtinstinkten einer Parteiclique den Rest der deutschen Jugend opfern? Nimmermehr! Der Tag der Abrechnung ist gekommen, der Abrechnung der deutschen Jugend mit der verabscheuungswürdigsten Tyrannis, die unser Volk je erduldet hat. Im Namen der deutschen Jugend fordern wir vom Staat Adolf Hitlers die persönliche Freiheit, das kostbarste Gut des Deutschen zurück, um das er uns in der erbärmlichsten Weise betrogen.«

Und ihr Mentor, Professor Huber, bekräftigte in seinem Schlußwort vor dem Gericht, das ihn zum Tode verurteilte, die sittliche Forderung auf Widerstand gegen das Unrechtsregime: »Rückkehr zu klaren, sittlichen Grundsätzen, zum Rechtsstaat, zu gegenseitigem Vertrauen von Mensch zu Mensch, das ist nicht illegal, sondern umgekehrt die Wiederherstellung der Legalität... Es gibt für alle äußere Legalität eine letzte Grenze, wo sie unwahrhaftig und unsittlich wird. Dann nämlich, wenn sie zum Deckmantel einer Feigheit wird, die sich nicht getraut, gegen offenkundige Rechtsverletzung aufzutreten.«

III.

Mehrfach sind Attentate auf Hitler vorbereitet oder mindestens erwogen worden, alle sind sie unter teils grotesken, teils trivialen Umständen gescheitert. Einem Plan des Generals Witzleben im Herbst 1938 war das Münchner Abkommen dazwischengekommen. Im Frühjahr 1943 hatten Offiziere als Cognac-Flaschen getarnte Bomben in Hitlers Flugzeug versteckt, aber die Zünder versagten. Ein weiterer Bombenanschlag während einer Ausstellung im Berliner Zeughaus kam ebensowenig zur Ausführung wie der Plan eines gemeinsamen Pistolenattentats von sieben Offizieren. Manche der Pläne erwiesen sich im nachhinein als Hirngespinste oder Gerüchte. Zwei Attentate waren beinahe erfolgreich, das berühmte vom 20. Juli 1944 im Führerhauptquartier und das lange Zeit eher vergessene des Einzelgängers Georg Elser.

Elser wollte am 8. November 1939 Hitler in der Münchener Traditionsgaststätte Bürgerbräukeller in die Luft sprengen. Georg Elser, ein Mann aus dem Volke ohne politische Ambition, ein Handwerker mit ausgeprägtem Rechtsempfinden, hatte im Herbst 1938 den Entschluß gefaßt, Hitler als den Exponenten des nationalsozialistischen Staats zu töten. Elsers Motive waren schlicht und gründeten auf den gleichen ethischen Überzeugungen, die Professor Huber dann vor seinen Richtern vertrat: Der Staat Hitlers habe Grenzen überschritten und Freiheiten verletzt, glaubte Georg Elser, die nicht überschritten und verletzt werden dürften. Er war überzeugt, daß das Hitler-Regime einen Krieg anstrebe, und dem wollte er durch das Attentat zuvorkommen. Den religiösen Mann und unausgesprochenen Pazifisten bedrückte es, daß Unschuldige mit Hitler sterben mußten, wenn sein Plan gelingen würde. Ein Jahr lang bereitete Elser das Bombenattentat mit Akribie und Perfektion vor. Tragische Ironie, daß Hitler das Treffen der alten Parteigenossen am 8. November 1939 im Münchener Bürgerbräukeller ein wenig früher als geplant verließ. Acht Tote und über sechzig Verletzte forderte Elsers Zeitbombe. Aber Hitler entkam ebenso wie knapp fünf Jahre später dem Anschlag des Grafen Stauffenberg und rühmte sich dessen. Die »Vorsehung« schütze ihn, triumphierten seine Anhänger, und der Mythos des Führers wurde durch die mißglückten Angriffe auf sein Leben stabilisiert.

Elsers Widerstand war ohne Pathos inszeniert, genauso wie die stille Weigerung der »Ernsten Bibelforscher«, die um ihrer religiösen Überzeugungen willen im KZ saßen, insgesamt etwa 20000, von denen 4000 bis 5000 ums Leben kamen. Unbeirrt verweigerten sie nicht nur jeden Kriegsdienst, sondern auch jede den Krieg unterstützende Anstrengung etwa in der Rüstungsindustrie. Widerstand ohne Aktionen, wie er auch in der Bekennenden Kirche von evangelischen Christen und von exponierten Katholiken konsequent geleistet wurde.

Vielleicht am rühmlichsten haben sich diejenigen benommen, deren Widerstand darin bestand, Verfolgte des nationalsozialistischen Regimes zu verbergen. Etwa zehntausend Juden waren ab Ende 1941 in die Illegalität geflohen, um den Deportationen in die Vernichtungslager im Osten zu entgehen. Allein in der Reichshauptstadt Berlin lebten in den letzten Jahren der Kriegszeit etwa 5000 Juden im Untergrund. Ohne die Hilfe nichtjüdischer Deutscher, die ihnen Obdach boten und ihre Lebensmittelrationen mit ihnen teilten, die Ausweise für sie stahlen oder fälschten, wären sie verloren gewesen. Die Hilfe für die Illegalen – dazu gehörten gegen Ende des Krieges auch mehr und mehr Deserteure der deutschen Wehrmacht – war lebensgefährlich für die Helfer. Und meist waren es »kleine Leute«, die sich durch ihre Hilfe als Antifaschisten bekannten. Es gab mehr oder weniger organisierte Helfergruppen, etwa in der Bekennenden Kirche, die Juden in protestantischen Pfarrhäusern verbargen, und Freundeskreise, die keinen bestimmten ideologischen Hintergrund hatten.

Eine junge Journalistin, Ruth Andreas-Friedrich, und ein Musiker bildeten den Kern eines solchen Kreises. Anfang Februar 1944 schrieb sie in ihr Tagebuch: »Wir, die wir im elften Jahr unter Adolf Hitlers Herrschaft stehen, haben wenig Grund, uns zu rühmen. Aber wenn Menschen ihr Leben eingesetzt haben für ihre jüdischen Brüder, dann sind es deutsche Nichtjuden gewesen. Hunderte, Tausende, Zehntausende, die täglich und stündlich ihren Kopf riskierten für ein paar armselige Brotmarken, ein vorübergehendes Notquartier. Ein bißchen, wieder ein bißchen und nochmals ein bißchen. Abgerungen der eigenen Notdurft, erkämpft zwischen Bomben, Zwangsarbeit, Verkehrsbehinderung und persönlicher Einschränkung. Ertrotzt gegen alle Verbote, Gesetze und Propagandabefehle. Niemand, der es nicht selbst erlebte, vermag sich vorzustellen, wie schwierig unter solchen Umständen auch die einfachste Hilfeleistung werden kann. Was tut man, wenn ein Mensch, den man in seiner Wohnung verbirgt, eines Tages unvermutet am Herzschlag stirbt? Soll man ihn im Ofen verbrennen? In Rauch auflösen? Durch den Schornstein hinausblasen? Was macht man mit einer Leiche, die nicht gemeldet ist? ›Wir haben sie in unseren Waschkorb gelegt, mit Leintüchern bedeckt und nachts aus dem Hause getragen‹, vertrauen uns Bekannte an, die in solche Verlegenheit gerieten. ›Im Tiergarten haben wir sie rausgeholt und auf eine Bank gesetzt.‹ Sie lächeln verstört. Sie sind nicht froh über diese Lösung. Sie haben keine Übung darin, zwischen drei und vier Uhr morgens Leichen aus dem Hause zu schmuggeln und Tote auf einsame Parkbänke zu setzen. Vierzig Jahre lang sind sie solide Bürger gewesen.«

Eines der ganz seltenen Ereignisse öffentlicher Auflehnung gegen das Regime ereignete sich im Frühjahr 1943. In der sogenannten Fabrikaktion hatte die Gestapo am 27. Februar 1943 in Berlin alle Juden in den Fabriken eingefangen, denen sie zur Zwangsarbeit zugewiesen waren. Die Aktion sollte der letzte Schlag gegen die Juden sein. Sie wurden direkt vom Arbeitsplatz zu den Sammelplätzen für die Deportation, für Auschwitz also, gebracht und in den folgenden Tagen ins Vernichtungslager abtransportiert. Bei dieser Aktion waren auch die jüdischen Männer, die mit nichtjüdischen Frauen verheiratet waren, gefangengesetzt worden. In beispielloser Solidarität protestierten ihre Ehefrauen, etwa 200 an der Zahl, tagelang lautstark auf der Straße vor dem Sammelplatz, bis der Deportationsbeschluß zurückgenommen wurde und die Männer wieder frei wurden. Welch ein Erfolg im Widerstand, geleistet von einer Minderheit, die in der Gesellschaft des NS-Staats an der Grenze zur Rechtlosigkeit existierte!

IV.

Das führt zur Frage, wie breit die Basis für Widerstandsaktionen im deutschen Volk gewesen ist. Angesichts des bis zuletzt perfekt arbeitenden Terrorapparats, den das Regime im System von Himmlers SS, Gestapo und Konzentrationslagern besaß und der durch die nicht minder perfekt funktionierende Propagandamaschinerie des Josef Goebbels ergänzt wurde, ist es schwer oder unmöglich zu sagen, wie groß die Resonanz von aktivem Widerstand in der Bevölkerung war, wie viele das Ende Hitlers und den Untergang des nationalsozialistischen Staats wünschten. Das Gefühl, im Krieg zusammenstehen zu müssen, war bei vielen ohne Zweifel stärker als die Abneigung gegen den Hitlerstaat. Sich erst einmal der Feinde zu erwehren, schien ihnen notwendiger als der Umsturz im Innern. Man hat den Vorwurf erhoben, die deutsche Widerstandsbewegung sei zu spät aktiv geworden, als nämlich schon klar war, daß der Krieg verloren war. Damit tut man aber den Zehntausenden Opfern des NS-Regimes Unrecht, die als

Kommunisten, Sozialisten, Christen, Demokraten schon vor Ausbruch des Zweiten Weltkriegs in Gefängnissen und Konzentrationslagern umkamen, weil sie Hitlers Machtübernahme verhindern wollten, weil sie dem NS-Staat die Gefolgschaft verweigerten, weil sie Widerstand gegen die Zerstörung des Rechtsstaats in Deutschland leisteten.

Nicht vergessen darf man auch, daß die auf eine gewaltsame Beseitigung der Hitlerherrschaft hinarbeitenden Verschwörergruppen nicht die Unterstützung oder wenigstens Ermunterung des Auslands gefunden haben, die notwendig gewesen wäre. Das war auch eine Ursache für das Zögern, für die Zaghaftigkeit, die dem deutschen Widerstand im nachhinein vorgeworfen wurde. So enttäuschend es für die innere Opposition gegen Hitler war, so begreiflich war es aber andererseits, daß sich das Ausland reserviert zeigte.

Zu lange hat man aber den Blick nur auf die Männer des 20. Juli 1944 gerichtet, wenn man den deutschen Widerstand meinte. Der Juli 1944 war in der Tat ein sehr später Zeitpunkt. Im Frühjahr 1939, als allen verantwortlichen Beobachtern klar war, daß die Weichen für den Krieg gestellt waren, verfaßte eine Gruppe von liberalen Hitler-Gegnern eine Denkschrift, die im Ausland Verständnis für die deutsche Opposition wecken sollte. Dort heißt es: »Die jüngeren Offiziere ... sind nach zahlreichen Zeugnissen recht empfindlich geworden für die außerordentliche Demoralisierung, die die innere Politik des Regimes herbeiführt. Die Entfesselung der niedrigsten Instinkte, die bei den Pogromen deutlich wurde, das Organisieren des Verbrechertums als Mittel der staatlichen Politik und die tolle Verlogenheit der Regierung, die die Verantwortung feige von sich auf das unbeteiligte Volk abzuschieben suchte, haben eine heftige Empörung in Kreisen des jüngeren Offizierskorps hervorgerufen. So kann man sagen, daß zum mindesten eine beträchtliche Minderheit im gesamten Offizierskorps gegen die Regierung steht, ohne daß eine positive Haltung der anderen Offiziere zum Ausgleich vorhanden ist. Die Mehrheit der Armee ist sicher nicht so stark mit der nationalsozialistischen Diktatur verbunden, daß sie für das Regime kämpfen würde, wenn sie auf der Gegenseite ihre ›Kameraden‹ wüßte, selbst wenn ein kleiner Teil des höchsten Offizierskorps auf dem Standpunkt steht, daß der Kampf für die Regierung aufgenommen werden müßte.«

Die Verfasser der Denkschrift, die ihren Werbezweck im Ausland überhaupt nicht erfüllte und die ebenso wie der ganze liberale Oppositionskreis in Vergessenheit geriet, fügten hinzu, daß das Problem darin bestehe, daß die Generäle zwar zum großen Teil regimefeindlich seien, aber auch nicht zu Aktivitäten neigten. Sie seien vielmehr damit beschäftigt, mit ihren Mitarbeitern zwei Probleme zu prüfen, nämlich die Gefahr eines politischen Vakuums und die Frage der politischen Verantwortung für den Umsturz und die Zeit danach.

V.

Dieses Überlegen hat Zeit gekostet. Die Ergebnisse, nämlich die Pläne für die verfassungsmäßige politische und soziale Ordnung in Deutschland nach Hitler, befriedigen in der Rückschau nicht alle. Über die Demokratievorstellungen des Widerstands – vor allem der Männer des 20. Juli – hat es in der Bundesrepublik Streit gegeben, der bis zum heutigen Tag anhält. Die Denkschrift »Das Ziel« von 1941, in der Carl Goerdeler und Ludwig Beck ihre Verfassungspläne niedergelegt haben, zeigt die konservative bis reaktionäre Tendenz des Programms ganz deutlich: Angestrebt war eine Reform des Deutschen Reiches im Geist der preußischen Reformperiode des 19. Jahrhunderts; bezeichnend war die dominierende Stellung, die dem Reichskanzler zugedacht war. Die Volksvertretung erscheint unter den verfassungsmäßigen Institutionen an letzter Stelle, quasi als Anhängsel der Reichsregierung. Dem Reichstag sollte ein nichtgewähltes Reichsständehaus gleichberechtigt zur Seite stehen. Bei der Aufzählung der notwendigen Minister erscheint der Wehrminister an erster Stelle, ein Arbeitsministerium wurde bewußt abgelehnt. Patriarchalische Züge mischen sich in der Konzeption Goerdelers und Becks mit moralisch-aufklärerischen Postulaten; Verantwortungsgefühl und das »Vertrauen anständiger Männer untereinander« waren den Verfassern der Denkschrift wichtigere Werte als formaldemokratische Kategorien. »Der diktatorische oder tyrannische Führerstaat« schien ihnen »ebenso unmöglich wie der entfesselte überdemokratische Parlamentarismus«. Wenn man hinzunimmt, daß Goerdeler und Beck auch die Wiedereinführung der Monarchie erstrebten, dann wird man ihr

Programm als wenig fortschrittlich oder zumindest als einigermaßen realitätsfremd bezeichnen dürfen.

Die »Grundsätze für die Neuordnung«, die im Kreisauer Kreis auf dem schlesischen Rittergut des Grafen Moltke 1942 und 1943 diskutiert wurden, hatten gegenüber den Goerdeler-Plänen geradezu reformatorischen Charakter: Im Mittelpunkt von Deutschlands politischer und sozialer Erneuerung sollten Arbeiterschaft und Kirchen stehen, die alten Klassengegensätze hofften die Kreisauer zu überwinden. Ihr Wirtschaftsprogramm war von den Leitmotiven einer staatlichen Wirtschaftsführung, der Sozialisierung der Schlüsselindustrien und vom Gedanken der Mitbestimmung beherrscht. Auch hier zeigen sich deutlich die Unterschiede zu den restaurativen Vorstellungen der Goerdeler-Gruppe.

Die Neuordnungskonzepte und ihre Details sind heute nur noch für den Historiker von Interesse, und das gleiche gilt im wesentlichen auch für die Frage des Zeitpunkts der Aktionen des Widerstands. Für die Deutschen der Nach-Hitler-Zeit war und bleibt es aber von entscheidender Bedeutung, *daß* Widerstand gegen den Nationalsozialismus geleistet wurde. Das Odium des Zauderns und Scheiterns ist letztendlich gering zu veranschlagen, denn das moralische Kapital, das der Widerstand für den demokratischen Neuanfang bedeutete, kann dagegen kaum hoch genug eingeschätzt werden. In der Waagschale liegt das Gewicht von mindestens fünftausend Toten, die allein zwischen Juli 1944 und dem Ende des NS-Regimes als Widerstandskämpfer hingerichtet wurden, ganz zu schweigen vom Vielfachen an Todesopfern als Folge von Opposition und Verweigerung gegenüber dem Hitlerstaat insgesamt.

VI.

Kriegsgefangene der bei Stalingrad vernichteten 6. Armee und deutsche Emigranten – Kommunisten – gründeten im Juli 1943 das Nationalkomitee Freies Deutschland, im September vereinigte es sich mit einer anderen Organisation, dem »Bund deutscher Offiziere«. Gemeinsames Ziel war der Versuch, das deutsche Volk und die Wehrmacht zum Widerstand, zum Sturz Hitlers zu bewegen, um von Deutschland zu retten, was wohl noch zu retten war. Mit Flugblättern,

Rundfunksendungen und Lautsprecherdurchsagen beschworen sie von der sowjetischen Front aus den Aufstand. Aus ganz anderer Position richtete Thomas Mann über den britischen Rundfunk monatlich Appelle an die Deutschen, sich zu verweigern und der Welt Zeichen des Widerstands zu geben um ihres Nachkriegsgeschicks willen. Erfolgreich war der große Dichter so wenig wie das Nationalkomitee, dessen Männer immer noch diffamiert werden, weil kommunistischer Widerstand oder von Kommunisten propagierte Verweigerung gegenüber Hitler und seinem Regime Unbelehrbaren in der Bundesrepublik immer noch nicht als Widerstand gelten darf. Ein unwürdiger Streit um die Berliner Widerstands-Gedenkstätte erhob sich noch im Jahre 1989 darüber.

Zu den Verweigerern gehörten auch die Schüler und Lehrlinge, die sich in Großstädten im Rheinland und im Ruhrgebiet zusammenschlossen und ihre Gegnerschaft zum nationalsozialistischen System demonstrierten. Unter dem Namen »Edelweißpiraten« wurden diese jungen Leute bekannt, weil sie ein Edelweißabzeichen, manchmal auch nur bunte Stecknadeln, als Erkennungszeichen trugen. Sie verteilten Flugblätter gegen die Nationalsozialisten, verübten Anschläge auf lokale Parteifunktionäre, und sie wurden vom Regime als so gefährlich eingeschätzt, daß im Oktober 1944 eigene Richtlinien »zur Bekämpfung jugendlicher Cliquen« erlassen wurden, in denen die Justiz ausdrücklich aufgefordert wurde, keine »unangebrachte Milde« walten zu lassen. Im November 1944 wurden in Köln von der Geheimen Staatspolizei 13 Edelweißpiraten ohne Anklage oder sonstiges Gerichtsverfahren öffentlich hingerichtet. Der Widerstand der jungen Leute hatte auch darin bestanden, daß sie sowjetische Kriegsgefangene mit Lebensmitteln versorgten.

Noch drakonischer hatte das Regime im Mai 1942 eine andere Widerstandsaktion Jugendlicher in Berlin geahndet. Der Fall war in vielerlei Hinsicht einmalig in der Geschichte des deutschen antifaschistischen Widerstands. Im Elektromotorenwerk der Firma Siemens in Berlin hatte sich unter den jugendlichen jüdischen Zwangsarbeitern eine Widerstandsgruppe gebildet, die ein Kommunist, der 30jährige Herbert Baum führte. Die Gruppe bestand aus einem harten Kern von etwa 30 Jugendlichen, die sich zum Teil seit Jahren aus der bürgerlichen Jugendbewegung und gemeinsamer Opposition gegen den Nationalsozialismus kannten, weitere 40 bis 50 junge Juden gehörten zum äußeren Kreis der Gruppe. Mit Flugblättern und Parolen wurde dokumentiert, daß es auch einen jüdischen Widerstand gab.

Ideologisch rechnete sich die Baum-Gruppe zum kommunistischen Arbeiterwiderstand, und die spektakulärste Aktion richtete sich gegen eine antibolschewistische Propagandaausstellung. Im Mai 1942 hatte Goebbels im Berliner Lustgarten eine Horrorschau »Das Sowjetparadies« inszeniert als Teil der Durchhaltekampagne gegen die Sowjetunion. Die Baum-Gruppe zündete in dieser Ausstellung mehrere Brandsätze, die keinen großen Schaden anrichteten, dem Regime aber Anlaß zu schrecklicher Rache gaben: Nicht nur wurde die Gruppe Baum selbst vernichtet, sondern weitere 500 Juden wurden im Mai 1942 auf den Straßen Berlins verhaftet. Die Hälfte von ihnen wurde in der SS-Kaserne Berlin-Lichterfelde erschossen, die anderen 250 verschwanden im Konzentrationslager Sachsenhausen.

Viele Namen von einzelnen Personen und Gruppen, die Widerstand in irgendeiner Form geleistet haben, wären noch zu nennen, wenn man ein vollständiges Bild von der Opposition gegen das Unrechtsregime in Deutschland zeichnen wollte. Eine charakteristische Situation in Deutschland war es ja, daß Widerstand in einzelnen Gruppen geleistet wurde, die sich in regionalen, gesellschaftlichen, religiösen oder ideologischen Zusammenhängen gefunden hatten und ihren Zusammenhalt als Katholiken, als sozialistische Arbeiter, als Offiziere, als Beamte, als Liberale usw. bewahrten. Die nationalsozialistische Diktatur mit ihrem nahezu perfekten System der Überwachung jedes einzelnen war dann ein weiterer Grund dafür, daß die vielen verschiedenen Gruppen nicht zu einer großen Widerstandsbewegung zusammenfließen konnten, selbst wenn sie es gewollt hätten. Kehren wir, da sich das Thema Deutsche gegen Hitler also nur paradigmatisch darstellen läßt, zum Schluß noch einmal zur Gruppe der Weißen Rose zurück.

Die Münchner Studenten des Widerstandskreises »Weiße Rose« verstanden sich als Freiheitskämpfer in bester patriotischer Tradition. Sie fühlten sich als Erben derer, die 1813 gegen die Fremdherrschaft Napoleons, für eine gemeinsame deutsche Nation gekämpft hatten. In ihrem letzten Flugblatt vom Februar 1943 hatten sie geschrieben: »Freiheit und Ehre! Zehn lange Jahre haben Hitler und seine Genossen die beiden herrlichen deutschen Worte bis zum Ekel ausgequetscht, abgedroschen, verdreht, wie es nur Dilettanten vermögen, die die höchsten Werte einer Nation vor die Säue werfen. Was ihnen Freiheit und Ehre gilt, haben sie in zehn Jahren der Zerstörung aller materiellen und geistigen Freiheit, aller sittlichen Substanzen im deutschen Volk genügsam gezeigt. Auch dem dümmsten Deutschen hat das furchtbare Blutbad [von Stalingrad] die Augen geöffnet, das sie im Namen von Freiheit und Ehre der deutschen Nation in ganz Europa angerichtet haben und täglich neu anrichten.«

Die das geschrieben hatten, die Geschwister Scholl und ihre Freunde, wurden im Frühjahr 1943 hingerichtet. Abschriften der Flugblätter der Weißen Rose kursierten illegal in ganz Deutschland. Das war lange vor dem Aufstand der Militärs im Juli 1944. Die Studenten der Weißen Rose riefen aber nicht nur zum Widerstand aus Patriotismus, um Deutschland von der Tyrannis zu befreien, sie fühlten sich auch solidarisch mit den Unterdrückten und Widerstandskämpfern im besetzten Europa und propagierten Widerstand und Erneuerung über die deutschen Grenzen hinaus: »Der deutsche Name bleibt für immer geschändet, wenn nicht die deutsche Jugend endlich aufsteht, rächt und sühnt zugleich, ihre Peiniger zerschmettert und ein neues geistiges Europa aufrichtet.«

Blieb ihnen auch, wie allen anderen Widerstandsaktionen gegen die nationalsozialistische Herrschaft in Deutschland, der Erfolg versagt, so überdauerte die moralische Wirkung ihres Handelns den Hitlerstaat nicht nur, er trug vielmehr zur Legitimation der deutschen Nachkriegsdemokratie ganz entscheidend bei.

Anmerkungen

Herrschaft und Gesellschaft

1 Wilhelm Haegert, Propaganda als Verfassungselement. Zum 29. Oktober, in: Der Angriff, Sonderbeilage zur Zehnjahresfeier des Gaues Berlin, 30. 10. 1936. Zur NS-Propaganda vor der Machtübernahme vgl. den mit zahlreichen Literaturverweisen versehenen Beitrag: Eike Hennig, Anmerkungen zur Propaganda der NSDAP gegenüber SPD und KPD in der Endphase der Weimarer Republik, in: Tel Aviver Jahrbuch für Deutsche Geschichte 17 (1988), S. 209–240.

2 Rede am 16. 9. 1935 bei der Sondertagung der Gau- und Kreispropagandaleiter anläßlich des 7. Reichsparteitags der NSDAP, in: Goebbels-Reden, Bd. 1: 1932–1939, hrsg. von Helmut Heiber, Düsseldorf 1971, S. 230f., zit. S. 238.

3 Vgl. der Tag von Potsdam. Zum 21. März 1933, Gedenkausgabe »Die Woche«, Archiv Institut für Zeitgeschichte.

4 Völkischer Beobachter, 10. 4. 1933 (Adolf Hitler spricht zu 600000 Mann S. A. und S. S.). Weitere Belege bei Frank Grube / Gerhard Richter, Alltag im Dritten Reich. So lebten die Deutschen 1933–1945, Hamburg 1982. Vgl. auch Hans Dieter Schäfer, Das gespaltene Bewußtsein. Über deutsche Kultur und Lebenswirklichkeit 1933–1945, München 1981.

5 Völkischer Beobachter, 17. 8. 1936.

6 Begrüßung auf der Großkundgebung anläßlich des Besuches Mussolinis in Berlin, 28. 9. 1937, in: Goebbels-Reden (wie Anm. 2), Bd. 1, S. 287.

7 Völkischer Beobachter, 25. / 26. 12. 1935.

8 Lichtfeier, hrsg. von der Reichswaltung des NS-Lehrerbundes, München 1938; Lichtersprüche. Vorweihnachten, Ausgabe 1943, München 1943.

9 Vgl. Egon Menz, Sprechchor und Aufmarsch. Zur Entstehung des Thingspiels, in: Horst Denkler / Karl Prümm (Hrsg.), Die deutsche Literatur im Dritten Reich. Themen – Traditionen – Wirkungen, Stuttgart 1976, S. 330–346; Rainer Stommer, »Da oben versinkt einem der Alltag...« Thingstätten im Dritten Reich als Demonstration der Volksgemeinschaftsideologie, in: Detlev Peukert / Jürgen Reulecke, Die Reihen fast geschlos-

sen. Beiträge zur Geschichte des Alltags unterm Nationalsozialismus, Wuppertal 1981, S. 149ff.

10 Fritz Todt, in: Die Straße, 1. Jg., Nr. 1, August 1934, S. 2.

11 Rudolf Wolters, Brücken – Zu den Arbeiten des Architekten Fritz Tamms, in: Die Baukunst.»Die Kunst im Deutschen Reich« 4 (1941), Januar, S. 3.

12 Vgl. den vorzüglichen Katalog zur Ausstellung des Frankfurter Kunstvereins: Kunst im 3. Reich. Dokumente der Unterwerfung, Frankfurt 1974.

13 Albert Speer, Erinnerungen, Frankfurt, Berlin 1969, S. 116.

14 Ebenda, S. 172.

15 Rede bei der Grundsteinlegung der Wehrtechnischen Fakultät Berlin, 27. 11. 1937, in: Max Domarus (Hrsg.), Hitler. Reden und Proklamationen 1932–1945, Bd. 1, Würzburg 1962, S. 765.

16 Das Generalgouvernement. Reisehandbuch von Karl Baedeker, Leipzig 1943, S. XI.

17 Aus einem privaten Kriegstagebuch, Eintragung vom 24. 1. 1941, Institut für Zeitgeschichte, Archiv.

18 Grundlegend dazu Michael H. Kater, Das »Ahnenerbe« der SS 1935–1945. Ein Beitrag zur Kulturpolitik des Dritten Reiches, Stuttgart 1974; Reinhard Bollmus, Das Amt Rosenberg und seine Gegner. Zum Machtkampf im nationalsozialistischen Herrschaftssystem, Stuttgart 1970.

19 Zit. nach Karl Hüser, Wewelsburg 1933–1945. Kult- und Terrorstätte der SS. Eine Dokumentation, Paderborn 1982, S. 70.

20 Eine Darstellung zum Sachsenhain fehlt noch. Der Vf. stützt sich auf Auskünfte und Recherchen vor Ort, ferner auf einen Artikel von Detlev Scheil im Achimer Kurier, 11. 1. 1985, in dem ausführlich die Berichterstattung des Verdener Anzeigenblattes von 1934 und 1935 referiert ist.

21 Vgl. Ernst Niekisch, Das Reich der niederen Dämonen, Hamburg 1953, S. 102f. Niekisch interpretiert das Dritte Reich als eine verweltlichte Kirche, als Synthese von Rom und Potsdam.

22 Karlheinz Schmeer, Die Regie des öffentlichen Lebens im Dritten Reich, München 1956, S. 101ff.

23 Zit. nach Hans-Jochen Gamm, Der braune Kult. Das Dritte Reich und seine Ersatzreligion. Ein Beitrag zur politischen Bildung, Hamburg 1962, S. 24.

24 Ebenda, S. 38.

25 Der Schulungsbrief der NSDAP, Nr. 4/1937; zit. nach Gamm, S. 38f.

26 Goebbels' Tagebuch, 13. 9. 1937, Institut für Zeitgeschichte, Archiv, ED 172/64.

27 Interview mit Frantisek Poprawka, Warschau, am 27.5.1965. Transkript im Archiv des Museums Mauthausen, Bundesministerium für Inneres, Wien.

28 Goebbels-Reden (wie Anm. 2), Bd. 1, S. 127.

29 Vgl. Ian Kershaw, Der Hitler-Mythos. Volksmeinung und Propaganda im Dritten Reich, Stuttgart 1980, S. 131 ff.

30 Politisches Testament, 29.4.1945, in: Domarus (wie Anm. 15), Bd. 2, Würzburg 1963, S. 2236 f.

31 Kriegstagebuch des Oberkommandos der Wehrmacht, eingeleitet und erläutert von Percy Ernst Schramm, Bd. IV/2, Frankfurt 1961, S. 1282.

Expansion und Konkurrenz

1 Vgl. Rudolf Kluge/Heinrich Krüger (Bearb.), Verfassung und Verwaltung im Großdeutschen Reich, Berlin [2]1939, S. 91 f.; Wilhelm Stuckart/Harry v. Rosen-v. Hoevel/Rolf Schiedermair, Der Staatsaufbau des Deutschen Reichs in systematischer Darstellung (Neues Staatsrecht III), Leipzig 1943, S. 107 ff.

2 Carl Schmitt, Staat, Bewegung, Volk. Die Dreigliederung der politischen Einheit, Hamburg 1933, S. 21.

3 Gesetz zur Sicherung der Einheit von Partei und Staat v. 1. Dezember 1933, RGBl 1933 I, S. 1016; VO zur Durchführung des Gesetzes zur Sicherung der Einheit von Partei und Staat v. 29. März 1935, RGBl 1935 I, S. 502 f.

4 Wilhelm Frick, Partei und Staat, in: Deutsche Verwaltung 11 (1934), S. 289–290; vgl. die Rubrik »Aus Staat und Verwaltung«, ebenda S. 284.

5 Zur Struktur der NS-Herrschaft vgl. in erster Linie Martin Broszat, Der Staat Hitlers. Grundlegungen und Entwicklung seiner inneren Verfassung, München [10]1983; wegen der Untersuchung auch der unteren Verwaltungsebenen besonders wichtig: Peter Diehl-Thiele, Partei und Staat im Dritten Reich. Untersuchungen zum Verhältnis von NSDAP und allgemeiner innerer Staatsverwaltung 1933–1945, München [2]1971; Überblick über die ältere Standardliteratur bei Karl Dietrich Bracher, Die deutsche Diktatur. Entstehung, Struktur, Folgen des Nationalsozialismus, Köln [6]1980. Die Kontroverse um Hitlers Rolle im NS-System, ausgetragen als erbitterter Streit zwischen Intentionalisten und Funktionalisten, erbringt, ebenso wie die zugespitzte Debatte um das Problem der polykratischen oder monokratischen Struktur des NS-Staats, vorerst wohl keine neuen wissenschaftlichen Früchte. Vgl. die Diskussionsbeiträge der beiden Exponenten: Hans Mommsen, Hitlers Stellung im nationalsozialistischen Herrschaftssystem, in: Gerhard Hirschfeld/Lothar Kettenacker (Hrsg.), Der »Führerstaat«: Mythos und Realität. Studien zur Struktur und Politik des Dritten Reiches,

Stuttgart 1981, S. 43–72, und Klaus Hildebrand, Monokratie oder Polykratie? Hitlers Herrschaft und das Dritte Reich, ebenda, S. 73–97.

6 Vgl. dazu die weit über den Untersuchungsgegenstand hinaus aufschlußreiche Arbeit: Reinhard Bollmus, Das Amt Rosenberg und seine Gegner. Studien zum Machtkampf im nationalsozialistischen Herrschaftssystem, Stuttgart 1970.

7 Zwei ebenso frühe wie scharfsinnige Erklärungsversuche der nationalsozialistischen Herrschaft haben sich über die Jahrzehnte hinweg als fruchtbar erwiesen: Ernst Fraenkel, Der Doppelstaat, Frankfurt, Köln 1974 (engl. 1941), und Franz Neumann, Behemoth. Struktur und Praxis des Nationalsozialismus 1933–1944, Köln, Frankfurt 1977 (engl. 1942 und 1944). Beide Bücher sind auch als Taschenbücher erschienen.

8 Vgl. Lothar Gruchmann, Die »Reichsregierung« im Führerstaat. Stellung und Funktion des Kabinetts im nationalsozialistischen Herrschaftssystem, in: Günther Doeker/Winfried Steffani (Hrsg.), Klassenjustiz und Pluralismus. Festschrift für Ernst Fraenkel zum 75. Geburtstag, Hamburg 1973, S. 187–223.

9 Stellv. des Führers, MinR Sommer, an RMdI, StSekr. Stuckart, 11. 10. 1939, Bundesarchiv (künftig zit. BA), R 18/5401.

10 RMdI Frick an Göring und Lammers, 23. 12. 1939, BA, R 43 II/1333.

11 Vgl. dazu Lothar Kettenacker, Die CdZ-Gebiete im Zweiten Weltkrieg, in: Dieter Rebentisch/Karl Teppe (Hrsg.), Verwaltung und Menschenführung im Staat Hitlers. Studien zum politisch-administrativen System, Göttingen 1986; Lothar Kettenacker, Nationalsozialistische Volkstumspolitik im Elsaß, Stuttgart 1974.

12 Grundsätzlich dazu s. Hans Umbreit, Die Kriegsverwaltung 1940 bis 1945, in: Militärgeschichtliche Mitteilungen 1968, H. 2, S. 105–134; exemplarisch: Ders., Der Militärbefehlshaber in Frankreich 1940–1944, Boppard 1968; Alexander Dallin, Deutsche Herrschaft in Rußland 1941–1945. Eine Studie über Besatzungspolitik, Düsseldorf 1958.

13 Vgl. Hans-Dietrich Loock, Quisling, Rosenberg und Terboven. Zur Vorgeschichte und Geschichte der nationalsozialistischen Revolution in Norwegen, Stuttgart 1970; Konrad Kwiet, Reichskommissariat Niederlande. Versuch und Scheitern nationalsozialistischer Neuordnung, Stuttgart 1968; Gerhard Hirschfeld, Fremdherrschaft und Kollaboration. Die Niederlande unter deutscher Besatzung 1940–1945, Stuttgart 1984; Detlef Brandes, Die Tschechen unter deutschem Protektorat 1939–1945, 2 Bde., München 1969–1975.

14 Zur staatsrechtlichen Situation des Protektorats vgl. im einzelnen Helmut Krieser (Hrsg.), Das neue Recht in Böhmen und Mähren, Prag, Amsterdam, Berlin, Wien 1943.

15 Diensttagebuch des deutschen Generalgouverneurs in Polen 1939–1945, hrsg. von Werner Präg und Wolfgang Jacobmeyer, Stuttgart 1975, S. 10.

16 Vgl. den Aufsatz von Hans Frank, Deutsche Ordnung und polnische Wirtschaft: »Ziel und Richtung dieser deutschen Verwaltung ist es, ohne die geringste Sentimentalität nach irgendeiner Richtung dieses Nebenland des Reiches in ein eisernes Netz von Ordnungslinien zu zwingen und es dem Großdeutschen Reich nutzbar zu machen.« Und zusammenfassend: »Die Hauptzweckbestimmung des Generalgouvernements ist die eines Wirtschafts- und Arbeitshilfsgebietes für das Reich«, in: Reichsorganisationsleiter der NSDAP (Hrsg.), Der Schulungsbrief, 8 (1941), 5./6. Folge, S. 89.

17 Zit. im Brief RMdI, Frick, an RArbMinister, 14.1.1941, BA, R 43 II/646b.

18 Vgl. Christoph Kleßmann, Der Generalgouverneur Hans Frank, in: Vierteljahrshefte für Zeitgeschichte 19 (1971), S. 245ff. (mit kritischer Literaturübersicht).

19 Aufzeichnung Hans Frank: Abschließende Betrachtungen zur Entwicklung des letzten Vierteljahres, 28.8.1942, in: Diensttagebuch (wie Anm. 15), S. 552–560, zit. 555f.

20 Die Entwicklung seit 1. Sept. 1942, ebenda, S. 561f.

21 Zit. im Schreiben RMdI, Frick, an RArbMinister, 14.1.1941, BA, R 43 II/646b.

22 Bormann an Lammers, 11.8.1941, BA, R 43 II/703a.

23 Rundschreiben Lammers an die Obersten Reichsbehörden, 26.9.1941, BA, R 43 II/703a.

24 Anordnung über die Verwaltungsführung in den Landkreisen vom 28.12.1939, RGBl 1940 I, S. 45–46.

25 Schnellbrief des Generalbevollmächtigten für die Reichsverwaltung an die Reichsverteidigungskommissare vom 24.6.1941, betr.: Verwaltungsführung in den Landkreisen, BA, R 43 II/703a; vgl. Diehl-Thiele (wie Anm. 5), S. 190ff.

26 Reichsarbeitsminister an Generalbevollmächtigten für die Reichsverwaltung, 18.7.1941, BA, R 43 II/703a.

27 Schnellbrief Frick an Göring, 12.8.1941, ebenda.

28 Todt an Frick, 7.10.1941, ebenda.

29 Wilhelm Stuckart, Zentralgewalt, Dezentralisation und Verwaltungseinheit, in: Festgabe für Heinrich Himmler, Darmstadt 1941, S. 1–32, zit. S. 20f.

Der Generalplan Ost

1 Vgl. Nürnberger Dokumente PS 686 und NO 3075.

2 Waclaw Dlugoborski, Die deutsche Besatzungspolitik gegenüber Polen, in: K. D. Bracher, M. Funke, H.-A. Jacobsen (Hrsg.), Nationalsozialistische Diktatur 1933–1945. Eine Bilanz, Bonn 1983, S. 572–590.

3 Vgl. dazu Detlef Brandes, Die Tschechen unter deutschem Protektorat. Besatzungspolitik, Kollaboration und Widerstand im Protektorat Böhmen und Mähren, 2 Bde., München, Wien 1969, 1975.

4 Vgl. Das Diensttagebuch des deutschen Generalgouverneurs in Polen 1939 bis 1945, hrsgg. von Werner Präg und Wolfgang Jacobmeyer, Stuttgart 1975.

5 Vgl. dazu Martin Broszat, Nationalsozialistische Polenpolitik 1939–1945, Stuttgart 1961.

6 Himmler hatte am 20.7.1941 bei einer Besichtigung von Lublin und Zamosc u. a. befohlen »Die Aktion ›Fahndung nach deutschem Blut‹ wird für das gesamte Generalgouvernement erweitert und ein Großsiedlungsgebiet in den deutschen Kolonien bei Zamosc geschaffen. Die Gestaltung der Höfe, der Äcker usw. deutschen Gepräges ehestens in Angriff zu nehmen.« Nürnberger Dokument NO 3031.

7 Denkschrift Himmlers über die Behandlung der Fremdvölkischen im Osten (Mai 1940), in: Vierteljahreshefte für Zeitgeschichte 5 (1957), S. 194–198.

8 Rolf-Dieter Müller (Freiburg) wird in absehbarer Zeit im Rahmen einer größeren Dokumentation neue Erkenntnisse zur Entstehung des Generalplans Ost und zu den damit im Zusammenhang stehenden Siedlungsplänen von Wehrmacht und SS vorlegen.

9 Nürnberger Dokument NO 2255.

10 Generalplan Ost. Rechtliche, wirtschaftliche und räumliche Grundlagen des Ostaufbaus. Vorgelegt von SS-Oberführer Professor Dr. Konrad Meyer, Berlin-Dahlem, Juni 1942, Institut für Zeitgeschichte, Archiv MA 1497.

11 Bericht über die Sitzung am 4.2.1942 bei Dr. Kleist über die Fragen der Eindeutschung, insbesondere in den baltischen Ländern, 11.3.1942, abgedruckt bei Helmut Heiber, Der Generalplan Ost, in: Vierteljahreshefte für Zeitgeschichte 6 (1958), S. 281–325, zit. S. 295.

12 Dr. Wetzel, Stellungnahme und Gedanken zum Generalplan Ost des Reichsführers SS, 27.4.1942, abgedruckt ebenda, S. 297 ff.

13 Ebenda, S. 307–308.

14 Nürnberger Dokument NO 2255.

15 Die Rede Himmlers vor den Gauleitern am 3. August 1944, in: Vierteljahreshefte für Zeitgeschichte 1 (1953), S. 357–394, zit. 393–394.

16 Alexander Dallin, Deutsche Herrschaft in Rußland 1941–1945. Eine Studie über Besatzungspolitik, Düsseldorf 1958.

Das Konzentrationslager als Experimentierfeld

1 Rascher an Himmler, 15.5.1941, Nürnberger Dokument PS 1602. (Die im folgenden zitierten Nürnberger Dokumente befinden sich im Archiv des Instituts für Zeitgeschichte, größtenteils auch im Archiv der KZ-Gedenkstätte Dachau; eine Auswahl ist auch abgedruckt in Alexander Mitscherlich/Fred Mielke, Wissenschaft ohne Menschlichkeit. Medizinische und eugenische Irrwege unter Diktatur, Bürokratie und Krieg, Heidelberg 1949, S. 11 ff.

2 Vgl. Michael H. Kater, Das »Ahnenerbe« der SS 1935–1945. Ein Beitrag zur Kulturpolitik des Dritten Reiches, Stuttgart 1974, S. 101. Dort (S. 231–245) sind in einem knappen Kapitel »Sigmund Rascher und die Luftfahrtmedizin« Biographie und Umfeld ausgezeichnet recherchiert. Der vorliegende Aufsatz verdankt der Studie Katers viel.

3 Personalunterlagen Sigmund Rascher im Berlin Document Center (in Kopie auch im IfZ München), künftig zit. BDC.

4 Sigmund Rascher, Ausbildungsverlauf, 17.5.1943, NO 230.

5 Kater (wie Anm. 2), S. 101.

6 Brandt an Nini Rascher, 27.7.1943. Kopie im Archiv der KZ-Gedenkstätte Dachau.

7 Nini Rascher an Himmler, 9.4.1940, Archiv der KZ-Gedenkstätte Dachau.

8 Vgl. Helmut Heiber (Hrsg.), Reichsführer! ... Briefe an und von Himmler, Stuttgart 1968; Martin Broszat, Lächerlichkeit ..., die töten kann?, in: Miscellanea. Festschrift für Helmut Krausnick, Stuttgart 1980, S. 84–92.

9 Sigmund Rascher, Denkschrift, 1.5.1939, in den Personalunterlagen BDC.

10 Vgl. Fridolf Kudlien, Ärzte im Nationalsozialismus, Köln 1985; Renate Jäckle, Die Ärzte und die Politik. 1930 bis heute, München 1988; Medizin im Nationalsozialismus, München 1988 (dieses von Norbert Frei besorgte Protokoll eines Kolloquiums im Institut für Zeitgeschichte enthält auch eine ausführliche Bibliographie zum Thema).

11 Denkschrift, 1.5.1939, BDC.

12 Vgl. die große Monographie Katers (Anm. 2).

13 Francois Bayle, Croix gammée contre Caducée. Les expériences humaines en Allemagne pendant la deuxième guerre mondiale, Neustadt 1950.

14 Vgl. Aktenvermerk Reichsführer SS/Pers. Stab vom 28.4.1942, NO 264,

und Aktenvermerk SS-Hauptsturmführer Heckenstaller, 24.2.1943, Personalunterlagen BDC.

15 Korrespondenz Nini Diehl mit Sievers, 1./15.9.1939, NO 3677 und NO 3678; Vollmacht Raschers für Lulu Muschler vom 1.12.1940, NO 427.

16 Aussage Weltz' im Nürnberger Ärzteprozeß, zit. nach Mitscherlich/Mielke (wie Anm. 1), S. 26.

17 Ebenda, S. 28.

18 In Sachsenhausen wurden Häftlinge vor die Wahl gestellt, sich entweder zur Brigade Dirlewanger zu melden oder als Versuchspersonen bei medizinischen Versuchen verwendet zu werden. Vgl. Hellmuth Auerbach, Konzentrationslagerhäftlinge im Fronteinsatz, in: Miscellanea (Anm. 8), S. 63–83.

19 Mitscherlich/Mielke (Anm. 1), S. 29.

20 Erlebnisbericht Walter Neffs, Recht oder Unrecht o. D. (1945), NO 908.

21 Fernschreiben Brandt an Rascher, 21.10.1942, PS 1971.

22 Erlebnisbericht Walter Neff, NO 908, S. 53.

23 Bericht (Deutsche Versuchsanstalt für Luftfahrt) an Reichsführer SS, 28.7.1942, NO 402.

24 Mitscherlich/Mielke (Anm. 1), S. 22.

25 Die Kammer war laut Werkmeistertagebuch der DVL am 23.5.1942 wieder in Berlin, Mitscherlich/Mielke (Anm. 1), S. 40.

26 Erster Zwischenbericht über die Unterdruckkammerversuche im KL Dachau mit Schreiben Raschers an Himmler vom 5.4.1942, PS 1971.

27 Himmler an Rascher, 13.4.1942, PS 1971.

28 Rascher an Himmler, 16.4.1942, NO 218.

29 Vgl. den Beitrag von Stanislav Zàmečnik, Erinnerungen an das »Revier« im Konzentrationslager Dachau, in: Dachauer Hefte 4 (1988), S. 128 ff.

30 Vgl. Erlebnisbericht Walter Neff, NO 908.

31 Überzeugend hat diesen Gesichtspunkt auch M. H. Kater herausgearbeitet, a. a. O., S. 235.

32 Himmler an Milch, 8.11.1942, PS 1617.

33 Reichsluftfahrtministerium an Reichsführer SS, 8.10.1942, NO 286.

34 Mitscherlich/Mielke (Anm. 1), S. 42.

35 Zwischenbericht Raschers, 10.9.1942, PS 1618.

36 Erlebnisbericht Walter Neff, NO 908, Bl. 58.

37 Ebenda, S. 67.

38 Rascher an Himmler, 9.8.1942, Personalunterlagen BDC.

39 Rascher an Himmler, 17.2.1943, PS 1616.

40 Daß Himmler im November 1942 Erfrierungsversuche inspizierte, ist durch die eidesstattliche Erklärung seines Adjutanten Rudolf Brandt vom

9.9.1946 überliefert, NO 242; daß er sich die Wiederaufwärmung durch Frauen zeigen ließ, bestätigte der Häftling Frantisek Blaha in Nürnberg am 24.11.1945, PS 3249.

41 Fernschreiben Pers. Stab Reichsführer SS vom 8.10.1942, NO 295.

42 Rascher, Angeforderter Bericht über KL-Kirnen, 5.11.1942, NO 323.

43 Bericht (Holzlöhner, Rascher, Finke) über Abkühlungsversuche am Menschen, 10.10.1942, NO 289.

44 Hippke an Himmler, 10.10.1942, NO 289.

45 Hippke an Himmler, 19.2.1943, NO 268.

46 Korrespondenz Rascher, Brandt, Sievers, Himmler, 10.9./19.9.1942, NO 234, NO 930–932.

47 Tagungsbericht 26./27.10.1942, NO 401.

48 Erlebnisbericht Walter Neff, NO 908, Bl. 60.

49 Rascher an Sievers, 17.5.1943, Personalunterlagen BDC.

50 Zu August Hirt vgl. Kater (Anm. 2), S. 245 ff.

51 Sievers an Brandt, 21.3.1944, NO 290.

52 Begründung in den Personalunterlagen BDC; da das Schreiben Himmlers, mit dem die Ordensverleihung mitgeteilt wurde, nicht datiert ist, steht nicht zweifelsfrei fest, ob Rascher die Auszeichnung tatsächlich noch erhielt. In seiner Karteikarte ist die Verleihung dagegen schon für 1943 vermerkt.

53 Korrespondenz Rascher, Himmler, Brandt, 15.11.1942–12.2.1943, NO 1691–1698.

54 Vgl. die Eidesstattliche Erklärung von Raschers Onkel für den Nürnberger Ärzteprozeß, 31.12.1946, NO 1424.

55 Völkischer Beobachter (Münchner Ausgabe) 23.3.1944 (»Kindsentführung in München«) und 24.3.1944 (»Das entführte Kind abgegeben«).

56 Protokoll, Betr.: vorläufige Festnahme der Ehefrau Raschers, 28.3.1944, Personalunterlagen BDC. Weitere Details bei Kater, a.a.O.

57 Strafverfügung Himmlers, 14.2.1945, Personalunterlagen BDC. Rascher hatte u.a. auch die Freilassung des Patentinhabers von »Polygal 10« betrieben, NO 611.

58 Kater (Anm. 2), S. 243.

59 Vgl. zum Beispiel »Von Dachau zum Mond«, in: Konkret, 9.9.1988, oder den Leserbrief von K. Kirsch und R. Winau in der Frankfurter Allgemeinen vom 12.7.1986 (»Raschers verbrecherische Versuche«).

60 AP-Meldung vom Mai 1988 »Doctor to use Nazi data on human freezing« und Korrespondenz in der KZ-Gedenkstätte Dachau.

Realität und Illusion

1 Zum Antisemitismus, zur Vorgeschichte der nationalsozialistischen Judenpolitik und ihren Wirkungen zusammenfassend am besten: Hermann
   Graml, Reichskristallnacht. Antisemitismus und Judenverfolgung im Dritten Reich, München 1988; siehe auch Herbert A. Strauss/Norbert Kampe
   (Hrsg.), Antisemitismus. Von der Judenfeindschaft zum Holocaust, Bonn
   1985; Hermann Greive, Geschichte des modernen Antisemitismus in
   Deutschland, Darmstadt 1983.

2 Abgedruckt in: Wolfgang Benz (Hrsg.), Die Juden in Deutschland
   1933–1945. Leben unter nationalsozialistischer Herrschaft, München 1988.
   Auf diese, im Auftrag des Instituts für Zeitgeschichte soeben veröffentlichte Darstellung der sozialen, kulturellen und wirtschaftlichen Existenz
   der jüdischen Minderheit stützt sich dieser Aufsatz in vielen Einzelheiten.
   Dank gilt daher auch den Mitverfassern Günter Plum (Wirtschaft und politische Strukturen), Volker Dahm (Kulturelles und geistiges Leben), Clemens Vollnhals (Jüdische Selbsthilfe), Juliane Wetzel (Auswanderung) und
   Konrad Kwiet (Vernichtung der Existenzgrundlagen nach 1938). Verwiesen werden muß aber auch auf den Sammelband des Leo Baeck Instituts,
   der die Ergebnisse einer Konferenz (Berlin 1985) und damit den Stand der
   Forschung zusammenfaßt: Arnold Paucker, Sylvia Gilchrist, Barbara Suchy (Hrsg.), Die Juden im nationalsozialistischen Deutschland, Tübingen
   1986.

3 Barbara Suchy, The Verein zur Abwehr des Antisemitismus, in: Yearbook
   Leo Baeck Institute 30 (1985), S. 99.

4 Ebenda, S. 101.

5 Vgl. Wanda Kampmann, Deutsche und Juden. Die Geschichte der Juden in
   Deutschland vom Mittelalter bis zum Beginn des Ersten Weltkrieges,
   Frankfurt 1979, S. 265 f.

6 Jüdische Rundschau, 31.1.1933 (Regierung Hitler).

7 C. V.-Zeitung, 2.2.1933 (Ludwig Holländer, Die neue Regierung).

8 C. V.-Zeitung, 2.2.1933.

9 Zit. nach Klaus J. Herrmann, Das Dritte Reich und die deutsch-jüdischen
   Organisationen 1933–1934, Köln 1969, S. 55 f.

10 Werner Jochmann (Hrsg.), Nationalsozialismus und Revolution. Ursprung
    und Geschichte der NSDAP in Hamburg 1922–1933. Dokumente, Frank-
    furt 1963, S. 423.

11 Der Israelit, 2.2.1933 (Die neue Lage).

12 Zit. nach: Anschläge – 220 politische Plakate als Dokumente der deutschen
    Geschichte 1900–1980, ausgewählt und kommentiert von Friedrich Ar-
    nold, Ebenhausen b. München 1985, S. 111.

13 Völkischer Beobachter, 23. August 1933 (Zum zionistischen Weltkongreß).

14 Klaus J. Herrmann, Das Dritte Reich und die deutsch-jüdischen Organisationen 1933–1934, Köln 1969, S. 25.

15 Ebenda, S. 22.

16 Der Schild, 15. 8. 1933 (»Unsere Pflicht – unser Recht«); Hermann O. Pineas, Erinnerungen an den Reichsbund jüdischer Frontsoldaten. Leo Baeck Institute New York, Pineas Collection; vgl. Ulrich Dunker, Der Reichsbund jüdischer Frontsoldaten 1919–1938, Düsseldorf 1977.

17 Der Schild, 27. 10. 1933.

18 Margot Bloch-Wresinski, Streiflichter aus dem einfachen Leben einer deutsch-jüdischen Einwanderin, Manuskript im Leo Baeck Institute, New York; vgl. Werner T. Angress, Generation zwischen Furcht und Hoffnung. Jüdische Jugend im Dritten Reich, Hamburg 1985.

19 Georg Kiever, Erinnerungen 1921–1983, Manuskript im Archiv des Instituts für Zeitgeschichte München, F 231.

20 Bayerische Israelitische Gemeindezeitung, 15. 2. 1933 (Zwischen 30. Januar und 5. März. Versuch einer Klärung der jüdischen Situation).

21 Israelitisches Familienblatt, 16. 3. 1933 (Fabius Schach, Vergangenheit redet zur Gegenwart).

22 Zit. nach: Hans Lamm (Hrsg.), Vergangene Tage. Jüdische Kultur in München, München 1982, S. 431.

23 Zit. nach: Ulrich Dunker, Der Reichsbund jüdischer Frontsoldaten 1919–1938. Geschichte eines jüdischen Abwehrvereins, Düsseldorf 1977, S. 193.

24 C. V.-Zeitung, 30. 3. 1933.

25 Zit. nach Jüdische Rundschau, 28. 3. 1933.

26 Jüdische Rundschau, 31. 3. 1933 (Versuch einer Klärung).

27 Aufruf vom 30. 3. 1933, Frankfurter Israelitisches Gemeindeblatt, zit. nach: Dokumente zur Geschichte der Frankfurter Juden 1933–1945, Frankfurt 1963, S. 17.

28 Zit. nach Herrmann, Das Dritte Reich und die deutsch-jüdischen Organisationen 1933–1945, Köln 1969, S. 60 f.

29 Zit. nach Kurt Jakob Ball-Kaduri, Das Leben der Juden in Deutschland im Jahre 1933. Ein Zeitbericht, Frankfurt 1963, S. 90 f.

30 Wolfgang Dreßen (Hrsg.), Jüdisches Leben, Berlin 1985, S. 66; andere Beispiele bei Konrad Kwiet/Helmut Eschwege, Selbstbehauptung und Widerstand. Deutsche Juden im Kampf um Existenz und Menschenwürde 1933–1945, Hamburg 1984, S. 217 ff.; s. a. Arnold Paucker, Jewish Self-Defence, in: Arnold Paucker u. a. (Hrsg.) (wie Anm. 2), S. 55 ff.

31 Jüdische Rundschau, 13. 4. 1933 (Jüdische Zwischenbilanz), vgl. Robert

Weltsch, Die deutsche Judenfrage. Ein kritischer Rückblick, Königstein/
Ts. 1981, S. 73 f.

32 Werkleute-Bund deutsch-jüdischer Jugend, Rundbrief 21. 4. 1933, Kibbuz-
Archiv Hasorea, Israel.

33 Vgl. Jehuda Reinharz, Hashomer Hazair in Nazi Germany, in: Arnold
Paucker u. a. (Hrsg.) (wie Anm. 2), S. 317 ff., und der ungedruckte Diskus-
sionsbeitrag von Abraham Schiff, Der Haschomer Hazair unter der NS-
Herrschaft, Kibbuz-Archiv Daliah, Israel.

34 Der Israelit, 23. 3. 1933 (Nechunia, Die Losung der Stunde).

35 Ebenda, 7. 4. 1933 (Ein offenes Wort im Namen der Religion).

36 An unsere jüdischen Brüder und Schwestern, Aufruf im Israelit,
7. 4. 1933.

37 Rabbi H. J. Zimmels, The Echo of the Nazi Holocaust in Rabbinic Litera-
ture, London 1977, S. 7 f.

38 Ebenda.

39 Jüdische Rundschau, 4. 4. 1933.

40 C. V.-Zeitung, 6. 4. 1933.

41 Vgl. Kurt Jakob Ball-Kaduri, Vor der Katastrophe. Juden in Deutschland
1934–1939, Tel Aviv 1967; Günter Bernd Ginzel, Jüdischer Alltag in
Deutschland 1933–1945, Düsseldorf 1984. Immer noch wichtig sind auch
die zeitgenössischen Publikationen im Ausland: Die Lage der Juden in
Deutschland 1933. Das Schwarzbuch, Tatsachen und Dokumente, hrsg.
vom Comité des Delegations Juives, Paris 1934 (Reprint Frankfurt 1983),
und: Der gelbe Fleck. Die Ausrottung von 500000 deutschen Juden (Vor-
wort Lion Feuchtwanger), Paris 1936.

42 Bundesarchiv Koblenz, R 43 II/602.

43 Jüdische Rundschau, 16. 5. 1933 (Ja-Sagen zum Judentum!). Die Artikel-
folge erschien unter dem Titel »Ja-Sagen zum Judentum!« auch als Buch.

44 Jüdische Rundschau, 30. 5. 1933.

45 C. V.-Zeitung, 5. 10. 1934 (Die Wendung nach innen).

46 Der Brief war als Einleitung zur damals nicht zustande gekommenen Festschrift zu Leo Baecks 60. Geburtstag gedacht. Abgedruckt in: Bulletin Leo
Baeck Institute 18 (1979), Nr. 55, S. 11 f.; vgl. Werner E. Mosse/Arnold
Paucker (Hrsg.), Entscheidungsjahr 1932. Zur Judenfrage in der Endphase
der Weimarer Republik, Tübingen 1966²; s. a. Robert Weltsch (Hrsg.),
Deutsches Judentum. Aufstieg und Krise. Gestalten, Ideen, Werke, Stuttgart 1963.

47 Vgl. Clemens Vollnhals, Jüdische Selbsthilfe bis 1938, in: Wolfgang Benz
(Hrsg.) (wie Anm. 2), S. 314–412; s. a. S. Adler-Rudel, Jüdische Selbsthilfe unter dem Naziregime 1933–1939 im Spiegel der Berichte der Reichsvertretung der Juden in Deutschland, Tübingen 1974.

48 Vgl. Avraham Barkai, Vom Boykott zur »Entjudung«. Der wirtschaftliche Existenzkampf der Juden im Dritten Reich 1933–1943, Frankfurt 1988; Helmut Genschel, Die Verdrängung der Juden aus der Wirtschaft im Dritten Reich, Berlin 1966.

49 Neben Monographien wie Herbert Freeden, Jüdisches Theater in Nazideutschland, Tübingen 1964; Kurt Düwell, Der Jüdische Kulturverband Rhein-Ruhr 1933–1938. Selbstbesinnung und Selbstbehauptung einer Geistesgemeinschaft, in: Jutta Bohnke-Kollwitz u. a. (Hrsg.), Köln und das rheinische Judentum, Köln 1984, jetzt: Volker Dahm, Kulturelles und geistiges Leben, in: Benz (Hrsg.) (wie Anm. 2), S. 75–267.

50 Insgesamt waren 1936/1937 etwa 50000 Mitglieder in den Kulturbünden in rund 100 Orten organisiert. Der Berliner Kulturbund hatte 1934 etwa 20000, 1937 etwa 18200 Mitglieder.

51 Vgl. Günter Plum, Deutsche Juden oder Juden in Deutschland?, in: Benz (Hrsg.) (wie Anm. 2), S. 35–74.

52 Vgl. Hans Erich Fabian, Die letzte Etappe, in: Festschrift zum 80. Geburtstag von Leo Baeck am 23. Mai 1953, London 1953, S. 93f.

Aktionen und Reaktionen

1 Stenographische Niederschrift der Besprechung über die Judenfrage bei Göring am 12. November 1938, Nürnberger Dokument PS 1816, abgedruckt u. a. in: Der Prozeß gegen die Hauptkriegsverbrecher vor dem Internationalen Militärgerichtshof, Nürnberg 1948, Bd. 28, S. 499–540.

2 Eric Goodman (Erich Guttmann), Die Tage nach dem 9. November. Ein Bericht, London Frühjahr 1941, Wiener Library P II d, Nr. 528, Archiv Institut für Zeitgeschichte, MZS 1/1.

3 Die diskriminierenden Maßnahmen sind zusammengestellt bei Joseph Walk (Hrsg.), Das Sonderrecht für die Juden im NS-Staat. Eine Sammlung der gesetzlichen Maßnahmen und Richtlinien – Inhalt und Bedeutung, Heidelberg 1981.

4 Zum jüdischen Alltag vgl. Wolfgang Benz (Hrsg.), Die Juden in Deutschland 1933–1945. Leben unter nationalsozialistischer Herrschaft, München 1988.

5 Trude Maurer, Abschiebung und Attentat. Die Ausweisung der polnischen Juden und der Vorwand für die »Kristallnacht«, in: Walter H. Pehle (Hrsg.), Der Judenpogrom 1938. Von der »Reichskristallnacht« zum Völkermord, Frankfurt 1988, S. 52–73; Sybil Milton, The Expulsion of Polish Jews from Germany October 1938 to July 1939. A Documentation, in: Year Book Leo Baeck Institute 29 (1984), S. 169–199.

6 Die beste Darstellung des Gesamtzusammenhangs bietet Hermann Graml, Reichskristallnacht. Antisemitismus und Judenverfolgung im Dritten Reich, München 1988.

7 Mitschriften in der Pressekonferenz des Reichsministeriums für Volksaufklärung und Propaganda durch Fritz Sänger, Bundesarchiv Koblenz, ZSg. 102/13 (Sammlung Sänger), 7.11.1938.

8 Vgl. Kurhessische Landeszeitung Kassel, 8.11.1938.

9 Landgericht Hanau, Urteil vom 17. März 1947, Archiv Institut für Zeitgeschichte, Gh 04.06.

10 Bericht des Obersten Parteigerichts an Göring, 13. Februar 1939, Nürnberger Dokument PS 3063, abgedruckt in: Der Prozeß gegen die Hauptkriegsverbrecher vor dem Internationalen Militärgerichtshof, Nürnberg 1948, Bd. 32, S. 20–29.

11 Blitz-Fernschreiben Heydrichs an alle Staatspolizei(leit)stellen und alle SD Ober-/Unterabschnitte, 10.11.1938, 1.20 Uhr, Nürnberger Dokument PS 3051.

12 Protokoll des Interviews mit Emmy Golding und Siegmund Kaufmann, London, 31.3.1955, Wiener Library P II d, Nr. 40.

13 Urteil des Landgerichts Gießen vom 17.9.1945, in: Klaus Moritz, Ernst Noam, NS-Verbrechen vor Gericht 1945–1955. Dokumente aus hessischen Justizakten, Wiesbaden 1978, S. 133 f.

14 Urteil LG Gießen, 6.1.1949, Archiv IfZ, Gg 01.08.

15 Protokoll des Interviews mit Emmy Golding und Siegmund Kaufmann, (wie Anm. 12).

16 Das Tagebuch der Hertha Nathorff, Berlin–New York. Aufzeichnungen 1933 bis 1945, hrsg. und eingeleitet von Wolfgang Benz, Frankfurt 1988, S. 110 und S. 129 f.

17 Monatsbericht des Regierungspräsidenten von Niederbayern und der Oberpfalz, 8.12.1938, zit. nach Martin Broszat/Elke Fröhlich/Falk Wiesemann (Hrsg.), Bayern in der NS-Zeit. Soziale Lage und politisches Verhalten der Bevölkerung im Spiegel vertraulicher Berichte, München 1977, S. 473.

18 Zit. nach Horst Matzerath (Hrsg.), »... vergessen kann man die Zeit nicht, das ist nicht möglich...« Kölner erinnern sich an die Jahre 1929–1945, Köln 1985, S. 171 f.

19 Vgl. Wolfgang Benz, Überleben im Untergrund 1943–1945, in: Ders. (Hrsg.), Die Juden in Deutschland 1933–1945. Leben unter nationalsozialistischer Herrschaft, München 1988, S. 660 ff.

20 Ian Kershaw, Antisemitismus und Volksmeinung. Reaktionen auf die Judenverfolgung, in: Martin Broszat/Elke Fröhlich (Hrsg.), Bayern in der NS-Zeit, Bd. II, München 1979, S. 281–348, zit. S. 332.

21 Besprechung bei Generalfeldmarschall Göring am 14. Oktober 1938 im Reichsluftfahrtministerium, Nürnberger Dokument PS 1449.
22 Vgl. Avraham Barkai, »Schicksalsjahr 1938«. Kontinuität und Verschärfung der wirtschaftlichen Ausplünderung der deutschen Juden, in: W. Pehle (Hrsg.) (wie Anm. 5), S. 94 ff.; Konrad Kwiet, Nach dem Pogrom: Stufen der Ausgrenzung, in: W. Benz (Hrsg.) (wie Anm. 4), S. 545 ff.

»Evakuierung«

1 Staatsarchiv Würzburg, Gestapo-Akten 1933–1945, Adolf Handburger, Bl. 194–207, Fotokopie Archiv Institut für Zeitgeschichte, München (künftig IfZ), Fa 168/2.
2 Verordnung zum Reichsbürgergesetz, 25. November 1941, Reichsgesetzblatt I, 1941, S. 722–724.
3 Bruno Blau (Bearb.), Das Ausnahmerecht für die Juden in Deutschland 1933–1945, Düsseldorf 1954[2], S. 102.
4 Joseph Walk (Hrsg.), Das Sonderrecht für die Juden im NS-Staat. Eine Sammlung der gesetzlichen Maßnahmen und Richtlinien – Inhalt und Bedeutung, Heidelberg 1981, S. 358.
5 Vgl. (auch zu folgenden Deportationen) Martin Gilbert, Endlösung. Die Vertreibung und Vernichtung der Juden. Ein Atlas, Reinbek 1982.
6 Nürnberger Dokumente NO 3522 und NG 2490; vgl. Eichmann-Prozeß, Beweisdokument Nr. 1172, Archiv IfZ.
7 Nürnberger Dokument NG 4933, Archiv IfZ.
8 Raul Hilberg, Die Vernichtung der Europäischen Juden. Die Gesamtgeschichte des Holocaust, Berlin 1982, S. 283.
9 Nürnberger Dokumente PS 447, NOKW 256, NOKW 2080; vgl. Helmut Krausnick, Hitler und die Befehle an die Einsatzgruppen im Sommer 1941, in: Eberhard Jäckel/Jürgen Rohwer (Hrsg.), Der Mord an den Juden im Zweiten Weltkrieg, Stuttgart 1985, S. 88 f.
10 Vgl. Uwe Dietrich Adam, Judenpolitik im Dritten Reich, Düsseldorf 1972, S. 303 ff.
11 Wie Anm. 1.
12 Vgl. den Schnellbrief des Chefs der Ordnungspolizei, Daluege, vom 24. 10. 1941 an die Befehlshaber der Ordnungspolizei, in dem die erste Deportationswelle angekündigt wurde: »In der Zeit vom 1. November bis 4. Dezember 1941 werden durch die Sicherheitspolizei aus dem Altreich, der Ostmark und dem Protektorat Böhmen und Mähren 50000 Juden nach dem Osten in die Gegend um Riga und Minsk abgeschoben. Die Aussiedlungen erfolgen in Transportzügen der Reichsbahn zu je 1000 Personen.

Die Transportzüge werden in Berlin, Hamburg, Hannover, Dortmund, Münster, Düsseldorf, Köln, Frankfurt/M., Kassel, Stuttgart, Nürnberg, München, Wien, Breslau, Prag und Brünn zusammengestellt.« Zweck des Rundschreibens war die Mitteilung, daß die Ordnungspolizei Begleitkommandos zu stellen hatte. Nürnberger Dokument PS 3921.

13 Vgl. Roland Flade, Die Würzburger Juden. Ihre Geschichte vom Mittelalter bis zur Gegenwart, Würzburg 1987, S. 343 ff.; Dieter W. Rockenmaier, Das Dritte Reich und Würzburg. Versuch einer Bestandsaufnahme, Würzburg 1983, S. 125 f.

14 Herbert Schultheis, Juden in Mainfranken 1933–1945 unter besonderer Berücksichtigung der Deportationen Würzburger Juden, Bad Neustadt a. d. S. 1980, S. 541 f.

15 Flade (wie Anm. 13), S. 350.

16 Zit. nach ebenda, S. 352.

17 Helmut Krausnick/Hans-Heinrich Wilhelm, Die Truppe des Weltanschauungskrieges. Die Einsatzgruppen der Sicherheitspolizei und des SD 1938–1942, Stuttgart 1981, S. 564.

18 Ebenda.

19 Bericht im Archiv Yad Vashem, Jerusalem, zit. nach Peter Hanke, Zur Geschichte der Juden in München zwischen 1933 und 1945, München 1967, S. 292 f.

20 Else R. Behrend-Rosenfeld, Ich stand nicht allein, Erlebnisse einer Jüdin in Deutschland 1933–1944, Hamburg 1949, S. 160.

21 Zu den Lebensumständen in Piaski gibt es eine Sammlung von Zeugnissen, die überwiegend von den 1940 aus Pommern Deportierten stammen, es sind aber auch Berichte von Angehörigen eines Transports aus Wien (Februar 1941) enthalten: Else Rosenfeld/Gertrud Luckner (Hrsg.), Lebenszeichen aus Piaski. Briefe Deportierter aus dem Distrikt Lublin 1940–1943, München 1968.

22 Zahlen nach Baruch Z. Ophir/Falk Wiesemann, Die jüdischen Gemeinden in Bayern 1918–1945. Geschichte und Zerstörung, München 1979, S. 60.

23 Vgl. H. G. Adler, Der verwaltete Mensch. Studien zur Deportation der Juden aus Deutschland, Tübingen 1974, S. 187 ff.; ders., Theresienstadt 1941–1945. Das Antlitz einer Zwangsgemeinschaft, Tübingen [2]1960, S. 37 ff.

24 Verwiesen werden soll in diesem Zusammenhang auf Darstellungen, die als Ergebnisse rühmlicher Anstrengungen engagierter lokaler Forscher die in größerem Zusammenhang betriebenen Forschungen ergänzen: Michael Brenner, Am Beispiel Weiden. Jüdischer Alltag im Nationalsozialismus, Würzburg 1983, S. 79 ff.; Heide Friedrich-Brettinger, Die Juden in Bamberg, Bamberg 1962; Ilse Sponsel, Das Schicksal der Erlanger Judenge-

meinde in der NS-Zeit, Erlangen 1982; Karin Sommer, Die Juden von Altenstadt. Zum Alltagsleben in einem Judendorf von ca. 1900 bis 1942, Neu-Ulm 1983 (Magisterarbeit LMU München); Gernot Römer, Der Leidensweg der Juden in Schwaben. Schicksale von 1933 bis 1945 in Berichten, Dokumenten und Zahlen, Augsburg 1983.

25 Vgl. Raul Hilberg, Sonderzüge nach Auschwitz, Mainz 1981; Heiner Lichtenstein, Mit der Reichsbahn in den Tod. Massentransporte in den Holocaust 1941 bis 1945, Köln 1985.

26 Gedenkbuch. Opfer der Verfolgung der Juden unter der nationalsozialistischen Gewaltherrschaft in Deutschland 1933–1945, bearbeitet vom Bundesarchiv, Koblenz, und dem Internationalen Suchdienst, Arolsen, Koblenz 1987, Band II, S. 1739 ff.

27 Zahlen nach Ophir/Wiesemann (wie Anm. 22), S. 24 f., und Martin Broszat/Elke Fröhlich/Falk Wiesemann (Hrsg.), Bayern in der NS-Zeit. Soziale Lage und politisches Verhalten der Bevölkerung im Spiegel vertraulicher Berichte, München 1977, S. 429 f.; ein Forschungsprojekt des Instituts für Zeitgeschichte (unter Leitung des Verfassers), dessen Gegenstand die Zahl der jüdischen Opfer des Nationalsozialismus insgesamt ist, steht vor dem Abschluß.

Nachweise

Herrschaft und Gesellschaft erschien in der Festschrift für Karl Bosl zum 80. Geburtstag: Gesellschaftsgeschichte. Herausgegeben im Auftrag des Collegium Carolinum von Ferdinand Seibt, Band II, München 1988. Der Beitrag wurde für diese Ausgabe erheblich erweitert.

Partei und Staat geht auf einen Vortrag zurück, der im Wintersemester 1982/ 83 in einer Vorlesungsreihe des Instituts für Zeitgeschichte zum National-sozialismus an der Münchner Universität gehalten wurde. Der Wiederab-druck erfolgt mit freundlicher Erlaubnis des Verlags C. H. Beck, der 1983 die Vorträge publizierte (Das Dritte Reich. Herrschaftsstruktur und Ge-schichte. Herausgegeben von Martin Broszat und Horst Möller).

Expansion und Konkurrenz wurde erstmals in der Festschrift für Werner Jochmann publiziert (Das Unrechtsregime. Internationale Forschung über den Nationalsozialismus. Band I: Ideologie – Herrschaftssystem – Wirkung in Europa. Herausgegeben von Ursula Büttner unter Mitwirkung von Werner Johe und Angelika Voß, Hamburg 1986). Für die Erlaubnis zum Wiederabdruck ist der Herausgeberin und dem Christians Verlag zu dan-ken.

Freude am Krieg oder widerwillige Loyalität? erschien in einer erheblich kür-zeren Version am 2. September 1989 in der Süddeutschen Zeitung.

Der Generalplan Ost erschien erstmals in dem vom Verfasser herausgegebe-nen Band: Die Vertreibung der Deutschen aus dem Osten. Ursachen, Er-eignisse, Folgen (Frankfurt 1985, Fischer Taschenbuch 4329).

Das Konzentrationslager als Experimentierfeld wurde zuerst in den Dachauer Heften – Studien und Dokumente zur Geschichte der nationalsozialisti-schen Konzentrationslager publiziert, und zwar in Heft 4 (1988): Medizin im NS-Staat. Täter, Opfer, Handlanger.

Der Aufsatz *Realität und Illusion – Die deutschen Juden und der Nationalso-zialismus* erschien in gekürzter Form im Oktober 1988 in der Beilage zur Wochenzeitung Das Parlament: Aus Politik und Zeitgeschichte B 43/88.

Aktionen und Reaktionen wurde für dieses Buch geschrieben, der Text basiert auf verschiedenen Vorträgen, die im November 1988 aus Anlaß des Geden-kens an die »Reichskristallnacht« gehalten wurden.

Überleben in Deutschland wurde in der Süddeutschen Zeitung vom 5./ 6. November 1988 publiziert.

Der Text »*Evakuierung*« ist unter dem Titel »Deportation und Ermordung« 1988 im Sammelband Geschichte und Kultur der Juden in Bayern, herausgegeben von Manfred Treml und Josef Kirmeier unter Mitarbeit von Evamaria Brockhoff, München 1988, publiziert. Der Verfasser dankt dem Haus der Bayerischen Geschichte für die Möglichkeit zum Wiederabdruck.

Der Beitrag *Deutsche gegen Hitler* erscheint hier erstmals im Druck, er basiert auf Vorträgen, die im Herbst 1987 und Anfang 1988 auf Einladung der Goethe-Institute in Athen und Thessaloniki gehalten wurden.

Die Geschichte der Bundesrepublik Deutschland
Herausgegeben von Wolfgang Benz

Aus Anlaß der 40. Wiederkehr der Gründung der Bundesrepublik Deutschland wird dieses vierbändige Werk der Öffentlichkeit vorgelegt. Es handelt sich um die aktualisierte Neuausgabe des erstmals 1983 erschienenen Werkes »Die Bundesrepublik Deutschland. Geschichte in drei Bänden«. Die Gesamtdarstellung der Geschichte der Bundesrepublik Deutschland in Form historischer Längsschnitte bot gegenüber anderen Darstellungsformen Vorteile. Zum einen konnten kompetente und spezialisierte Autoren für das Projekt gewonnen, zum anderen die Themenstellungen an den Problemen der Gegenwart orientiert werden. Das Ergebnis ist daher nicht nur der Blick zurück, sondern eine Geschichtsschreibung, die zum Verständnis unserer Zeit beiträgt. Die Verbindung von politischer Geschichte und Sozialgeschichte ist Leitmotiv des Werkes. Die Auswahl der Themen spiegelt diese Absicht wider. Hier wird erstmals der Versuch unternommen, Aspekte wie Freizeit, Sport und Wohnen oder Bereiche wie Jugend und Frauen mit der gleichen Intensität (und Kompetenz) in den Rahmen einer Gesamtdarstellung einzubringen wie die

Vier Bände in Kassette
Band 1/4420: Politik
Band 2/4421: Wirtschaft
Band 3/4422: Gesellschaft
Band 4/4423: Kultur

klassischen Themen Recht und Justiz, Außenpolitik oder Literatur, Bildende Kunst und Theater oder Wirtschaftsordnung, Gewerkschaften und Sozialpolitik.
Die Beiträge der mehr als 40 Fachleute fügen sich mit ihren Beigaben (Literaturverzeichnissen, Anmerkungen, Chroniken, Tabellen, Grafiken und Abbildungen) zu einem Nachschlagewerk von höchstem Gebrauchswert zusammen.

Fischer Taschenbuch Verlag

fi 1000/3

**Pazifismus
in Deutschland**
Dokumente
zur Friedensbewegung
Herausgegeben von
Wolfgang Benz

Geschichte
Fischer

Band 4362

Band will den inneren
Zusammenhang deutlich
machen.
Die hier abgedruckten vierzig
ausgewählten Dokumente
geben Einblick in die historische Friedensbewegung, die
im Kaiserreich entstand, den
Ersten Weltkrieg überdauerte,
in der Weimarer Republik
kurzzeitig sogar zu mächtigen
Kundgebungen fähig war, die
1933 mit der Machtüber-
nahme durch die Nazis geächtet und anschließend ins Exil
gezwungen wurde. Das Jahr
1939 bezeichnet ihr dramati-
sches Scheitern; die historische Friedensbewegung
war tot.
In den Dokumenten, die
jeweils mit einem knappen
Kommentar des Herausge-
bers versehen sind, kommen
die verschiedenen politischen
Strömungen und Organisationen zu Wort, werden die
wichtigsten publizistischen
Unternehmungen – Flugblätter, Bücher, Zeitschriften –
zitiert und die herausragen-
den, die heute noch immer
bekannten ebenso wie die
inzwischen vergessenen Per-
sönlichkeiten der historischen
Friedensbewegungen vor-
gestellt.

Die heutige Friedensbewe-
gung begreift sich als Protest
gegen akute Bedrohungen –
die Verbindungslinien zur
historischen Friedensbewegung werden nicht genügend
mitbedacht. Der vorliegende

Fischer Taschenbuch Verlag

Ein Band mit weiterführenden Beiträgen zum „Historikerstreit" und zur Kontroverse über die Historisierung des Nationalsozialismus.

Dan Diner (Hg.)
Ist der Nationalsozialismus Geschichte?
Zu Historisierung und Historikerstreit
320 Seiten. Originalausgabe. Band 4391

Aus dem Inhalt:

W. Benz: Abwehr der NS-Vergangenheit. Über Moral und Geschichte

S. Friedländer: Überlegungen zur Historisierung des Nationalsozialismus

D. J. K. Peukert: Alltag und Barbarei

D. Diner: Grenzen der Historisierbarkeit des National-sozialismus

H. Mommsen: Das Dritte Reich im westdeutschen Geschichtsbewußtsein

H. Schulze: Die „deutsche Katastrophe" erklären

C. Leggewie: Frankreich und die NS-Vergangenheit

G. E. Rusconi: Italien und der „Historikerstreit"

G. Boltz: Österreich und der Nationalsozialismus

L. Niethammer: Erinnerungsspuren in die 50er Jahre

D. Diner: Deutsche und Juden nach Auschwitz

U. Herbert: Arbeit und Vernichtung

K. Kwiet: Literaturbericht zur Historiographie des NS

Fischer Taschenbuch Verlag

fi 1008 / 2

Dan Diner (Hg.)
Zivilisationsbruch

Denken nach Auschwitz

Fischer Taschenbuch Band 4398

Mit Beiträgen über

Theodor W. Adorno, Günther Anders, Hannah Arendt,
Ernst Bloch, Max Horkheimer, Siegfried Kracauer,
Leo Löwenthal, Herbert Marcuse, Franz Neumann und
Walter Benjamin

Der Nationalsozialismus und sein Kernereignis:
die administrativ und industriell durchgeführte Massen-
vernichtung von Menschen – das Ereignis »Auschwitz« –
werfen einen langen Schatten. Mit größer werdender
Distanz wird die gesamte historische Bedeutsamkeit
dieses Geschehens zunehmend klarer:
»Auschwitz« war nicht bloß ein entsetzliches Ereignis,
sondern ist so etwas wie eine Epochengrenze unserer
gesellschaftlichen Kultur – ein Zivilisationsbruch. Dieses
Buch enthält eine Zusammenstellung von Beiträgen
über bedeutsame kritische Denker, die sowohl existentiell als auch von ihrem theoretischen Denk-Entwurf her
Auschwitz ausgesetzt waren. Welche Folgerungen
zogen sie aus jenem Ereignis? Wie schlägt sich
»Auschwitz« in ihrem Denken nieder? Wie haben sie es
reflektiert – oder negativ: von ihren Entwürfen her
umgangen?

Fischer Taschenbuch Verlag

fi 916 / 1

Der Mord an den Juden im Zweiten Weltkrieg

Herausgegeben von Eberhard Jäckel
und Jürgen Rohwer

Fischer Taschenbuch Band 4380

Wann wurde im NS-Regime der organisierte Massenmord an den Juden beschlossen? Ist überhaupt eine solche Entscheidung getroffen worden? Oder hat es vielmehr eine schleichende Eskalation der Gewalt gegeben, an deren Ende, fast wie von selbst, die Vernichtungslager standen? Die Frage nach der Entschlußbildung und dem Befehl zur Judenvernichtung hat eine leidenschaftliche Debatte ausgelöst, die die Zeithistoriker seit einigen Jahren in zwei Lager spaltet.

Auf einem wissenschaftlichen Kongreß in Stuttgart sollten diese Fragen vor einem Forum international anerkannter Historiker geklärt werden. Was dabei herausgekommen ist und welche Positionen vertreten wurden, ist jetzt anhand dieses Tagungsberichtes zu verfolgen, der die überarbeiteten Referate und Diskussionsbeiträge der Konferenz enthält.

Fischer Taschenbuch Verlag

fi 1057 / 1

Walter H. Pehle (Hg.)

Der Judenpogrom 1938

Von der »Reichs-
kristallnacht«
zum Völkermord

Mit Beiträgen von
Uwe Dietrich Adam,
Avraham Barkai, Wolfgang Benz,
Hermann Graml, Konrad Kwiet,
Trude Maurer, Hans Mommsen,
Jonny Moser, Abraham J. Peck und
Wolf Zuelzer

Band 4386

In der Nacht zum 10. November
1938 brannten fast alle noch ver-
bliebenen Synagogen kontrolliert
ab – kontrolliert von der Feuer-
wehr, die darauf zu achten hatte,
daß das Eigentum »arischer«
Nachbarn keinen Schaden nahm,
in Brand gesteckt von bierseligen
Parteigenossen auf höheren
Befehl. In derselben Nacht wurden an die 100 Menschen ermordet, nur weil sie Juden waren.
Rund 30 000 wohlhabende Juden
wurden aus ihren Häusern geprü-
gelt und in Konzentrationslager
verschleppt; viele von ihnen
kamen nicht mehr zurück. Und
in derselben Nacht wurden an
die 7500 Geschäfte jüdischer
Mitbürger demoliert und vielfach
geplündert.
Diese Ereignisse, für die das
Attentat des 17jährigen Herschel
Grynszpan in der deutschen Botschaft in Paris den Vorwand lieferte, mit dem zynischen Begriff
»Reichskristallnacht« zu belegen,
heißt, Mord, Totschlag, Brand-
stiftung, Raub, Plünderung und
Sachbeschädigung zu einer fun-
kelnden, glänzenden Veranstaltung umzuinterpretieren und
einer bösartig verharmlosenden
Erinnerung Vorschub zu leisten.
Der vorliegende Band betrachtet
den Judenpogrom 1938 nicht isoliert als Einzelphänomen, sondern im Gesamtzusammenhang
der Geschichte der nationalsozialistischen Zeit als eine Etappe
auf dem Weg zur »Endlösung der
Judenfrage«.

Fischer Taschenbuch Verlag

Wilhelm Deist,
Manfred Messerschmidt,
Hans-Erich Volkmann,
Wolfram Wette
**Ursachen und Voraus-
setzungen des
Zweiten Weltkrieges**

Wilhelm Deist / Manfred Messerschmidt /
Hans-Erich Volkmann / Wolfram Wette
**Ursachen und
Voraussetzungen
des
Zweiten Weltkrieges**
Fischer

Band 4432

Der Unterschied zwischen
Kriegs- und Militärgeschichte
liegt darin, daß die klassische
Kriegsgeschichte Schlachten
und Aufmarschpläne
beschreibt, wohingegen eine
moderne kritische Militärge-

schichte den unauflösbaren
Zusammenhang zwischen
politischen, militärischen,
sozio-ökonomischen und
mentalitäts-geschichtlichen
Bereichen darstellt.
Das vorliegende Buch ist ein
Beispiel für diese moderne
Sichtweise.
In vier umfangreichen Beiträgen untersucht dieser Band
die Kriegsvorbereitungspoli-
tik des nationalsozialistischen
Regimes auf den Gebieten
der Propaganda, der Innen-
politik, der Wirtschaftsplanung,
der Aufrüstung und der
Außenpolitik.
Sowohl in der Innen- als
auch der Außenpolitik
konnte – im Hinblick auf die
deutsche Geschichte vor 1933
– eine dichte Kontinuität
konstatiert werden: ein wichtiger Ansatz dieses Buches.
Dieser Band beschäftigt sich
darüber hinaus mit dem
Herrschaftsgefüge des NS-
Staates, mit Hitlers Füh-
rungsstil und mit der Art
und Weise, in der er sein
Programm realisierte.
In einer abschließenden
Betrachtung ziehen die Autoren aus den Ergebnissen ihrer
Untersuchungen ein gemeinsames Fazit.

Fischer Taschenbuch Verlag

fi 1001 / 3

Ernst Klee, Willi Dreßen,
Volker Rieß (Hg.)

»Schöne Zeiten«

Judenmord aus der Sicht der Täter und Gaffer

276 Seiten. Broschur

Unter dem provozierenden Titel »Schöne Zeiten« – entnommen
einem privaten Fotoalbum eines KZ-Kommandanten – haben die
Herausgeber eindrucksvolle Dokumente zusammengestellt. Es
handelt sich weitgehend um authentische Texte (Tagebücher, Briefe
und Berichte), aber auch um (Geständnis-)Protokolle, in denen die
Mörder, Mittäter und Gaffer in der Rückschau ungeschminkt vor
den ermittelnden Behörden schildern, wie der Massenmord an den
Juden organisiert und bis zum bitteren Ende durchgeführt wurde.

Beigegeben werden zahlreiche Fotos, die für sich sprechen. Diese
Bilder zeigen nicht etwa Exzeßtäter, die ihre Mordarbeit mit Schaum
vor dem Mund tun, keine Bestien, die uns von daher abstoßen, sondern sie zeigen (von Gaffern angespornte) Täter, wie sie ihre
»Arbeit« verrichten und wie sie danach erschöpft, aber zufrieden
ihren bierseligen Feierabend genießen. Gezeigt werden Menschen,
denen man nicht ansieht, daß sie aktiv in der Mordmaschinerie mit-
wirkten und diese einsatzbereit und willig in Gang hielten.

Der vertrauliche, ja bisweilen private Charakter des Materials zeigt in
gnadenloser Deutlichkeit, wie sicher die »Weltanschauung« des
Nationalsozialismus im Zentrum der Volkspsyche verankert war,
eingebettet in das gängige Denken, in das selbstverständliche Empfinden breitester Bevölkerungskreise.

Ein erschütterndes Buch und ein erhellendes zugleich. Es klärt auf
und will zur Trauerarbeit anregen. Und es wirkt dem Vergessen
entgegen, daß es in Deutschland Zeiten gegeben hat, in denen auf
offener Straße und am hellichten Tage jüdische Mitbürger mit Eisen-
stangen erschlagen werden konnten, ohne daß sich jemand schüt-
zend vor sie gestellt hätte.

S. Fischer

fi 1146 / 2